朱元璋

陈梧桐

著

十朱元璋讲

河南文艺出版社

· 郑州 ·

图书在版编目(CIP)数据

朱元璋十讲/陈梧桐著. --郑州:河南文艺出版社,2021.11
ISBN 978-7-5559-1144-9

Ⅰ.①朱…　Ⅱ.①陈…　Ⅲ.①朱元璋(1328—1398)-人物研究　Ⅳ.①K827＝48

中国版本图书馆 CIP 数据核字(2021)第 170651 号

总 策 划　杨彦玲　刘　宏
选题策划　王甲克　李亚楠
责任编辑　王甲克　李亚楠
责任校对　赵红宙
书籍设计　吴　月
责任印制　陈少强

出版发行　河南文艺出版社
本社地址　郑州市郑东新区祥盛街 27 号 C 座 5 楼
承印单位　河南瑞之光印刷股份有限公司
经销单位　新华书店
纸张规格　735 毫米×1040 毫米　1/16
印　　张　17
字　　数　255 000
版　　次　2021 年 11 月第 1 版
印　　次　2021 年 11 月第 1 次印刷
定　　价　45.00 元

序言

　　2013年金秋的一个晴朗日子，河南文艺出版社的总编辑陈杰和编辑部主任杨彦玲两位女士，在一位熟人的带领下，找到寒舍约稿。她们与我素昧平生，却一口气约请撰写《朱元璋传》与《朱元璋十讲》两部著作，并说什么时候写好什么时候交稿，时间不限。这份厚爱与信任令我非常感动，便毫不犹豫地承应下来。我花了一年四个月的时间，写出38万字的《朱元璋传》。2017年3月，出版社将此书正式推出，立即获得广泛的好评，入围当年的"中国好书"，令我颇感欣慰。

　　接着，我开始酝酿《朱元璋十讲》的写作框架。既然是讲座体的作品，自然应该从朱元璋的生平事迹中择取若干重大专题讲深讲透，从而与系统论述其一生经历的传记作品区别开来。但朱元璋的经历曲折复杂，他既是元末农民起义领袖之一，又是明朝的开国君主，一身兼具两种截然不同的身份。在元末农民战争期间，他以优异的军事与政治才能，率领起义队伍，沉重地打击江南地区的豪强地主势力，最后推翻元朝的黑暗统治。明朝建立后，又进一步统一全国，巩固我国统一的多民族国家；加强君主专制中央集权，厘定各种典章制度，严惩贪官污吏，击杀不法豪强，使动荡的社会秩序渐趋稳定；调整生产关系，计民授田，轻徭薄赋，使满目疮痍的社会经济很快得到恢复和发展，超越了宋元时代；尊孔崇儒，振兴文教，普施教化，使在元代遭到阻滞的华夏传统文化走向全面复兴；施行以"不征"为特征的外交政策，同时大力加强海防建设,坚决抵御倭寇的侵扰。他在位 31 年的治绩,不仅弼成"洪武之治",奠定明前期盛世的基础,而且对此后明清历史的发展产生重大影响,称得起一位有作为的封建君主,堪与秦皇、汉武、唐宗、宋祖相比肩。故清康熙帝玄烨称赞说:"朕观明史洪武、永乐所行之事,远迈前王。"①并为朱元璋的明孝陵题词曰:"治隆唐宋"。然而,同所有的历史人物一样,朱元璋的身上也存在阶级和时代的局限性,从而导致其某些决策的偏差和失误,给当时与后代造成不小的祸患。由于是非功过集于一身,学术界对朱元璋的评价也褒贬不一。那么,究竟选择哪些专题来展开论述,便不免感到棘手和犹豫。经过反复斟酌,笔者为专题的选择定下两条标准:一是引起重大争论的问题,这是读者较为关注而又希望了解的;二是朱元璋一生活动中的重大事件,这些事件牵涉到他的成败得失、功过评价乃至于历史的走向。根据这两条标准,笔者最终确定以下几个专题:出生地问题;起义早期的活动与江南根据地的营建;击灭西东两雄,推翻元朝统治;创建大明王朝与统一全国;君主专制中央集权的高度发展;"锄强扶弱",安定民心;统治集团内部的斗争;休养生息,发展社会经济;复兴以华夏文化为主干的传统文化;和平外交与御倭斗争。各为一讲,共计十讲。

　　专题确定之后,2016 年笔者完成其他的写作任务,便着手这部书稿的撰写。原以为此前我已对朱元璋一生活动的许多重大问题作过比较深入的研究,发表过一批论文,出版过《朱元璋研究》的专著,并写过多种朱元璋的传记,既有两三千字的短小篇什,也有六七十万字的鸿篇巨制,撰写这部讲座体的作品,可谓驾轻就熟,不用耗费太多的时间。孰料,就在开笔不久,中华书局等三家出版社先后找来,要求重版我的四部旧作。既然有机会重版,我决定对这几部旧作进行一番修订,除纠正某些讹误,还对某些不甚完满的章节作些修改补充。其中,有三部是我与其他学者共同合作的,但三位合作者除一位外,另外两位不是工作繁忙,无暇顾及于此,就是身体欠佳,无力顾及于此,只好由我来承担全书的修订工作,因此耗费了不少时间。

---

① ［清］蒋良骐:《东华录》卷一七,康熙三十六年正月,中华书局 1980 年版,第 280 页。

另有一部是自己的专著,篇幅多达 60 余万字,我又对篇章结构做了调整,重写很大一部分章节,耗时更多。这样,《朱元璋十讲》的写作便时断时续,一拖再拖,直到四部旧作全部修订完毕之后,才集中精力投入这部书稿的写作,于去年冬方告杀青。屈指算来,这部书稿从开笔到完工,竟耗时达三年之久,实在愧对河南文艺出版社的厚爱与信任。

书中所叙,多为个人的一孔之见,不当之处,敬请读者方家不吝赐教。

陈梧桐

于北京市海淀区民族大学西路书斋

2019 年元旦下午 5 时

目　录

第一讲　出生地问题

　　朱元璋出生在什么地方,史籍的记载歧疑迭出,归纳起来,大抵有钟离说即凤阳说,盱眙说及其变种嘉山说和明光说。那么,究竟哪种说法准确呢?

　　朱元璋在世时,对其出生地其实只有一种说法,这就是依据其"手录"撰写的《皇陵碑》所说的"钟离之东乡"①。元朝的行政机构,在行省之下设路、州、县三级,在少数地方设置府,有的隶属于路,有的直隶于行省或中书省,有的下辖州县,有的不辖州县,不单独构成一级。元末的钟离县属濠州管辖,为濠州治所所在地,上隶安丰路。后来,朱元璋攻占元朝的路改称为府,府下设县,而州则分为直隶州与属州两种,其地位前者与府相同,后者与县相同,不再自成一级,形成行省之下的府、县两级制。朱元璋攻占安丰路后,于龙凤十二年(1366)改为寿春府,吴元年(1367)升濠州为临濠府,而改寿春府为寿州,隶属临濠。洪武二年(1369)营建中都,又改钟离县为中立县,三年十一月改为临淮县。六年九月,改临濠府为中立府。七年八月,析临淮县为临淮、凤阳两县,东乡仍属临淮县;同时改中立府为凤阳府,移府治于凤阳。清乾隆十九年(1754),临淮、凤阳两县复合为一县,隶属安徽省凤阳府。朱元璋出生地钟离东乡,在今安徽凤阳境内,所以此说可称为"钟离说",也可称为

---

　　① 　[明]郎瑛著,安越点校:《七修类稿》卷七,《皇陵碑》,文化艺术出版社1998年版,第80页。

"凤阳说"。

朱元璋去世后,民间开始出现朱元璋诞生于"盱眙县灵迹乡"①之类的传说。至明中期,泗州盱眙的地方官借修纂地方志之机,将此类委巷传说采入志书,并在灵迹乡刻石立碑,形成"盱眙说"。盱眙与钟离虽然比邻,但在朱元璋出生之时,盱眙属泗州管辖,隶属于淮安路,与钟离分属两个行政系统,界限分明。朱元璋攻占泗州后,曾于吴元年将泗州改隶临濠府,但洪武二年九月又改为直隶中书省。直到洪武四年三月,才再度改隶临濠府。到清顺治二年(1645),泗州隶江南省凤阳府,雍正二年(1724)改为省直隶州。康熙六年(1667)撤销江南省,设江苏、安徽两省,盱眙县属安徽省。至1955年,盱眙县划归江苏省。可见,不论是在朱元璋出生时的元朝末年还是在今天,钟离东乡与盱眙灵迹乡,都是隶属于不同的行政系统,存在不同的地方利益,这是凤阳说与盱眙说之争的由来。

1932年,国民政府析安徽省盱眙、滁县、定远、来安四县边缘地区置嘉山县,盱眙的唐兴、灵迹、太平诸乡划归嘉山县管辖,朱元璋出生地的盱眙说于是便演变为"嘉山说"。1994年,嘉山撤县,设立明光市,嘉山说又演变为"明光说"。嘉山说与明光说,实乃盱眙说的变种。可以说,关于朱元璋出生地的争论,主要就是凤阳说与盱眙说之争。

那么,这两种说法,究竟哪种说法可靠呢? 在史学研究中,史料是否真实可信,直接关系到结论的正确与否。考证朱元璋的出生地,最为可信、最具价值的第一手资料,当推朱元璋本人的文字记载和口头表述。

目前见到的朱元璋最早谈及其出生地的文字,为龙凤九年(1363)他自撰的《朱氏世德碑》。当年二月,张士诚派部将吕珍助元进攻宋政权的最后一个据点安丰(治今安徽寿县),刘福通向朱元璋求援。朱元璋命徐达、常遇春、康茂才等将领随自己率领大军渡江,急赴安丰。三月初,朱元璋率部抵达安丰时,刘福通已护小明王往南退入山区。朱元璋部队经过一场激战,击败吕珍。朱元璋尽管未能在小明

---

① 《皇明小史摘抄》卷上,《四库全书存目丛书》,齐鲁书社1985年影印本。

王撤出安丰之前赶到,但小明王还是在龙凤九年三月十四日颁发制书,封赠朱元璋三代。因朱家"出自金陵之句容,地名朱巷,在通德乡"①,朱元璋遂命在句容为其祖父坟墓刻石立碑,并亲自撰写了一篇《朱氏世德碑》的碑文。后来,朱元璋得到其同宗朱贵的奏报,得知其祖父的坟墓在泗州盱眙,命太子朱标前往营建祖陵,并祭祀曾祖父、高祖父,"而句容碑墓俱停"②。不过,他自撰的《朱氏世德碑》,还是被抄录保存了下来。现今见到最完整录存这个碑文的,是弘治十八年(1505)中进士的徐祯卿所撰的《翦胜野闻》。其中,涉及朱元璋出生地的文字为:"先考君陈氏,泗州人,长重四公生盱眙,次重六公、重七公生五河。某其季也,生迁钟离后戊辰年。"③"生迁钟离后戊辰年",译成现代汉语,是"生于迁至钟离之后的戊辰年",说明他的籍贯是钟离。

身历弘治、正德、嘉靖三朝的明人郎瑛,在其著作《七修类稿》中也录有《朱氏世德碑》,并在所录碑文前的引言中特地交代:"瑛旧于先辈大臣家,获《朱氏世德碑》一通,乃我太祖之手笔也,御制集中所缺。近又见《剪胜旧闻》(按:即《翦胜野闻》),而所载与此本有异,因借校观,讹者辨之,疑者存之,各于其下释焉;尚或字讹句漏,谨依原文拜录于左。"④碑文中涉及朱元璋本人出生地的文字为:"某其季也,先迁钟离,后戊辰所生(《旧闻》本'所生'作'年'字)"⑤。"先迁钟离,后戊辰所生",意思更加明确,说他父亲迁到钟离之后,戊辰年他才出生。而这个碑文,既然是借"先辈大臣家"所藏的碑文,与《剪胜旧闻》所录的碑文互相"校观","讹者辨之,疑者存之",当更加接近原貌,也更为可靠。

此后,朱元璋还多次在祭文、敕谕中提到他的家乡。龙凤十二年,他在《告祭大

---

① [明]徐祯卿:《翦胜野闻》,《纪录汇编》本。

② [明]朱国祯著,缪宏点校:《涌幢小品》卷六,《朱巷》,文化艺术出版社1998年版,第119页。

③ 《翦胜野闻》。

④ 《七修类稿》卷七,《朱氏世德碑》,第83页。

⑤ 《七修类稿》卷七,《朱氏世德碑》,第83页。

江之神》的祭文中写道，"予生于濠梁"①。吴元年十月，遣世子朱标、次子朱樉前往临濠谒陵，命中书省择官辅导以行。至临濠，"以上意告祭皇祖考妣、皇考妣诸陵及皇兄、皇姊，其文曰：'惟我祖宗积德深厚，始由泗郡迁居钟离，益衍德泽，日见昌隆。至于眇躬，上承余庆，因元末兵乱，倡义于乡，南渡江左，自始至今，十有六年，重荷先庇，肇启疆土。每思鞠育深恩难报，兄姊同气，亲义在怀。又念长子年甫十三，次子年甫十二，生长江南，未至乡里。兹特命其拜扫先陵，敬陈荐藁，以表孝思。'"②洪武二年正月，朱元璋遣使赍敕谕太原诸将，也说："朕生长临濠，起义西乡，率众渡江，集兵养民于江左，十有五年。"③龙凤十二年祭文提到的濠梁，是濠州的古称，因濠水中有石梁而得名，传说庄子尝观鱼于此。顾祖禹《读史方舆纪要》载："濠水，在府南十里。……东北流至城东十五里，有石绝水，谓之濠梁，亦曰石梁河，今之九虹桥也。"④洪武二年正月的敕谕，朱元璋说他生长临濠，是因为濠州已在吴元年升格为临濠府。龙凤十二年的祭文与洪武二年的敕谕，朱元璋说他"生于濠梁""生长临濠"，吴元年的祭文称钟离之东乡为其"乡里"，与《朱氏世德碑》的说法是完全一致的。

　　洪武二年二月，朱元璋"诏立皇陵碑"⑤。皇陵是朱元璋父母的坟墓，在龙凤十二年朱元璋返乡时曾整修过一次，"增土以倍其封"⑥。洪武元年朱元璋在应天称帝后，下令进行改建，命名为"英陵"，翌年五月完工，改名为"皇陵"。改建之前，朱元璋即命翰林侍讲学士危素撰写碑文，二年二月碑文写成，"命左丞相宣国公李善长诣陵立碑"⑦。这个皇陵碑，进一步说明其出生地在钟离之东乡：

　　① 《明太祖实录》卷二一，丙午年八月庚戌，台北："中央研究院历史语言研究所"1962年影印校勘本。

　　② 《明太祖实录》卷二六，吴元年十月乙丑。

　　③ 《明太祖实录》卷三八，洪武二年正月庚申。

　　④ ［清］顾祖禹著，贺次君、施和金点校：《读史方舆纪要》卷二一，《南直》，中华书局2005年版，第998—999页。

　　⑤ 《明太祖实录》卷三九，洪武二年二月乙亥。

　　⑥ 《明太祖实录》卷二〇，丙午年四月丁卯。

　　⑦ 《明太祖实录》卷三九，洪武二年二月乙亥。

> 朕幼时,皇考为朕言:"先世居句容朱家巷,尔祖先于宋季元初,我时尚幼,从父挈家渡淮,开垦兵后荒田,因家泗州。"朕记不忘。皇考有四子:长兄讳某,生于津律镇;仲兄讳某,生于灵璧;三兄讳某,生于虹县;皇考五十,居钟离之东乡,而朕生焉。①

奉命前往皇陵立碑的李善长,在碑文的序言和结语里,曾对立碑的缘起和碑文的写作过程作了说明:

> 岁在戊申(洪武元年)正月乙亥日,高帝即位于建业,国号大明,建元洪武,告祭昊天上帝皇地祇。追高祖为玄皇帝,庙号德祖;曾祖为恒皇帝,庙号懿祖;祖为裕皇帝,庙号熙祖。皇帝御谨身殿,左丞相宣国公李善长奉旨刻石于临濠之先陵。善长伏念皇帝奋迹淮甸,收揽群雄,奉天运,承大业,建武功,以有天下,实由祖宗积德所致。兹欲撰文成词,臣考摭弗周,则记载弗称,敢以上手录大概,若曰……臣善长以手录付词臣(危)素等,钦承明训,黾勉论次。②

根据李善长的记述,可知此碑文是应李善长之请,由朱元璋"手录大概",经危素进行文字修饰而成的。关于朱元璋出生在钟离东乡的表述,应是出自朱元璋手录的原文,因为作为一名曾经仕元的降臣,危素没有必要也不敢随意改动朱元璋自己的说法。

这个皇陵碑曾遭到持盱眙说者的种种质疑。质疑之一是,该碑所载朱元璋三个哥哥的出生地,除大哥出生地津律(里)镇在盱眙太平乡,与《朱氏世德碑》所载"生盱眙"相一致外,二哥出生地灵璧、三哥出生地虹县,与《朱氏世德碑》所载二哥、

---

① 《七修类稿》卷七,《皇陵碑》,第79页。
② 乾隆《句容县志》卷一〇,《艺文志·明皇陵碑》,清乾隆刻本。

三哥皆出生于五河不同,岂不互相矛盾?其实,这是明初行政区划变动的结果。在元末,朱元璋二哥、三哥的出生地皆属五河,明初营建中都,扩大其管辖地范围,改变原有的行政区划,二哥的出生地划归灵璧,三哥的出生地划归虹县。这样,出现两种不同的地名记载,也就不是什么奇怪之事了。

质疑之二是,该碑文说"皇考五十,居钟离之东乡,而朕生焉",查朱元璋的父亲,病逝于至正四年,卒年64,此时朱元璋虚岁17,据此推算,其父迁至钟离东乡之时,朱元璋业已3岁,怎能说他是在钟离东乡出生的呢?请注意,这里说的是"皇考五十,居钟离之东乡",而非"皇考五十,迁钟离之东乡"。众所周知,朱元璋生于元文宗天历元年(1328)并在其出生地住了10年左右才搬家,因此他清楚地记得这个出生地是钟离县之东乡。朱元璋出生之前,他父亲何时搬到钟离东乡,他不一定清楚,但他知道,自己出生的那一年,父亲已经48岁,靠近50岁了。中国古典诗文的创作,有个使用成数即整数的传统。朱元璋说父亲50岁"居钟离之东乡",即取其成数而言,不是说他当年就整50岁,更不是说50岁才迁到钟离东乡。

质疑之三是,洪武十一年朱元璋亲撰、至今仍然屹立在皇陵之前的大明皇陵之碑,没有出生"钟离之东乡"的叙述,表明朱元璋认为"东乡"的表述并不准确。这种说法,显然是对朱元璋重写的皇陵碑的误读。洪武八年中都罢建之后,朱元璋下令第三次改建皇陵,使之在规模与布局上同宏伟壮丽的中都城相协调。整个改建历时四年,至洪武十二年竣工。竣工之前,朱元璋于洪武十一年四月,"命江阴侯吴良督工新造皇堂"[①],并"复亲制文""重建皇陵碑",命吴良"督工刻之"[②]。朱元璋之所以亲自重写皇陵碑,在碑文的序言中交代得十分清楚,是因为"予时秉鉴窥形,但见苍颜皓首,忽思往日之艰辛。况皇陵碑记,皆儒臣粉饰之文,恐不足为后世子孙戒。特述艰难,明昌运,俾世代见之"[③]。对明中都和皇陵碑作过深入研究的王剑英

---

① 《大明皇陵之碑》,王剑英:《明中都》六,《明中都的设计、布局和建筑》,《明中都研究》,中国青年出版社2005年版,第147页。

② 《明太祖实录》卷一一八,洪武十一年四月。

③ 《大明皇陵之碑》,王剑英:《明中都》六,《明中都研究》,第147页。

曾经指出："重建的皇陵碑碑文最突出的就是'特述艰难'，详细叙述了当时的情景，并且就只有'辞'，而没有'铭'文了"①，其基本内容并没有什么变动。所以，后者并不是对前者所载的朱元璋"手录大概"（包括对其出生"东乡"表述）的否定。

根据朱元璋本人的文字和口头表述，永乐三年（1405），明成祖朱棣在孝陵前竖立的孝陵神功圣德碑，便说朱元璋生于濠州："皇考太祖圣神文武钦明启运俊德成功统天大孝高皇帝，姓朱氏，句容大族也。皇曾祖熙祖裕皇帝，居泗州。皇祖仁祖淳皇帝，居濠州，皇考生焉。"②永乐十六年，经三修定稿的《明太祖实录》，对朱元璋的出生地更明确标出具体的州、县和乡："大明太祖圣神文武钦明启运俊德成功统天大孝高皇帝，姓朱氏，讳元璋，濠之钟离东乡人也。"③

盱眙说所据资料，主要来源于朱元璋去世后出现的"圣瑞"传说以及据此编造出的"圣迹"。其可信度及价值，都与凤阳说所据资料不可同日而语。

朱元璋去世后，明成祖的孝陵神功圣德碑，即编造了一系列"圣瑞"之象，将其父加以神化：

> 初，皇祖妣淳皇后，梦神馈药如丸，烨烨有光，吞之，既觉，异香袭体，遂娠皇考。及诞之夕，有光烛天。长游定远，道中遇疾，有紫衣两人，饮食之，与共卧起。疾愈，莫知所之。尝夜陷麻湖中，遇群童称迎乘舆，叱之不见。渡军采石，上有云气如龙文，贯牛渚矶。亲征婺州，五色云如盖，覆其军。④

上有所好，下必甚焉。于是，从永乐年间开始，民间便逐渐流传开种种有关朱元璋出生的"圣瑞"传说，且越传越广。一些野史稗乘也纷纷加以录载。如弘治八

---

① 王剑英：《〈大明皇陵之碑〉考释》，《明中都研究》，第466页。
② 中山陵园管理处文物管理办公室编：《朱元璋与明孝陵》附录一，《大明孝陵神功圣德碑》碑文，南京出版社1996年版，第152页。
③ 《明太祖实录》卷一。
④ 《朱元璋与明孝陵》，第154页。

年(1495)刊行的《双槐岁钞》,即详细记载了当时流传的这些"圣瑞"之象,谓:

> 初,皇考仁祖淳皇帝居濠州之钟离东乡,皇妣陈氏尝梦黄冠馈药一丸,烨烨有光,吞之,既觉,口有异香,遂娠焉。及诞,有红光烛天,照映千里,观者异之,骇声如雷。天历元年戊辰九月十有八日昳时也。河上汲水澡浴,忽有红罗浮来,遂取衣之,故所居名红罗幛。邻有二郎神庙,其夜火光照耀,及天明,庙徙东北百余步,自是室中常有神光。每向晦将卧,忽煜爚若焚,家人虑失火,亟起视之,惟堂前供神之灯耳。①

但是,这些野史稗乘录载的"圣瑞"之象,均来自闾巷传说,自然是荒诞不经,不可遽信的。正如《四库全书》的编者对《皇明小史》所载的"圣瑞"传闻所说的:"其谬妄固不待辨也。"②根据这些"圣瑞"编造出来的寺庙及地名,自然也是子虚乌有的东西。如二郎神庙(又说是土地庙)、红罗幛(又说是红罗障)等,景泰七年(1456)成书的《寰宇通志》、天顺五年(1461)成书的《大明一统志》、弘治元年(1488)成书的《中都志》,均未见记载。

值得注意的是,这些"圣瑞"之象在流传的过程中,还夹杂着关于朱元璋出生地的不同说法。大约在永乐年间成书的《皇明小史》,在《毓圣开基》一条中说"高皇帝先世为句容县朱家巷人。追其大父熙祖始迁于泗州,及皇考仁祖又迁于濠州之西乡"③,在《灵迹乡神异》一条中则称"上诞于盱眙灵迹乡之土地庙"④。同一个朱元璋,竟然有濠州之西乡、盱眙灵迹乡两个不同的出生地,显然是自相矛盾的。不过,朱元璋诞生于盱眙灵迹乡的说法,后来仍为一些文人的野史笔记所转录,如文林《琅琊漫抄》载:"太祖高皇帝生于盱眙县灵迹乡土地庙。父老相传云,生时夜晦,

---

① [明]黄瑜撰,魏连科点校:《双槐岁钞》卷一,《圣瑞火德》,中华书局1999年版,第1页。

② 《皇明小史摘抄》卷下。

③ 《皇明小史摘抄》卷上。

④ 《皇明小史摘抄》卷下。

惟庙有火光，明日庙移置东路，至今所生地方圆丈许不生草。"①皇甫录《皇明纪略》载："太祖高皇帝生于盱眙灵迹乡土地庙，父老相传云，生时夜有神光烛天，明日庙忽移置东路，今其地方丈许不生草。"②王文禄《龙兴慈记》记载朱元璋"生于盱眙县灵迹乡，方圆丈许至今不生草木"③。

关于朱元璋出生地之混乱说法，明廷并未进行干预，因为这些不同的出生地都是基于"圣瑞"的传闻而派生出来的，"圣瑞"传闻的流行是符合明朝统治者美化开国皇帝、维护专制统治的需要的。泗州盱眙县的地方官员为了本地的利益，在正德至万历中期南直隶修志的热潮中，便利用本地紧邻凤阳县，曾是朱元璋父亲居住地、母亲娘家地和大哥出生地的有利条件，借修纂地方志之机，将朱元璋出生时的种种"圣瑞"之象都写入本地的方志，并在原有的二郎神庙、红罗幛等说法之外，编造新的所谓"圣迹"，为盱眙说的确立编造依据。

正德十三年（1518）刊行的《盱眙县志》，首先附会《明太祖实录》所载的"上生，红光满室"的"圣瑞"之象，编造出"明光山"的新的"圣迹"，并将朱元璋的出生地定在盱眙太平乡内："明光山，在县西南（一百里灵迹乡内。我）太祖高皇帝（生寓木场、津里，出《天潢玉牒》，其五色旺）气，常见此山，（故人因以为山名。）"④不过，遍查《寰宇通志》《大明一统志》《中都志》，皆不见有明光山的记载，可见这个地名是修志者编造的。说"太祖高皇帝生寓木场、津里"这两条盱眙太平乡的小河出自《天潢玉牒》也是造假，解缙《天潢玉牒》对朱元璋出生地的记载，与危素撰皇陵碑文口径是一致的，谓："仁祖年五十迁钟离之东乡。天历元年戊辰，龙飞濠梁。"⑤

过了三年，泗州知州汪应珍纂修的《泗州志》刊行。该志今已不存，人们无从得知其所记的"圣瑞"情况。嘉靖初年，泗州通判侯廷训觉得此志"多所缺遗"，又联合

　　① ［明］文林：《琅琊漫抄》，［明］邓士龙辑，许大龄、王天有主点校：《国朝典故》卷八五，北京大学出版社 1993 年版，第 1795 页。

　　② ［明］皇甫录：《皇明纪略》，《丛书集成初编》本。

　　③ ［明］王文禄：《龙兴慈记》，《纪录汇编》本。

　　④ 正德《盱眙县志》卷上，正德十三年刻本。按：括号内文字原书缺佚，据嘉靖《泗志备遗》补。

　　⑤ ［明］解缙：《天潢玉牒》，《纪录汇编》本。

泗州学正黄君耀及诸士友，"穷搜博访"①，于嘉靖七年(1528)修成《泗志备遗》。此志将此前野史稗乘所载的"圣瑞"之象，统统改回到盱眙县灵迹乡，并且编造了一个地名红庙。这不仅同正德《盱眙县志》所载朱元璋出生于盱眙太平乡之说相左，而且也同此前一些野史稗乘的说法相矛盾。万历二十三年(1595)刊行的《帝里盱眙县志》，则首次将盱眙称为"帝里"，并编造了"香花涧""香花寺"的新的"圣迹"。万历二十七年刊的泗州志《帝乡纪略》，则干脆称泗州为"帝乡"，并把所有的"圣瑞""圣迹"，又都放回到盱眙的太平乡，并说"今乡名亦自洪武后改，称为灵迹云"②。但查此前与此后编撰的泗州志或盱眙县志，太平与灵迹分别是两个乡，相距有十多公里之遥。这样的记述，怎能让人信服呢？

为了给盱眙争得"帝乡"的荣耀，万历年间的盱眙典史刘乾还上书明神宗，请求朝廷给盱眙正式戴上"帝里"的桂冠，但是明神宗未予理睬③。尽管如此，盱眙知县王某，还是在万历三十年中秋，在灵迹乡二郎庙旁竖起一块"跃龙岗"的石碑。万历四十一年六月，盱眙知县许临川又在二郎庙内竖起一块"孕龙基"的石碑，并请翰林院修撰李维桢，根据《帝乡纪略》所载的"圣瑞"传闻，撰写了《圣祖灵迹记》的碑文，称朱元璋生于盱眙太平乡旁边的二郎庙，而浴于庙西之池河④。朱元璋出生地的盱眙说，至此似乎就由传闻变成了板上钉钉的事实。此时，距离朱元璋的诞生已达285年，距离明王朝的建立也有245年之久。

可见，朱元璋出生地的盱眙说，没有任何可靠的第一手资料做依据，而是完全奠立在"圣瑞"传闻的基础上，不仅荒诞不经，而且漏洞百出，因而是站不住脚的。

凤阳说与盱眙说的孰是孰非，除了看它们据以立论的资料，还可以从以下几个方面做出判断。

一是朱元璋参加起义，成为一方首领乃至称帝之后，曾三次返回家乡濠州钟

---

① [明]袁淮修、侯廷训纂：嘉靖《泗志备遗》自序，明嘉靖七年刻本。

② 万历《帝乡纪略》卷一，《帝迹志》。

③ 万历《帝里盱眙县志》卷一，《圣迹志》，[明]刘乾：《拟上圣迹奏疏略》，万历二十三年刻本。

④ [明]李维桢：《大泌山房集》卷五四上，《圣祖灵迹记》，《四库全书存目丛书》本。

离,却从未到过泗州盱眙。人是有感情的,有亲情、乡情和友情,特别是在安土重迁的古代农业社会,离开家乡的时间长了,就会思念在家的亲友和故乡的一草一木,总想回家看看。朱元璋也不例外。他自至正十二年投奔郭子兴队伍,多年在外征战。至正十四年,朱元璋攻占滁州,郭子兴自濠州来到滁州,濠州遂为另一起义首领孙德崖所占。后来孙德崖死,濠州落入李济之手。至正二十六年四月,李济又以城降于张士诚。朱元璋曾命右相国李善长写信招降李济,但遭到拒绝。为此,他曾十分感慨地叹道:"濠,吾家也。济如此,我有国无家可乎?"①未几,濠州为朱元璋的部将韩政收复,朱元璋即返濠州,祭扫、整修父母的坟墓,并与父老乡亲会面,宣布故乡的"乡县租赋,当令有司勿征"②。此后,朱元璋还于洪武四年二月、八年四月两次返回凤阳视察中都,祭祀皇陵,会见父老乡亲。就在他最后一次视察中都时,发生营建工匠的"厌胜"事件,朱元璋下令罢废中都,从此未再返回凤阳老家。时间一长,他还是想念故乡的父老乡亲。洪武十六年八月,特遣内宫前往凤阳,将20家亲邻接到京师相见,并领着他们游览参观了宫殿。但是,我们查遍明代的史籍,却未见有朱元璋到过泗州盱眙的记载,更未见他说过盱眙是其故乡之类的话。

二是朱元璋为营建中都而扩大临濠府的辖区,盱眙县最初并不包括在内,而是后来才增补进去的。吴元年,朱元璋将濠州升格为临濠府时,曾将泗州、寿州改隶濠州。但洪武二年九月下令在临濠府营建中都,又以泗州、寿州直隶中书省,同时改钟离县为中立县,三年改为临淮县。到洪武四年二月,"上谓中书省臣曰:'临濠为朕兴王之地,今置中都,宜以傍近州县通水路漕运者隶之。'于是省臣议以寿、邳、徐、宿、颍、息、光、六安、信阳九州,五河、怀远、中立、定远、蒙城、霍丘、英山、宿迁、睢宁、砀山、灵璧、颍上、泰(太)和、固始、光山、丰、沛、萧一十八县,悉隶中都"③。作为"兴王之地"的中都辖区,享有比一般府县优厚的政治和经济待遇。这次扩充辖区的规模很大,连远离中都的信阳、光州、固始(今皆属河南)和英山(今属湖北)

① [清]张廷玉等撰:《明史》卷一三〇,《韩政传》,中华书局1974年版,第3825页。
② 《明太祖实录》卷二〇,丙午年四月戊寅。
③ 《明太祖实录》卷六一,洪武四年二月癸酉。

都包括在内。当朝天子的出生地,更应优先圈入其内。但中书省原议决的结果,划入中都辖区的是中立县(按:此时已改为临淮县)而没有盱眙县。到了三月,"以泗州隶临濠府"①,原属泗州的盱眙县,才划入中都辖区。可见在中书省臣的心目中,钟离即中立县才是朱元璋的出生地,其地位是远远高于非朱元璋出生地的盱眙县的。

三是朱元璋曾下诏永免凤阳、临淮两县的赋役,却未见免除盱眙县的赋役。龙凤十二年朱元璋第一次返乡祭扫父母坟墓、会见父老乡亲时,曾许诺将免除故乡的"乡县租赋"。登基称帝后,经过多年的休养生息,农业生产逐步得到恢复和发展,他便在洪武十六年着手兑现诺言,于三月二十三日敕谕户部臣曰:"凤阳,朕故乡,皇陵在焉。昔汉高帝生于丰,起于沛,既成帝业,而丰、沛之民终汉世受惠。朕今永免凤阳、临淮二县税粮、徭役。宜榜谕其民,使知朕意。"②洪武二十九年正月二十八日,再次重申永免凤阳、临淮两县赋役的诏令③。两道诏令,都说明他之所以永免临淮、凤阳两县的赋役,是仿照汉高祖免除其出生地丰县和成长地沛县粮差的做法。他的出生地和成长地,是由钟离析分而来的临淮和凤阳两县,均与盱眙无涉。持盱眙说者,往往以洪武四年三月朱元璋已下令将泗州划入中都辖区,归属临濠府管辖为由,称朱元璋所说的凤阳是其故乡,这个凤阳是指大凤阳即凤阳府,包括泗州盱眙在内,而非小凤阳即凤阳县,仅指原濠州钟离。但朱元璋这两道圣旨说得十分明确,他永免的赋役仅限于由钟离析分而来的临淮和凤阳两县,而不是凤阳府,并不包括泗州盱眙在内。

持盱眙说者又征引曾维诚纂修的万历《帝乡纪略》所载的一道朱元璋"圣旨",说盱眙也是享受永免赋役待遇的:"洪武十六年,户部奉圣旨:'濠、泗实朕乡里,人民理宜优恤。昔汉高祖丰生,沛长,起事于沛,帝业既成,而终汉受恩。今将夏秋税

---

① 《明太祖实录》卷六二,洪武四年三月乙酉。
② 《明太祖实录》卷一五三,洪武十六年三月丙寅。
③ 天启《凤阳新书》卷五,《帝语篇》,明天启元年刻本。

粮并杂泛差役,永不科征。你部里将这言语出榜张挂。钦此。' "①

　　万历《帝乡纪略》所载的这道"圣旨",只标明发布的年份而没有月日,但查《明太祖实录》及有关史籍,洪武十六年除三月二十三日永免临淮、凤阳两县赋役的圣旨外,未再颁发过类似的圣旨。可以肯定,这道"圣旨"是篡改洪武十六年三月二十三日圣旨而成的,经过篡改,问题也随之出现了。第一,原圣旨将临淮县比作汉高祖出生地丰县,凤阳县比作汉高祖成长地沛县,以县比县,级别相当。而篡改后的"圣旨",将泗州比作丰县,濠州比作沛县,以州比县,级别明显不相称。第二,篡改后的"圣旨"永免濠、泗的赋役,这个濠、泗是指朱元璋出生时的濠、泗,还是洪武十六年的濠、泗? 如何执行? 如指朱元璋出生时的濠、泗两州,则包括濠州下领的钟离、定远、怀远三县和泗州下领的临淮、虹县、五河、盱眙、天长五县。但到洪武十六年,州县的建制发生很大的变动,如泗州的倚郭县临淮已省入州治,而濠州的倚郭县钟离又于洪武七年析分为临淮和凤阳两县,十一年又割虹县地以益凤阳。如以朱元璋出生时的濠州区划为准,从虹县划入凤阳的民户享受不享受永免赋役的待遇? 如指圣旨颁布的洪武十六年的濠、泗两州,则濠州已于吴元年升为临濠府而不复存在,而泗州也于洪武四年三月改隶临濠府,临濠府后又改为中立府,再改为凤阳府,圣旨怎么能将一个府和它下领的州并列呢? 而查万历《明会典》,则有洪武二十六年、弘治十五年、万历六年凤阳府夏税、秋粮的征收数字②,证明凤阳府并没有全部享受永免赋役的待遇。

　　持盱眙说者大概也感到朱元璋说自己出生于钟离之东乡,是一个无法回避的问题,于是又抛出"东乡"为"东向"之说,说古文中的"乡"字可作为"向"字的通假字,"东乡"是方位的概念,指钟离东边的乡村,而不是一个具体的乡名,盱眙之唐兴、灵迹诸乡在钟离东边,故"钟离之东乡,即盱眙之唐兴、灵迹诸乡也"③。如果这

---

　　①　万历《帝乡纪略》卷一〇,《纶奏志》。

　　②　[明]申时行等撰:万历《明会典》卷二四、二五,《户部·税粮》,中华书局1989年影印万有文库本。

　　③　万历《帝乡纪略》卷一,《帝迹篇》。

种说法能够成立的话，人们不禁要问：朱元璋为什么不直接说他出生于盱眙灵迹乡或盱眙之西乡，非要绕个大弯，说是出生于钟离之东乡呢？钟离与盱眙，都非历史名县，在元末它们的政治、经济地位基本相似，都是经常遭受水旱蝗灾的穷地方，朱元璋何必非得回避盱眙而说自己出生于钟离呢？再说朱元璋喜欢自比汉高祖，盱眙比之钟离，不是离汉高祖出生成长的丰、沛更近吗？况且，按照传统的惯例，人们说自己的籍贯，言某省某县某乡，其出生地必须属于某省某县某乡管辖才行。打个比方说，你的籍贯是北京市通州区宋庄，你可以说是北京，也可以说是北京通州，或者说是北京通州宋庄，如果有人不知道宋庄在哪里，你可以告诉他在北京的东边。但如果你是河北三河市李旗庄人，虽然李旗庄在北京的东边，却不能说你是北京人，因为三河市不属北京市管辖。朱元璋假如确系盱眙灵迹乡人，他只能说自己是泗州人、泗州盱眙人、泗州盱眙灵迹乡人或泗州盱眙西乡人，而不能说是濠之钟离东乡人，难道他连这点常识都不懂吗？

由于凤阳说是奠立在第一手资料的基础上，并有许多的旁证资料，因而被明清以来官修史书和绝大多数私修史书所采纳。官修史书如明代的《明太祖实录》《寰宇通志》《大明一统志》，清代的《明史》《御批历代通鉴辑览》《御定资治通鉴三编》等，均持凤阳说，私修的史书，绝大多数也采纳凤阳说。

不过，"钟离之东乡"是元代的地名，后来由于行政区划的变动，"东乡"之名消失，其具体位置也变得模糊不清，这就为朱元璋出生地之争留下了空间。可喜的是，近年安徽学者刘思祥，经过多年的探寻考证，终于拨开历史的迷雾，弄清了其具体的地址。他指出，元末的钟离东乡，明初演变为临淮县感应乡。朱元璋的具体出生地，就在临淮县感应乡的燃灯集金桥坎，"即今凤阳县小溪河镇燃灯社区金桥村"[1]。凤阳说也就因此得到了确证[2]。

---

[1]　刘思祥：《朱元璋出生于"钟离之东乡"考》，《安徽师范大学学报》第 38 卷第 2 期（2010 年 5 月）；陈怀仁、夏玉润主编：《明太祖与凤阳》，黄山书社 2011 年版，第 14—32 页。

[2]　拙作《朱元璋出生地考辨》，《社会科学辑刊》2011 年第 1 期；拙著《散叶集》，河北大学出版社 2010 年版，第 3—25 页；《朱元璋与凤阳》，第 1—13 页。

第二讲　起义早期的活动与江南根据地的营建

一、逼上梁山，投奔起义

元朝末年，朱元璋于天历元年（1328）农历九月十八日（公历 10 月 21 日）出生于河南行省安丰路钟离县东乡一户贫苦农民的家庭，父亲叫朱五四，母亲陈氏。（后）至元四年（1338），全家迁至钟离西乡，第二年又迁至钟离太平乡之孤庄村。

蒙古入主中原，建立元朝，统一全国，结束辽、金、西夏与宋朝的长期分立局面，并将西藏纳入版图，基本奠定我国的疆域，促进各民族的经济文化交流与融合，为我国统一多民族国家的巩固和发展做出了巨大的贡献。但是元朝在统一的过程中，承袭女真统治者把金朝统治范围的人民分为女真、渤海、契丹、汉儿四个等级的民族分化政策，将全国的各族人民按照被征服的先后次序，划分为蒙古、色目、汉人、南人四个等级，规定四等人不同的政治地位，蒙古人最高，色目人（指西域各族人）次之，汉人（大抵指淮河以北原金朝统治下的各族人民和较早被征服的四川、云南各族人民）再次之，南人（指原南宋统治下的各族人民）最为低下。并将蒙古贵族原来落后的劳动力占有形式和剥削方式，强行推广到经济高度发达的中原和江南地区，如掳掠大量人口，抑为"驱口""驱丁"（即奴隶）；搜刮大批民间工匠，抑为"系官人匠"的匠户（即工奴）。此外，为了适应蒙古人游牧生活的需要，元朝初期还曾在中原地区圈占大批良田充作牧场，不耕不稼，专放孳畜。后来，在中原发达的农业经济的影响下，入居内地的蒙古人虽然被迫放弃了游牧经济，改事农业，但土地的兼并现象却有增无减。元朝官府经常夺占汉人的大片耕地充作官田，赏给贵族、大臣和寺院。蒙古、色目贵族和汉族地主也采取各种手段，疯狂兼并土地，索债征租，驱迫农民，甚至干预佃客的男女婚姻，将佃客随田转卖。这种做法无疑是经济领域的一种逆转。与此同时，元世祖忽必烈虽行"汉法"，又唯恐出现全盘"汉化"的现象，因而又采取"稽列圣之洪规，讲前代之定制"[1]，即所谓"祖述变通"的方针，一方面依照汉族王朝的传统建立统治机构与制度，另一方面又将一些落后的蒙古旧制稍加变通或附会汉法加以保留，形成一套蒙汉杂糅、外汉内蒙以保持蒙古文化本位的制度。如改国号，建年号，定都邑，立朝仪，劝农桑，办学校，重建省、台、院等，就是沿用宋制发展而来的；而宗亲分封、家臣治国、两都巡幸、朝会宴赏、怯薛（宫廷卫队）和军户世袭制、驱口和匠户制度等，就都是蒙古旧制的延续。延续蒙古旧制，又是政治领域的一种倒退。这种经济、政治领域的逆转倒退，不能不使宋代发展起来的社会经济受到严重损害，其发展的历程也就呈现特别曲折和缓慢的状态。有元一代，尽管元廷采取了许多恢复和发展生产的措施，有些部门如棉纺织业、印刷业和火器制造业的生产技术也确有一定的进步，但总体而言，农业和手工业生产的整体水平却始终没有超过宋代。

在蒙古族、汉族等各族地主阶级的压迫剥削之下，广大劳动人民的生活极端痛苦。到了元朝末年，由于朝政的腐败，土地的集中，赋役和地租剥削的沉重，水旱瘟疫的频发，"贫者愈贫，富者愈富"[2]，广大劳动人民连简单再生产都难以维持，生活

---

① ［明］宋濂等撰：《元史》卷一，《世祖本纪》一，中华书局 1976 年版，第 65 页。
② ［明］危素：《危太仆续集》卷九，《书张承基传后》，《嘉业堂丛书》本。

也就更加困苦不堪了。

　　同当时的汉族广大劳动人民一样，朱元璋的父亲朱五四一家生活异常困苦。自从元贞三年(1297)前后朱元璋的祖父朱初一去世之后，朱家就没有一寸土地，大约从泗州孙家岗迁至盱眙津里镇之后，朱元璋的父亲朱五四就开始当佃户，靠租种地主的土地为生，有时也外出打长短工。他为人忠厚老实，勤俭节约。全家佃种地主的土地，一年到头，辛辛苦苦，但打下的粮食有一多半得给地主交租，剩下的还不够一家人糊口。所以，朱五四一家在一个地方总是住不长久，过一段时间就得搬一次家。

　　朱五四一家迁到孤庄村时，长女早已送给太平乡段家庄的王姓人家，次子朱重六、三子朱重七也已分别入赘盱眙和钟离东乡，到唐家、刘家做了上门女婿。家里除了朱五四夫妇，两个儿子朱重四、朱重八(朱元璋)，一个女儿佛女，还有朱重四的媳妇和两个儿子圣保、驴儿(后改名文正)及一个女儿，全家共九口人，租种本村地主刘德的十几亩薄地。此时朱五四已经58岁，妻子陈氏也已53岁，家里只有长子朱重四及其媳妇两个劳动力，朱五四媳妇还得照看孙子孙女，不能经常下田干活，日子自然是过得紧巴巴的，常常是几小把米熬一大锅野菜充饥。

　　搬到孤庄村时，朱元璋是个12岁的少年，虽然身体长得相当壮实，"姿貌雄杰"[1]，但毕竟还未成年，就只能去给地主刘德放牧牛羊，以便减轻家里的负担。尽管他十分卖力，每天都把牛羊赶到远处野草长得较为茂盛的地方放牧，刘德还经常嫌牛羊没吃饱，狠狠地训斥他。朱元璋的母亲陈氏常在夜晚的豆油灯下，边纺织边给孩子们讲外祖父陈氏抗元的故事。五六十年前，朱元璋的外公曾在宋朝大将张世杰手下当过亲兵。元朝的大军南下，攻占南宋的都城临安(今浙江杭州)，俘虏了宋恭帝。张世杰和陆秀夫等将领在福州拥立益王赵昰做皇帝，继续抗元。文天祥出任丞相，招兵买马，转战于江西、广东一带。不久，赵昰病死，赵昰的弟弟、广王赵昺做皇帝，继续坚持抗元斗争。文天祥不幸兵败被俘，张世杰、陆秀夫护送9岁的

————————

　　[1]　《明太祖实录》卷一。

小皇帝退往崖山(今广东新会崖门附近)。元朝水师穷追不舍,被张世杰顽强击退。后来,元军攻占崖山海口,切断宋军砍柴取水之路,于祥兴二年(1279)二月发动大规模攻势,突破宋军的防线。陆秀夫见大势已去,拔剑令妻子儿女跳海自尽,自己背起小皇帝投海殉国。张世杰和手下的几名亲兵乘天黑带着十几条船冲出重围,图谋再举。谁知四天后却在平章海面遭遇台风,船只倾覆,张世杰落水殉难。朱元璋的外公也掉进海里,侥幸被人救起,辗转返回老家。母亲讲的故事,深深打动了朱元璋。朱元璋从心底里钦佩外公,企盼有一天能拿起长矛大刀,同蒙古、色目贵族血拼一场,把他们斩尽杀绝,从此不再遭受欺凌和压榨。

未等朱元璋长大成人,灾难接二连三地向朱家袭来。短短几年的时间,三嫂刘氏病故,二哥的独生子旺儿夭折了,大姐和大姐夫王七一全家也满门死绝。至正四年(1344)春天,一场百年不遇的大旱又降临江淮大地。正当人们使劲地祈雨抗旱之时,又闹起蝗灾。接着,地处偏僻的孤庄村又闹起瘟疫。先是64岁的老爹朱五四染病卧床,因为请不起郎中抓不起药,在四月初六日去世。而后,大哥朱重四又染上病,在初九日死去,他的大儿子圣保也夭折了。到二十二日,59岁的老母陈氏也染病而亡。陈氏临终前,望着在床前伺候的小儿子朱元璋,示意他把入赘到唐家的二哥朱重六找来,断断续续地叮嘱道:"我今病,度不起,汝兄弟善相扶持,以立家业。"[1]说完,便咽了气。

此时,朱家家徒四壁,没有埋葬的坟地。朱元璋和二哥朱重六去央求地主刘德给块坟地,却遭到刘德的一顿臭骂,"呼叱昂昂"[2]。幸好与朱家比邻而居的刘继祖,虽系刘德之兄,却乐善好施,闻讯主动给了块地。朱元璋和二哥将两位老人和大哥及圣保的遗体分别抬到坟地,按照长幼的次序,一个紧挨一个地埋葬了。

埋葬亲人的遗体后,旱灾、蝗灾和瘟疫仍未停止,朱元璋一家的生活陷入绝境。大嫂带着小儿子朱文正和小女儿回了娘家,朱元璋和二哥、二嫂却走投无路。同在

---

① 《明太祖宝训》卷一,《孝思》,台北:"中央研究院历史语言研究所"1962年影印校勘本。
② 《明太祖集》卷一四,《皇陵碑》,第271页。

钟离县的伯父朱五一全家 14 口,除小儿媳田氏尚在人世外,其他人都已死去。在钟离东乡嫁给以打鱼为生的李贞的二姐佛女,因久无往来,不知景况如何。外祖父没有儿子,后来收了大女婿季家的孩子做过继孙子,但自外公去世后,这些年也没有往来。几个本家亲戚都投奔不得,只好出门去找点零活干,但灾荒年月,又有谁肯出钱雇人干活呢?

从四月挨到九月,眼看没有活路,二哥提出分头外出逃荒,朱元璋表示赞同。朱元璋的干妈、邻居汪大娘提起朱元璋小时体弱多病,朱五四当年曾在庙里许愿,让菩萨保佑孩子健康成长,待将来把他舍身为僧的事,说朱元璋年纪太小,独自外出逃荒,怕不安全,还不如入寺为僧,可以挣口饭吃。朱元璋与二哥点头表示同意。汪大娘于是备了香烛和礼品,让她的二儿子曹秀陪着朱元璋到孤庄村西南角的於皇寺去当小行童即童仆。这一天是九月十九日(公历 10 月 25 日),朱元璋虚岁 17,实际年龄刚满 16 岁。

寺庙主要靠出租土地和接受善男信女的布施来维持开支,但因灾情严重,佃户交不上地租,施主的布施也寥寥无几。朱元璋入寺刚过 50 天,於皇寺的住持便因"岁歉不足给众食"①,遣散了众僧。朱元璋只好背上破包袱,云游淮西了。

朱元璋在淮西云游之时,北方白莲教首领韩山童和南方白莲教首领彭莹玉,正在那里从事反元的秘密活动。韩山童的祖父是赵州滦城(今河北滦县)人,人称韩学究,估计是个教书先生。他暗中宣传白莲教,遭到官府逮捕,谪迁广平永年县(今河北邯郸东北旧永年)。韩山童继承祖父的事业,继续利用白莲教宣传和组织群众,倡言"天下大乱,弥勒佛下生""明王出世","河南及江淮愚民皆翕然信之"②。彭莹玉生于袁州(今江西宜春)南泉山慈化寺东边的一户农家,10 岁入慈化寺为僧。后来,暗中传播白莲教,广收门徒,从事反元活动。(后)至元四年(1338)六月,他和门徒周子旺率领 5000 门徒在袁州起义,遭到官军的镇压,周子旺和妻子被杀,

---

① 《龙兴慈记》。

② 《元史》卷四二,《顺帝纪五》,第 891 页;[明]高岱撰,孙正容、单锦珩点校:《鸿猷录》卷二,《宋事始末》,上海古籍出版社 1992 年版,第 28 页。

彭莹玉逃到淮西,等待再度起义的时机。

白莲教为南宋初年昆山僧人茅元仪所创,它要求教徒做到三皈(皈佛、皈法、皈僧)、五戒(不杀生、不偷盗、不邪淫、不妄语、不饮酒),主张素食,所以又被称为"白莲菜"。于是,"宗风大振"①。到13世纪二三十年代,不仅南宋境内"处处有习之者"②,还传播到金朝和蒙古统治的北方地区。元朝统一全国后,白莲教受到元廷的保护。后来因其势力大增,教徒鱼龙混杂,一些上层人物勾结官府,结交势豪,称霸一方,有些下层僧众则借举行宗教仪式之机,夜聚晓散,从事反元活动,元武宗和元英宗曾下令禁止。此后,虽然有些白莲教教主效忠元廷,但广大白莲教徒仍以各种形式秘密从事反元斗争。

白莲教奉行净土宗的教义,崇奉阿弥陀佛(无量寿佛),认为只要念一声阿弥陀佛,即可免除几十亿劫(佛经以天地的形成至毁灭为一劫)的生死重罪。茅元仪创立白莲教时,依据弥陀经典,编写《弥陀节要》,宣扬"念念弥陀出世,处处极乐现前"③。白莲教徒诵读的主要经典《大阿弥陀经》称阿弥陀佛为"诸佛光明之王"④,"弥陀出世"也就是"明王出世"。白莲教还糅合了弥勒净土法门的成分。弥勒净土法门是佛教的一支,供奉弥勒佛(未来佛)。按照佛教的说法,弥勒曾是一个对百姓慈育的好国王,释迦牟尼在世时,他侍旁听法,先佛入灭后,上生于兜率天内院。释迦牟尼灭度后,世界立即变坏,人们的生活陷入苦境。他在灭度前留下遗言,说待他灭度后经4000岁(佛界的4000岁,相当于人间的167000万岁)弥勒当降生人间,那时世界就会重新变好,土地平整如镜,时气合适,四时顺节,到处长满不带皮的粳米,果树长满甘美的果子,地上撒满珍珠玛瑙;人人没有忧愁烦恼,个个自在快活⑤。这种"弥勒下生"的说法,后来就被白莲教徒普遍接受。此外,白莲教还吸收了道教

---

① [元]普度:《庐山莲宗宝鉴》卷四,《慈照宗主》,《续大藏经》影印本。

② [宋]志磐:《佛祖统纪》卷五四,《历代会要志》,《大正新修大藏经》本。

③ [元]普度:《庐山莲宗宝鉴》卷二,《离相念佛三昧无住法门》。

④ [西晋]竺法:《佛说大阿弥陀经》,《清乾隆大藏经》本。

⑤ 《佛说弥勒下生经》。

的某些成分,有的教徒发动反元起义,就自称"李老君太子"①。

白莲教的教义,要求人们把希望寄托于来世,而对现实采取忍耐的态度,显然是一种麻醉人民的鸦片。但它关于"弥勒降生""明王出世"的预言,符合苦难深重的劳动人民要求改变现状的愿望,对他们颇具吸引力。同时,白莲教举行宗教仪式,烧香聚众,夜聚晓散,又极便于宣传组织群众,从事秘密活动。于是,一些农民领袖便打入白莲教内部,把"天下大乱"与"弥勒降生""明王出世"联系起来,号召贫苦人民起来冲击黑暗之现实世界,从事反元的秘密活动,为发动大规模的武装起义做准备。

朱元璋在淮西流浪了三年多的时间,熟识那里的山川形势,民风民俗,大大开阔眼界,增长了见识。在居无定所、食不果腹的云游过程中,他必须勇往直前而又处处小心,从而铸就了坚韧果敢而又猜忌多疑的性格;他被命运抛到生活的底层,广泛接触一贫如洗的贫苦农民,直接或间接地受到白莲教教义的宣传和影响,对社会的黑暗、百姓的疾苦有了更深切的了解,对人心的趋向有更深刻的体会;同时,为了生存的需要,他广交江湖朋友,从而沾染上江湖习气。所有这一切,都对朱元璋后来参加农民起义及其一生事业的发展,产生了深刻的影响。

至正八年(1348),朱元璋重返於皇寺。由于连年荒旱,於皇寺香火寂寥,僧众大多离散了。留下的几个和尚,日子过得非常艰苦。因为香客稀少,庙里没有多少事可做。朱元璋小时念过几个月的私塾,认得几十个字,便跟几个识字的老和尚学习佛经,有时也把庙里的几本杂书拿出来翻翻,史籍说他从此"始立志勤学"②。这样日积月累,认识的字越来越多,知识面不断扩大,文化水平得到了提高。

此时,社会矛盾正在急速激化。由于元朝统治集团的奢侈腐化,国库入不敷出。为了弥补国库的亏空,至正十一年(1351),元顺帝和中书右丞相脱脱采纳吏部尚书偰哲笃的建议,铸造至正通宝钱,与历代铜钱并用,并大量印造比至元宝钞大

①　《元史》卷一八二,《许有壬传》,第 4201 页。

②　《皇明本纪》,《纪录汇编》本。

一倍的至正交钞,代替通行已久的中统交钞和至元宝钞,叫老百姓拿旧钞去换新钞,老百姓称之为"钞买钞"。此前发行的至元宝钞和中统交钞都有钞本(储备金),人们拿着钞币可以兑换金银。至正交钞没有钞本,不能兑换金银,钞值因而大跌,在京师钞10锭(等于铜钱5万文)竟买不到1斗米,老百姓不用钞而用钱,最后连钱也不用,"皆以物货相贸易"①。因为变钞法的失败,脱脱又想以修治黄河来挽回自己的声誉。黄河自至正四年决口,此后连年泛滥成灾。至正十一年,河南归德知府观音奴上奏请求修治黄河。四月,脱脱奏请元顺帝批准,任命水利专家贾鲁为工部尚书、总治河防使,征调汴梁、大名等13路民夫15万人及庐州等地戍卒2万人,动工治河。十几万河工按照贾鲁设计的方案,先疏浚从黄陵冈(今河南兰考东)到归德府(治睢阳,今河南商丘睢阳区)的河道,将河水勒回故道,然后再修复白茅堤,堵塞黄河北流的决口。黄河泛滥几年来,两岸的贫苦农民遭受水旱灾害和瘟疫的袭击,本已困苦不堪,如今又被驱赶来当河工,整天在官吏的皮鞭下承担繁重的劳役,更是怨声载道。

韩山童和他的门徒颍州人刘福通等决定抓住时机,发动起义。韩山童和刘福通等人聚集在颍上县境内等候消息。至正十一年五月,他们在颍上县境的白鹿庄集中3000名教徒,进行起义前的准备。他们提出"复宋"的口号,在旗帜上写着:"虎贲三千,直抵幽燕之地。龙飞九五,重开大宋之天。"②并发布檄文,揭露"贫极江南,富称塞北"③的不平等现象,号召汉族贫苦农民起来推翻元朝的黑暗统治。不幸,由于走漏消息,遭到官府的搜捕,韩山童被捕牺牲,他的妻子杨氏带着儿子韩林儿逃往徐州路。刘福通率领部众苦战突围,在五月初三日攻占颍州,正式点燃了元末农民大起义的烈火。这支起义队伍头裹红巾,身穿红色战袍,被称为红巾军,因属北方白莲教系统,故被称作北方红巾军。元廷急派枢密院同佥赫厮、秃赤率领官军,会同河南行省的军队前往镇压。赫厮、秃赤一和红巾军对垒,见红巾军人多势

---

① 《元史》卷九七,《食货志》五,第2485页。

② [元]陶宗仪:《南村辍耕录》卷二七,《旗联》,中华书局1959年版,第342页。

③ [明]叶子奇:《草木子》卷三上,《克谨篇》,中华书局1959年版,第51页。

众,不战而逃。刘福通挥师出击,乘胜攻占亳州、项城(今河南沈丘),向西打到河南中部的舞阳、叶县等地。九月,攻克汝宁(今河南汝南)、息州(今河南息县)、光州(今河南潢川)等地,队伍发展到 10 万人。

刘福通起义的消息传出后,正在淮西活动的彭莹玉于至正十一年八月再度起义于江淮,势力很快扩展到巢湖周边的无为等地。同月,他的门徒、麻城铁匠邹普胜和罗田布贩徐寿辉,也在蕲州(今湖北蕲春)起义,攻占蕲水(今湖北浠水)、黄州(治今湖北黄冈南)。十月,徐寿辉在蕲水称帝,建国号为天完,后改为宋,年号治平①。后来,彭莹玉离开江淮,来到蕲水。宋政权兵分两路,邹普胜率领一路上略武昌、江陵等地,彭莹玉、项普略统率另一路下攻长江中下游及浙、闽等地。徐寿辉的起义军同样信奉白莲教,头裹红巾,身着红色战袍,所以也被称为红巾军。但他们属于南方白莲教系统,故被称为南方红巾军。

北、南两支红巾军崛起后,广大贫苦农民纷起响应。至正十一年八月,邳州(治今江苏下邳)人李二(又称"芝麻李")与赵均用、彭大等八人夜夺徐州,树旗招兵,攻克附近各州县。这支起义队伍属于北方红巾军系统。同年十二月,邓州布贩王权(又称"布王三")联合张椿起兵于邓州(今河南邓州)、南阳,进而占领唐(治今河南唐河)、嵩(治今河南嵩县)、汝诸州和河南府(治今河南洛阳),被称为"北琐红巾"。差不多与之同时,孟海马等人也发动起义,于翌年正月攻占襄阳,进军均(今湖北武当)、房、荆门、归(今湖北秭归)、峡(治今湖北宜昌)诸州,被称为"南琐红巾"。北琐红巾与南琐红巾,均属南方红巾军系统。

---

① 《元史》第四二《顺帝纪》五,"(至正十一年十月)徐寿辉据蕲水为都,国号天完,僭称皇帝,改元治平"(第 892 页)。明代诸书及清修《明史》均认同这一说法。但宋濂的《于光墓志铭》却记:"会元政大乱,天下兵动,江东西北为盗区。分宁徐寿辉建伪号曰宋,都九江。"([明]宋濂撰、黄灵庚编辑校点:《宋濂全集》卷五,人民文学出版社 2014 年版,第 1310 页)。1982 年在重庆江北区发现的《明玉珍玄宫之碑》(《重庆日报》1982 年 5 月 30 日第三版)及[明]刘夏《刘尚宾文续集》卷三《戊戌五月拟上刘昭晋参议书》《上魏提举书(戊戌五月拟作)》(《续修四库全书》本)均称徐寿辉建国号为宋。据此推断,徐寿辉最初建国时定国号为天完,后来改为宋,但何时更改国号,今已难考定。参看杨讷《徐寿辉、陈友谅等事迹发覆》(《元史论集》,国家图书馆出版社 2012 年版,第 101—105 页)。

除了红巾军系统的起义军,还有一些不信奉白莲教、不以红巾为标志的反元起义军。如早在至正八年起兵反元后又降元的浙东台州私盐贩方国珍,这时也重新打出反元的旗号。

农民起义的浪潮,很快就波及朱元璋的家乡。至正十二年(1352)正月十一日,定远土豪郭子兴联合孙德崖和俞某、曹某、潘某等四人在定远起兵,二月二十七日攻占濠州,五个首领并称元帅。这支队伍信奉的是韩山童一派的白莲教,属于北方红巾军系统。官府闻讯急命蒙古军官彻里不花率领 3000 官军前来镇压。但官军不敢攻打濠州城,驻扎在城南 30 里处,四出捉拿百姓,往他们头上缠条红巾,充作"乱民",向官府领赏。百姓纷纷呼朋唤友,跑到濠州去投奔红巾军。

朱元璋担心被官军当作"乱民"捉走,只得东躲西藏。有一天他外出躲避,傍晚返回时,却发现於皇寺已被一场大火烧掉大半,生活失去了依靠。不久,已参加濠州红巾军的老乡汤和给他捎信,让前去投奔。他思考了好些日子,一直犹豫不决。后来,同屋的师兄偷偷告诉他,有人见他收到濠州的来信,准备向官府告发,劝他赶快逃走。朱元璋便在当晚前往濠州,投奔郭子兴的队伍,被收为步卒。从此,他成为一名红巾军战士,并加入了白莲教①。这一天,为至正十二年(1352)闰三月初一日(公历 4 月 15 日),朱元璋虚龄 25 岁。

二、从红巾战士到威震一方的起义首领

朱元璋投奔濠州红巾军后,刻苦练习武艺,不到十来天就成为拔尖的角色,得到郭子兴的赏识。郭子兴每次领兵出战,都把朱元璋带在身边,他"从旁翼卫,跳荡

---

① 《明太祖集》卷一四,《皇陵碑》,第 272 页;《纪梦》,第 281—282 页;《皇明本纪》;《明太祖实录》卷一,壬辰年二月乙亥。

无前,斩首捕生过当"①。不久,郭子兴将他调到元帅府当亲兵,授予最低一级的九夫长军衔,有事常找他商量。日子一长,郭子兴觉得朱元璋有胆有识,有勇有谋,是个将才,开始让他带兵作战。他每次率众出征,都身先士卒,冲杀在前;得到战利品,自己分毫不取,全都分给部下。因而深得部众的拥护,上下一心,所向披靡。郭子兴"由是兵益盛",对朱元璋也更加器重,便将义女马氏许配给朱元璋,收他为心腹。从此,军中称他为"朱公子"。

土豪出身的郭子兴,瞧不起孙德崖等四个农民出身的起义首领。每次开会议事,总是吵得不欢而散。郭子兴因而常闭门不出,不参加议事。后来,被元军击败的另一支红巾军首领彭大、赵均用自徐州前来投奔。郭子兴见彭有智术而赵无主见,厚彭而薄赵,更加剧领导班子的矛盾。赵均用乘郭子兴外出上街,派人把他抓住,关到孙德崖家里,准备暗地把他杀掉。朱元璋找彭大求救。彭大带兵包围了孙家,朱元璋爬上屋顶,揭瓦掀椽,下到屋里,才把郭子兴解救出来。

郭子兴虽被救出,但矛盾并没有解决。加以郭子兴、孙德崖的队伍不讲纪律,常"哨惊(掠)四乡,焚烧闾舍"②,而彭大、赵均用"驭下无道"③"以力御众"④,部队的纪律也极差。朱元璋觉得他们将来难成气候,决心自己组建一支训练有素、纪律严明的队伍。至正十三年(1353)六月,他先回乡招募徐达等700人为兵,被升为镇抚,正式成为一名带兵的小军官。他将这支队伍交给郭子兴,自己带着汤和与在家乡招募的徐达等24名骨干,于当年冬天南略定远。第二年五月底,招降张家堡"驴牌寨"一支地主武装3000人,升任总管的高级军官。接着,又招降豁鼻山、横涧山等地的几支地主武装。除了招降地主武装,朱元璋还大力招募贫苦农民入伍,"不逾月而众集,赤帜蔽野而盈冈"⑤。他从招降的地主武装和招募的农夫中挑选2万

---

① [明]谈迁著、张宗祥校点:《国榷》卷一,壬辰年闰三月甲戌,中华书局1958年版,第262页。
② 《明太祖集》卷一四,《纪梦》,第281页。
③ 《明太祖实录》卷一,癸巳年六月。
④ 《皇明本纪》。
⑤ 《明太祖集》卷一四,《皇陵碑》,第273页。

多名,严加训练,"欲令知纪律""以建功业"①。随后,率领这支队伍杀向东南,于至正十四年七月进入滁州境内,至八月攻占滁州。

在南略定远、滁州的过程中,不仅有费聚、丁德兴、邓愈、胡大海等一批地主武装首领前来投奔,还有冯国用、李善长(原名李士元)等一批下层知识分子投至朱元璋的幕下,为其出谋划策。冯国用建议:"金陵(今江苏南京)龙蟠虎踞,帝王之都。先拔之以为根本。然后四出征伐,倡仁义,收人心,勿贪子女玉帛,天下不足定也!"②李善长也向朱元璋进言:"秦乱,汉高起布衣,豁达大度,知人善任,不嗜杀人,五载成帝业。今元纲既紊,天下土崩瓦解。公濠产,距沛不远。山川王气,公当受之。法其所为,天下不足定也。"③朱元璋的眼界为之大开,决心效法汉高祖刘邦,知人善任,不乱杀人,先攻拔金陵作为基地,然后四出征伐,行仁义,收人心,平定天下,夺取全国的最高统治权。

岂料,就在朱元璋攻占滁州之前,彭大、赵均用与孙德崖等已带兵攻下盱眙、泗州。赵、孙等将郭子兴挟持到泗州。不久,郭子兴所依靠的彭大在同赵均用的火并中死去,他的处境更加危险。朱元璋攻下滁州后,想尽一切办法,劝说与贿赂并行,才使赵均用答应放人,让郭子兴来到滁州。郭子兴到达滁州后,朱元璋将自己的队伍交给他,刚过一个月,有人在郭子兴面前挑拨离间,说朱元璋的坏话。郭子兴的儿子郭天叙、郭天爵又嫉妒朱元璋,常在郭子兴面前搬弄是非。没有多大气量的郭子兴,便对朱元璋猜忌、疏远起来。朱元璋处处小心谨慎,对郭子兴毕恭毕敬,马夫人还拿出自己的私房钱,孝敬郭子兴的正室张氏,才让郭子兴消除对他的怀疑。

至正十四年十一月,元右丞相脱脱统兵百万,在高邮大败张士诚。张士诚,小名九四,淮南泰州白驹场(今江苏东台)人。他和几个兄弟以驾船运盐为生,兼贩私盐。贩卖私盐违法,经常遭到官府的追捕,当地的富豪地痞又借此欺凌张士诚。至

---

① 《明太祖实录》卷一,癸巳年六月。
② 《明史》卷一二九,《冯胜传附冯国用传》,第3795页。
③ [明]焦竑编:《献征录》卷一一,[明]王世贞:《中书省左丞相太师韩国公李公善长传》,上海书店1987年影印本。

正十三年春,张士诚带领几个兄弟和李伯昇、潘元明(又作潘原明)、吕珍等18人揭竿而起,击杀当地官吏富豪,于三月间攻占泰州。元淮北江南行省官府出兵镇压,遭到失败,又派人招降,授其为万户。但当淮北江南行省参知政事赵琏催促他修治戈船,去攻打淮、泗的红巾军时,张士诚怕吃亏,又击杀赵琏,攻占兴化,于五月攻占高邮。第二年正月自称诚王,建国号大周。六月攻占江北重镇扬州,切断了京杭大运河的漕运。九月,元顺帝急命右丞相脱脱率领诸王和各省兵马及西域兵、西番兵,前往高邮镇压。南方许多地主武装"义兵"也纷纷赶来,参与这次征剿。

脱脱在高邮城外大败张士诚,分兵围攻滁州东南的六合。当时六合在赵均用、孙德崖等人手里,他们眼看抵挡不住,派人到滁州求救。郭子兴与赵、孙有隙,拒绝出兵。朱元璋认为六合如被攻破,必将危及滁州。他从大局出发,说服郭子兴同意出兵。他便亲自统兵驰援,经过一场激战后,用计诱骗元兵撤退,解除了威胁。见元兵撤退,郭子兴就想在滁州据地称王。朱元璋极力劝阻,对郭子兴说:"滁,山域也,舟楫不通,商贾不集,无形胜可据,不足居也!"①称王之事便不了了之。

滁州虽然暂时保住了,但全国几支主要的农民起义军由于缺乏斗争经验,没有建立牢固的根据地,彼此又不协同,各自为战,相继被元兵击败。至正十二年七月,南方红巾军的杰出领袖彭莹玉在杭州战败,被俘牺牲。十一月,另一重要战将项普略在徽州(今安徽歙县)被擒就义。南方红巾军被迫退出长江中下游,至正十三年年底再退入黄梅山和沔阳湖一带。与此同时,徐州的芝麻李在至正十二年九月陷于失败,王权的北琐红巾军和孟海马的南琐红巾军也在至正十三、十四年相继遭到镇压,使北方红巾军的两翼失去屏障,加上河南地主武装察罕帖木儿和李思齐又袭破罗山,进驻沈丘(今安徽临泉西北),更使北方红巾军的发展受到严重的阻碍。到至正十四年年底,刘福通被迫采取守势,北方红巾军的活动暂时陷于停顿,斗争转入了低潮。

至正十四年年底,与右丞相不和的宣政院使哈麻及第三皇后(元朝实行三皇后

---

①　《明太祖实录》卷一,甲午年十月。

制度)奇氏母子,指使监察御史袁赛因不花连上三道奏章,弹劾脱脱出师高邮三个月,略无寸功。元顺帝大怒,下令削夺脱脱的官爵。诏书到达高邮,百万官军一哄而散。张士诚乘机打开城门,纵兵出击,大获全胜。溃败的元兵大多投奔了附近的红巾军,自此"元兵不复振矣"①。各地起义军纷纷出击,把斗争推向新的高潮。

至正十五年(1355)二月,刘福通领导的北方红巾军,迎韩山童之子韩林儿为帝,号小明工,在亳州建立农民政权,国号大宋,纪年龙凤。大宋政权基本上仿效元制,在中央建立中书省、枢密院、御史台,在地方设立行中书省、府、县等行政机构,行枢密院、统军元帅府、管军总管府、管军万户府等军事机构。以杜遵道、盛文郁为中书丞相,刘福通为平章政事,刘福通之弟刘六为知枢密院事。杜遵道擅权自恣,刘福通不服,私遣甲士将其杀害,自为丞相。大宋政权建立后,遣使联络北方白莲教系统的红巾军,力图将他们团结在自己的旗帜之下,协同作战,向元朝发动更有力的进攻。

随着斗争高潮的再起,郭子兴、朱元璋也在谋划主动出击,向外拓展势力。当时郭子兴的 4 万多军队困守滁州,粮食非常紧张。"子兴言计多失",朱元璋几次劝谏,郭子兴不听,朱元璋郁闷异常而病倒。郭子兴派人召他商议出师的计策,他以疾辞。郭子兴再三下令召见,朱元璋这才勉强支撑病体前往议事。郭子兴让他拿出一个方案,他从先拔金陵以为根本的目标出发,主张南下攻取巢湖东边的和州(今安徽和县)。但和州城小而坚,难以力攻。朱元璋经过深思熟虑,建议计取。郭子兴问怎么计取,他说可精选 3000 勇士,穿上缴获来的地主武装庐州路"义兵"的青衣,腹背都悬挂"庐州路义兵"的标志,赶着四匹满载牛酒的骆驼,假装进城犒赏官军,再派万名战士,穿着红巾军的红衣,跟随其后,相距约 10 里左右,待青衣军到达州城,举火为号,红衣兵即鼓行而趋,必可破城。至正十五年正月,郭子兴按照这个计策,派妻弟张天祐带兵袭取和州,接着又命朱元璋领兵驰援。攻占和州后,提升朱元璋为统率和州兵马的总兵官。

---

① [明]俞本撰,李新峰笺证:《纪事录笺证》卷上,中华书局 2015 年版,第 29 页。

　　三月,元兵不甘心和州之失,出动 10 万大军反攻和州。朱元璋数出奇兵,将其击败。就在这个月,郭子兴病逝,朱元璋、张天祐和郭子兴的夫人、儿子将其遗体护送滁州安葬。后来,朱元璋称帝,追封郭子兴为滁阳王,在滁州立庙祭祀。四月,小明王颁发敕书,册封郭子兴之子郭天叙为都元帅,郭子兴妻弟张天祐为右副元帅,朱元璋为左副元帅。三个统帅之中,都元帅郭天叙年轻没经验,右副元帅张天祐岁数较大,但缺乏智谋,优柔寡断,左副元帅朱元璋虽然位列第三,但和州的这支部队大多数是他招募或招降来的,并经过他的严格训练,听从他的号令,加上身边又有李善长、冯国用、冯胜、徐达等一批心腹骨干,他名义上是大宋政权辖下的一名红巾军将领,"纪年称龙凤,然事皆不禀其节制"①,实际上成了这支队伍的主帅。

　　几万红巾军在和州一住几个月,几次发生粮荒,朱元璋便拟率部南渡长江。但是,李善长认为条件尚不具备,时机还不成熟,说:"我兵众而食少,舟楫不备,不足以事江左,利姑小俟之。"②五月,原属南方红巾军系统的巢湖水师俞通海父子、廖永安兄弟等人,因为与庐州另一支南方红巾军的将领左君弼发生矛盾,归附了朱元璋。巢湖水师"拥众万余,船千艘"③,还有几万石粮食。他们的归附,使朱元璋的难题得到解决,具备了渡江的条件。朱元璋立即召集诸将,研究具体的进兵方案。诸将主张直趋金陵。朱元璋认为,如直趋金陵,采石、太平的元兵在后追击,金陵的元兵在前堵截,两面受敌,胜负难以预料。他主张从和州渡江,先攻取采石,占领太平,击败驻守的元兵,再攻取金陵,说:"取金陵必自采石始。采石,南北喉襟。得采石,金陵可图也!"④

　　作战方案确定后,朱元璋加紧进行渡江的准备工作。首先,抓紧练习水战。在巢湖水师归附之前,朱元璋即派人用计诱俘附近的元将蛮子海牙的 19 名部卒,这些人"皆善操舟者,令其教习诸军习水战"。巢湖水师的船队归附后,又"命廖永安、

---

① 《鸿猷录》卷二,《宋事始末》,第 29 页。
② 《献征录》卷一一,《中书省左丞相太师韩国公李公善长传》。
③ 《明太祖实录》卷三,乙未年五月壬寅。
④ 《明太祖实录》卷三,乙未年五月乙亥。

张德胜、俞通海等将之"，继续进行操练，掌握水战的各项要领。其次，制定攻占江南地区后实行"寨粮""检刮"的政策，以解决渡江后的粮饷供应问题。朱元璋规定："凡入敌境，听从稍粮。若攻城而彼抗拒，任从将士检刮，听为己物；若降，即令安民，一无所取。"所谓稍粮，又称寨粮，是一种"征粮于民"的制度，规定除守城军士40天支取一次粮食，充作一个月的口粮外，出征军士一律不支取粮食，到敌占区去征粮。具体办法是由总兵官张贴告示，招安乡村百姓，岁纳粮草。这是筹集军粮的一种主要手段，而检刮则是一种辅助手段。所谓检刮，也就是抄掠。当时，由元湖广平章阿鲁灰召至淮西镇压起义的湖广苗军元帅杨完者，就是靠抄掠来解决给养，元廷不向他们提供军饷。朱元璋实行的检刮，就是从苗军那里学来的，但他明确规定，检刮仅用于"若攻城而彼抗拒"的军民，如果对方投降，就不能搞检刮，只能实行寨粮①。

一切准备就绪后，朱元璋于六月初二日，率领徐达、冯国用、邵荣、汤和、李善长、常遇春、邓愈、耿君用、毛广、廖永安等各引舟渡江。亲侄朱文正也作为一名领兵官，随同郭天叙、张天祐及其部属一起渡江。1万多名将士，乘坐1000多艘大小船只，分为两队，扬帆出发，直奔元军难以防御的牛渚矶（在今安徽当涂西北长江边，北部突入江中部分为采石矶）。常遇春飞舟直前，强行登岸，挥戈杀向元兵。朱元璋指挥将士乘机登陆，攻占采石。尔后直奔太平城下，一阵急攻，破城而入。太平路耆儒李习、陶安率领地方父老，欢迎朱元璋的队伍。陶安还向朱元璋提出攻取金陵，"据其形胜，出兵以临四方"②的建议，朱元璋将他留置幕府，这是他任用的第一个举人。接着，朱元璋又征聘宋思颜、潘庭坚、王恺等儒士以及流寓太平的名士汪广洋。同时，下令开仓济贫，打开太平路的仓库，将储粮发给贫苦人民。

渡江攻占采石、太平，这是朱元璋迈出独立发展的第一步。随着地盘的拓展、

---

① ［明］刘辰：《国初事迹》，《金声玉振集》本。参看拙作《关于朱元璋起义军"寨粮""检刮"若干问题的辨析》，《中国史研究》1983年第1期；拙著《朱元璋研究》，天津人民出版社1993年版，第329—336页。

② 《明太祖实录》卷三，乙未年六月丙辰。

队伍的壮大,朱元璋开始建立地方的行政和军事机构。他下令将太平路改为太平府,任命李习做知府;并在都元帅府之下设立太平兴国翼元帅府,自任大元帅,并沿用龙凤年号,表示这些机构都归属大宋政权的统辖。

太平四面都是元兵,朱元璋命诸将分守各座城门,修缮城墙,疏浚壕沟,加强防御。方山寨(在今江苏南京江宁区东南、秦淮河东岸)"义兵"元帅陈埜先与康茂才率数万水陆军进攻太平府城,被朱元璋击败,陈埜先被擒归降。接着,朱元璋率部沿长江南岸向东挺进,发动了三次攻打集庆(治上元、江宁,今江苏南京)的战役。第一次因陈埜先暗中作梗而失利。第二次直逼集庆城下,也因陈埜先用伏兵执杀郭天叙,并生擒张天祐交给元行台御史大夫福寿加以杀害,然后与福寿内外夹攻,攻城的队伍猝不及防,败退溧阳。郭、张遇害后,郭子兴的队伍全归朱元璋指挥,朱元璋成为这支队伍名副其实的都元帅。龙凤二年(1356)三月,朱元璋亲率大军三攻集庆。元行台御史大夫福寿死于乱军之中,蛮子海牙率部走投张士诚,水军元帅康茂才等率军民50多万投降。江南重镇集庆被攻克,朱元璋召集城中官吏军民大会,当众宣布:"吾率众至此,为民除乱耳。汝宜各安职业,毋怀疑惧。贤人君子有能相从立功业者,吾礼用之。居官者慎莫暴横,以殃吾民。旧政有不便者,吾为汝除之。"①随即改集庆路为应天府,设天兴、建康翼统军大元帅府。并得儒士夏煜、孙炎、杨宪等十余人,皆录用之。

大宋政权的小明王得到朱元璋攻占应天的捷报,擢升他为江南行枢密院同佥。七月,又命朱元璋为江南等处行中书省平章政事,以郭天叙之弟郭天爵为右丞,以李善长为左右司郎中,以下诸将皆升元帅。七月,朱元璋在应天设立江南处行中书省,自己总揽省事,以李善长、宋思颜为参议,李梦庚等10人为左右司郎中、员外郎、都事等官。又将江南行枢密院迁至应天,以元帅徐达、汤和摄同佥枢密院事,又设帐前总制亲兵都指挥使司,左、右、前、后、中五翼及五部都先锋、省都镇抚司、理问所、提刑按察司、兵马指挥司、营田司等机构,一个包括行政、军事、司法等机构在

①　《明太祖实录》卷四,丙申年三月辛巳。

内,组织比较完备的地方农民政权建立起来了。

在朱元璋攻占应天、建立江南行省政权的前后,元朝的统治更加腐朽,统治集团内部的倾轧更是有增无减。百万元军在高邮一哄而散后,元廷只得转而依靠各地的地主武装"义兵"来镇压起义。至正十五年,元顺帝下诏:"听富民愿出丁壮义兵五千名者为万户,五百名者为千户,一百名者为百户,仍降宣敕牌面。"①各地的地主武装纷纷涌现,他们有的被编入官军,由官府直接掌控,如蒙古贵族后裔答失八都鲁的军队;有的不编入官军,由地主土豪自行率领作战,如颍州沈丘畏兀儿人察罕帖木儿与罗山汉族地主李思齐的军队。这些地主武装在剿杀农民起义军的同时,割据一方,互争雄长,逐步形成了武装林立的局面。

各地的起义军抓住元朝统治危机日益加深的有利时机,大举出击。龙凤元年(1355)刘福通建立大宋政权后,组织红巾军进攻元军,先后占领邓州、许州(今河南许昌)、嵩州等地,兵力激增至30万。十二月,刘福通在太康为答失八都鲁所败,亳州被围,小明王退守安丰(今安徽寿县)。龙凤三年(1357)夏,刘福通的部队经过整顿补充,决定分兵三路北伐。白不信、大刀敖、李喜喜率领西路军,自河南挺进关中;关先生、破头潘率领中路军,由山西、河北出塞外;毛贵率领东路军,由山东挺进河北,直指大都。刘福通自率一部在河南作战,于龙凤四年(1358)五月攻下汴梁(今河南开封),定为都城。徐寿辉领导的天完红巾军,在治平五年(1355)迭克襄阳、中兴(今湖北江陵)、武昌、汉阳等地。元顺帝调兵征剿。红巾军顽强抵抗,攻克岳州(治今湖南岳阳)、饶州(治今江西鄱阳)等地。第二年正月,徐寿辉迁都汉阳,以倪文俊为丞相。接着分兵四出,将占领区由湖北扩大到湖南、江西、浙江、安徽等地。太平二年(1357)春,天完政权又遣明玉珍率军溯江而上,占领川蜀诸郡。张士诚也乘机出击。至正十五年(1355)五月,遣其弟张士德由通州(今江苏南通)渡江南下,于翌年五月攻占平江(今江苏苏州),改平江路为隆平府。张士诚遂由高邮徙居隆平,称周王,命阴阳术士李行素为丞相。昆山、嘉定、崇明、松江(今上海松江

---

① 《元史》卷四四,《顺帝纪》七,第922—923页。

区)等地相继降附,无锡、常州、湖州等地也先后被攻克。

此时的朱元璋,夹在徐寿辉及其部将陈友谅和张士诚之间。这几支起义队伍都是为了反对元朝的统治而揭竿起义的,在起义初期形成"势相联络"的局势。现在外敌的进攻减轻了,农民小生产者和小私有者固有的分散性和狭隘性便暴露出来,他们都把对方视为将来夺取天下的竞争对手。朱元璋此时仅据有西起滁州到芜湖、东起句容到溧阳的一小块地盘,"地狭粮少","论兵强莫如友谅,论财富莫如士诚"①,稍有不慎,就有被消灭的危险。为了确保应天的安全,朱元璋决定出兵迅速攻占周围的战略要地。在东线,于龙凤三年(1357)上半年相继攻占常州、长兴、江阴、扬州等地。"长兴据太湖口,陆走广德诸郡;江阴枕大江,扼姑苏、通州济渡之处。得长兴,则士诚步骑不敢出广德,窥宣、歙;得江阴,则士诚舟师不敢溯大江,上金(金山,在镇江西北面江中)、焦(焦山,在镇江东北面江中)"②,从而堵住了张士诚西犯的门路。接着,在七月又攻取宜兴、常熟,俘虏了张士德。张士诚在西面连吃败仗,就在东面派兵攻打嘉兴、杭州,却被苗军元帅杨完者击败,遂于至正十七年(1357)八月降元,被元廷授为太尉。在南线,朱元璋攻占了宁国路(治今安徽宣城)、绩溪、休宁、徽州路。在西南面,朱元璋又于龙凤三年十月,命常遇春等攻占了池州(今安徽贵池)。池州位于长江岸边,"上以规取安庆,下以规取太平"③,为应天西面的军事重镇。池州的攻占,使西线的安全也有了保障。

应天的安全有了保障之后,朱元璋开始向外发展势力。当时,北方是自己顶头上司小明王的占领区,东边的张士诚和西边的徐寿辉及其部将陈友谅,实力都在自己之上,只有东南方向的元兵占领着浙东一些分散、孤立的据点,并与大都的元朝本部相隔绝,力量相对薄弱。朱元璋于是决定固守东西两线,向东南方向出击。龙凤四年(1358)二月,他擢升外甥李文忠为帐前总制亲军都指挥使司左副都指挥,兼

①　《国初事迹》。

②　《明太祖实录》卷五,丁酉年六月乙未。

③　[清]夏燮著,沈仲九标点:《明通鉴》前编卷一,至正十七年壬申条《考异》,中华书局1980年版,第31页。

领元帅府事,随即命其与邓愈、胡大海合兵,从徽州路东北的昱岭关进入杭州路,于三月攻占建德路。六月,李文忠攻克浦江。十月,胡大海又攻占兰溪,接着攻打婺州(今浙江金华),元守将石抹厚孙顽强抵抗,久攻不下。十一月,朱元璋遂带领常遇春、杨璟、冯国用等几名战将,统率 10 万大军南下,攻破婺州,俘虏了石抹厚孙。旋即在婺州设立江南等处行中书省分省,又称浙东行省。然后分兵四出,攻取婺州的周围地区。龙凤五年五月,小明王提升朱元璋为仪同三司、江南等处行中书省左丞相。为统筹和指导战争全局,朱元璋决定返回应天。动身之前,他命胡大海与常遇春共同镇守婺州,并负责攻取衢州、处州(今浙江丽水)和绍兴诸路。朱元璋返回应天后,九月常遇春即攻克衢州,十一月胡大海与耿再成又攻破处州。经过两年左右的战斗,浙东的元朝统治区大部已被攻占,江南行省政权的辖地大大拓展了。

三、江南根据地的营建

朱元璋率部南渡长江的一个重要目的,是为了实现冯国用的建议,夺取金陵作为“四出征伐”的基地。攻占应天后,他一面分兵攻占应天周围的战略要地和浙东地区,一面采取各种措施,着力营建以应天为中心的江南根据地。

在政治上,朱元璋首先是废除元朝苛政,减轻刑罚,严惩贪贿,宽减赋税。龙凤三年(1357)十二月,他下令释放监狱里关押的囚犯。翌年二月,又派提刑按察司佥事分巡郡县,讯察案犯的罪情,规定原先判处笞刑的释放,判处杖刑的减半处刑,重罪囚犯处以杖七十的刑罚,贪污受贿的不再追缴赃物。龙凤五年三月又宣布,所辖州郡三月初二日以前,除大逆无道和敌方的侦探继续收监关押之外,其他犯人不论罪行大小,全部赦免。吴元年(1367)六月,他还特地告谕负责监察的御史,要慎用刑狱,"钦恤二字,用刑之本也"①。

　　对自己手下的官吏,朱元璋严格要求他们奉公守纪,不许枉法贪贿,如有违反,则坚决惩办。龙凤八年(1362)正月,有人向按察司诬告他人,被诬者不服,担任按察司金事的元朝降臣宋廉使对其严刑拷打,逼其招供。省都事王用言贪贿坏法,暗中勾结陈友谅的抚州通判。朱元璋发现后,于当月十七日在应天聚宝门的雨花台上召集文武百官,谕曰:"王都事贪贿,私通敌人,以其赃物示众,罪当凌迟。"又对宋廉使说:"你是元朝风宪官,不能死节,归我又授以耳目,亦不能与人辨曲直,考掠诬承,谄吾一时之喜,是汝罪否? 我替元朝打死这失节老贼!"令卫士用巨棍在宋廉使胸背各打 100 下,然后扔到台下,问:"老贼死未?"有人回答说:"未死。"朱元璋让卫士将他抬到太医那儿,贴上药膏。第二天,又下令将药膏揭去,在其胸背各打 100 下,还未死。第三天,又对他施以杖刑,最后"以身首暴于市"②。翌年冬,朱元璋亲征武昌,返回应天之前,又于十二月惩治一批贪贿通敌的官吏。

　　朱元璋还设法减轻百姓的赋役负担。龙凤三年十二月,徽州儒士唐仲实反映当地守将邓愈役民筑城,百姓颇有怨气,朱元璋即下令停工。唐仲实又反映百姓负担过重。为此,朱元璋在大抓农业的恢复和发展之外,又于翌年令民"自实田"③。六年,又在婺州"令民自实田",并命章溢金营田司事,"巡行江东、两淮之境田,荒芜及耕垦者皆分籍之"④。九年,任命端木复初为徽州经历,他又"使民自实田,集为图籍,核盈胁,验虚实,而定科徭"⑤。所谓"使民自实田""集为图籍"及"皆分籍之",就是让百姓自报实有的田地亩数,登记在土地簿册上,然后据以确定所应负担的赋役数额,以减少地主隐瞒田产向农民转嫁负担,并防止官吏的横征暴敛。后来,朱元璋把农业生产抓上去了,军队的屯田也取得一定成绩,朱元璋便开始减轻百姓的

---

① 《明太祖实录》卷二四,吴元年六月甲戌。
② 《纪事录笺证》卷上,第 164—165 页;《国初事迹》。
③ 康熙《休宁县志》卷六,《隐逸》,清康熙三十二年刻本。
④ 《宋濂全集》卷五二,《大明故资善大夫御史中丞兼太子赞善大夫章公神道碑铭》,第 1221 页。
⑤ 《宋濂全集》卷五九,《端木府君墓志铭》,第 1388 页。

各种赋税和徭役。龙凤六年闰五月,他根据常遇春、胡大海的建议,下令废除"寨粮"①。龙凤八年,陈友谅的部将胡廷瑞归降,他又亲至龙兴(今江西南昌)对当地百姓宣布:"军需供亿,俱不以相劳!"②龙凤十年称吴王后,又规定"赋税十取一",并将所辖的府县划为三等,按等征税③。此后,凡是新归附的地区,都下令宽减赋役,有的免一年,有的免三年。对工商业税,也斟酌元制,去其弊政。

其次,积极支持农民夺占地主的土地和元朝的官田。朱元璋在攻夺浙东时,便实行"给民户由"的政策,支持农民夺占地主的土地财产。刘辰的《国初事迹》载:"太祖亲征城池,给民户由,俱自花押。"所谓户由,也就是后来洪武三年(1370)在全国清查户口、编制户籍时,用以登记民户籍贯、丁口、名岁和产业的户帖,相当于户口证,具有在法律上承认民户的财产包括土地所有权的作用。朱元璋是在龙凤四年十二月亲征婺州时"命籍户口"的④,估计也就从此时开始,对百姓的产业做了登记,并由他亲自签发"户由",交与民户,从而承认了民户的财产包括农民夺占的地主土地和官田的所有权⑤。由于朱元璋的支持,许多地方的农民积极行动起来,夺取地主的土地财物。如朱元璋的军队打到诸暨,地主赵淑携带田契逃入深山穷谷,"家赀无纤毫存"⑥。朱元璋亲征婺州,地主俞元瑞从乡下逃往处州城里,处州被攻克后,他也遭到农民的清算,"家业荡然,遗田数亩而已"⑦。

朱元璋政治上的另一重大举措,是礼贤下士,优待降人。从攻占太平到攻克应天,朱元璋就陆续起用一批儒士。此后命将出征,他都要求他们寻访、推荐当地名儒,有时还派专人携带金帛访求遗贤。洛阳儒士秦从龙很有学问,曾做过元朝和林

①　《国初事迹》;《明太祖实录》卷八,庚子年闰五月甲申;《明史》卷一三三,《胡大海传》,第3879页;参看拙作《关于朱元璋起义军"寨粮""检刮"若干问题的辨析》,《朱元璋研究》,第329—336页。

②　《明太祖实录》卷一〇,壬寅年十二月戊辰。

③　《明史》卷七八,《食货志》二,第1893页。

④　《明太祖实录》卷六,戊戌年十二月乙丑。

⑤　冯尔康:《论朱元璋农民政权的"给民户由"》,《历史研究》1978年第10期。

⑥　《宋濂全集》卷二〇,《周节妇传》,第389页。

⑦　[明]苏伯衡:《苏平仲文集》卷一二,《竹坡处士俞元瑞墓志铭》,《四部丛刊》本。

行省左丞、江南行台侍御史,后来隐居镇江。徐达出征镇江,朱元璋即命其寻访,致其欲见之意。徐达访得秦从龙后,朱元璋又派亲侄朱文正和外甥李文忠前往礼聘,并亲至龙江(在今江苏南京中山门外)迎接,朝夕访以时事。建立江南等处行中书省后,仍是事无大小,悉与之咨谋。秦从龙深受感动,将笃学博览、精通象数之学的陈遇推荐给朱元璋。当时陈遇已弃官归隐,朱元璋即致书请其出山,留参密议。龙凤三年六月,邓愈下徽州,向朱元璋推荐在家隐居的休宁进士朱升。朱升幼年师从新安学派著名学者陈栎,曾任池州学正,秩满南还,隐居于石门山老家,闭户著述。朱元璋下令召见,朱升即于当年秋冬前往应天与之见面。此后朱元璋每有召见,他都风尘仆仆地赶往应天,与之见面畅谈。吴元年(1367)朱元璋授他为翰林侍讲学士,他从此便留在应天供职,成为朱元璋起用的第一个进士。

龙凤四年十一月,朱元璋亲征浙东。十二月,攻占婺州。婺州200多年来是理学的一个中心,过去曾涌现许多著名学者,元代也出了一批有学问的儒士。朱元璋攻占婺州后,就召见、聘用了许存仁、宋濂等一批浙东名儒。朱元璋返回应天后,胡大海于龙凤五年十一月攻下处州,处州守将石抹厚孙的幕下士叶琛、章溢、胡深、季汶相继出降。不久,前已归隐南田老家的另一幕下士刘基也被迫出见。胡大海将叶琛、胡深和刘基送往应天,推荐给朱元璋。朱元璋召见后,仅赐银碗、文绮而遣还之,未予任用。后来,处州总制孙炎再次向朱元璋推荐刘基、叶琛和章溢,朱元璋又遣宣使赍币前往礼聘。可能是对前次赴应天未被任用耿耿于怀,刘基以气节作为幌子,"自以仕元,耻为他人用"[1],婉言谢绝。孙炎再次派人去请,他回赠一把宝剑,还是不肯出山。孙炎封还宝剑,并写了一封长信,反复说明利害,非要他出山不可。陶安和宋濂也分别赠诗劝说,他这才出山。龙凤六年三月,刘基与宋濂、叶琛、章溢一起到达应天,并向朱元璋"陈时务十八策"[2]。朱元璋热情地说:"我为天下屈四先生耳""卿等其留辅予矣"[3]。他特地下令在自己住所西边修建礼贤馆以处之,宠

---

①　《宋濂全集》卷六七,《故江南等处行省都事追封丹阳县男孙君墓铭》,第1573页。

②　《明史》卷一二八,《刘基传》,第3778页。

③　《国初礼贤录》上,《国朝典故》卷五,第115页。

礼有加。后来,随着地盘的不断扩大,朱元璋更加重视对儒士的网罗。龙凤十年三月,他命中书省荐举文武人才,规定:"有能上书陈言、敷宣治道、武略出众者,参军及都督府具以名闻。"①在他的感召之下,一时"韬光韫德之士,幡然就道"②,不少曾经仕元和隐居不仕的耆儒名贤纷纷前来投奔。

对元朝官吏和敌方将领,朱元璋没有采用某些起义队伍那种"不降即杀"的简单办法来对待,而是着重于政治上的争取,设法促使其转变敌对态度,参加自己的队伍。朱元璋第三次攻打集庆,元淮西宣慰使、都元帅康茂才战败,率部逃窜,被俘后押来见朱元璋,下拜说:"前日战,各为其主。今日屡败,天数也。事至于此,死生唯命。苟得生全,尚竭犬马之力,以图报效。"③朱元璋笑而释之,让他率部随军出征。后来他作战有功,第二年被擢任秦淮翼水军元帅。元朝"义兵"元帅朱亮祖先在太平被俘,朱元璋喜其勇悍,赏赐金币,继续留用。过了几个月,他叛归元朝,几次带兵攻打朱元璋。徐达、常遇春围攻宁国,他与元将别不花、杨仲英等闭城拒守。后来城破被俘,朱元璋问他:"今何如?"他答道:"生则尽力,死则死耳!"④朱元璋壮其勇武,给他松绑,令统所部兵马从征宣城。他很受感动,不久同徐达、常遇春一起攻下宣城,后又屡立战功,被授予枢密院判之职。龙凤七年,陈友谅江西行省丞相胡廷瑞、平章祝宗遣使请降,朱元璋写信说明他对归降者的政策是"赤心以待之,随其才而任使。兵少则益之以兵,位卑则隆之以爵,财乏则厚之以赏",宣布对归降将官将与对待自己原先的部将一样,"恩均义一,无有所间"⑤。胡廷瑞遂以龙兴降,江西诸郡不战而下。有些将领被朱元璋军队俘虏后拒不投降,如果不是蒙古将官,朱元璋便下令杀掉,但如果是蒙古将官,则不加杀害,而是下令释放,以争取蒙古部

①　《明太祖实录》卷一四,甲辰年三月己巳。

②　《明史》卷一二八,《刘基传》赞,第3792页。

③　《宋濂全集》卷五二,《大明敕赐荣禄大夫同知大都府事兼太子右率府使赠推忠翊运宣力怀远功臣光禄大夫湖广等处行中书省平章政事柱国追赠蕲国公康公神道碑铭》(以下简称《蕲国公神道碑铭》),第1215页。

④　《明史》卷一三二,《朱亮祖传》,第3859页。

⑤　《明太祖实录》卷九,辛丑年十二月己亥。

众。元朝万户纳哈出,是成吉思汗四大功臣木华黎的后裔,在太平被俘,朱元璋待之甚厚,叫已归附的万户黄俦劝降,纳哈出表示:"荷主公不杀,诚难为报。然我本北人,终不能忘北。"朱元璋想放他返回塞上,徐达等人担心会留下后患,主张杀掉。朱元璋说:"无故而杀之,非义。"他召见纳哈出及其臣属张御史,发给路费,放他们北归,"仍从汝主于北"①。即使有个别蒙古将官降后重新出走,朱元璋也不发兵追堵。如元朝的林元帅在集庆被俘,留任原职,但不久拉着队伍逃往杭州,朱元璋对部将说:"林思旧主,既去勿追。"②当然,朱元璋对待降官降将也不是不讲原则,如果有人想到用他的政策进行投机,他就严加惩处。如江西各山寨头目降而复叛,反复无常,他便下令把他们都扔到江中淹死。

在军事上,朱元璋大力加强武装部队的建设。他认为:"兴国之本,在于强兵足食。"③对强兵一直抓得很紧。不仅积极招募农民入伍,收编归降敌军,而且重视军事训练,经常命令将帅带领士兵进行操练,并亲自检阅。除了建立正规作战部队,朱元璋还注意民兵队伍的建设。龙凤四年十一月,下令建立管领民兵万户府。此后开始在其占领区内实行民兵制度。如龙凤五年冬,擢王恺为左司郎中,总制衢州军民之事,他即籍江山、常山、龙游、西安(治今浙江衢州)四县丁壮,凡六丁之中简一以为兵,共得民兵 11800 名,"无事则为农,脱有警,则兵者出攻战,而五丁者资其食"④。广德府广阳、建平(治今安徽郎溪)等县,也曾"验丁出兵,谓之民义,以守广德"⑤。龙凤九年更将民兵制度在其辖区内普遍推广,令"以两淮江南诸郡归附之民,各于近城耕种,练则为兵,耕则为农,兵农兼资"⑥。由于战事颇频繁,兵力紧张,这些早期金点的民兵,往往跟随正规的主力部队出征,随即编入军籍入伍,变成了

① 《明太祖实录》卷三,乙未年十二月壬子。

② 《国初事迹》。

③ 《明太祖实录》卷一二,癸卯年二月壬申。

④ 《宋濂全集》卷五六,《故江南等处行中书省左司郎中赠奉直大夫浙东等处行中书省左右司郎中飞骑尉追封当涂县子王公墓志铭》(以下简称《故江南等处行中书省王公墓志铭》),第 1315 页。

⑤ 《明太祖实录》卷二六,吴元年十月辛亥。

⑥ 《明太祖实录》卷一四,甲辰年正月庚午。

军户。

在强兵方面,朱元璋尤其重视军纪的整肃。早在郭子兴手下当带兵官时,他就注意整顿军纪。进攻镇江,为了引起将士对军纪的重视,还和徐达搞了个苦肉计。临出师前,他召集将士,故意历数徐达曾经纵容士卒的"过失",宣布将按军法处置之,再由李善长出面求情,让徐达保证今后一定严格约束士兵,并领兵攻取镇江,立功赎罪,他才宣布免于处罚,告诫徐达和诸将曰:"城下之日,毋焚掠,毋杀戮。有犯令者,处以军法;纵之者,罚无赦!"诸将皆顿首回答:"谨受命!"①以后,每次攻城略地,朱元璋都反复告诫将士,只有"惠爱加于民,法度行于军",才能取得战争的胜利。他还特地告谕归降留用的敌方将帅:"汝等亦非素富贵之家,一旦为将握兵,多取子女玉帛,非礼纵横。今既归于我,当革去旧习,如吾濠、泗诸将,庶可以保爵位。"②将士严守法纪,朱元璋即通令嘉奖。亲征婺州时,朱元璋有次夜出私行,巡军根据宵禁的命令出面阻拦,随行小先锋张焕告诉巡军这是位大人物,要求放行,巡军仍严词拒绝。第二天,朱元璋就赏给这个巡军两石米,从此不再夜出。对违反法纪的将士,朱元璋则严惩不贷。胡大海带兵围攻绍兴,他的儿子胡三舍和王勇等三人犯酒禁,都事王恺出面求情。朱元璋大怒,说:"宁可胡大海反了,不可坏了我号令!"③当下就拔刀把胡三舍等三人杀死。由于赏罚分明,朱元璋的军队纪律严明,能听从指挥,服从调遣,攻城略地,秋毫无犯。

在经济上,朱元璋首先是狠抓垦荒屯田,搞好农业生产。攻下应天后,他沿用元朝的职田制度,下令"武官听从开垦荒田,以为己业",文职"拨与职田,召佃耕种,送纳子粒,以代俸禄"④,以推动荒田的开垦。后来,又命诸将分军于龙江等处屯田。龙凤二年七月建立江南行省,设营田司,专掌水利,兼行组织军士屯田的职责。许多军队在守城的同时,即屯田以给军食。如龙凤四年二月,任命康茂才为营田使。

---

① 《明太祖实录》卷四,丙申年三月辛卯。
② 《明太祖实录》卷二六,吴元年正月甲子。
③ 《国初事迹》。
④ 《国初事迹》。

这一年吴良、吴祯兄弟戍守江阴,即率领不满5000名的士兵,一边训练,一边屯田,"以给军饷"。第二年,王恺镇守衢州,也令守军屯种废田57000亩,以给兵食。耕地不足,他又征用地主的荒闲田地,规定"民有田,力弗能艺者,听军士贷耕,而为输粮县官"①。龙凤九年二月,朱元璋又申明屯田之令:"自兵兴以来,民无宁居,连年饥馑,田地荒芜。若兵食尽资于民,则民力重困。……自今诸将宜督军士,及时开垦,以收地利,庶几兵食充足,国有所赖。"②击灭陈友谅后,亦令邓愈在襄阳领兵屯种,且耕且战。

在组织军队屯田的同时,还注意发动农民搞好生产。龙凤二年九月,朱元璋到镇江,即遣儒士"告谕乡邑,劝农桑,筑城开垦"③。翌年,又令各城守将"督民男耕女织"。龙凤四年建立管领民兵万户府,在其辖区内简拔民间丁壮,练则为兵,耕则为农,兵农兼资,有力地推动了农业生产的恢复和发展。龙凤十一年六月,又下令民间广种经济作物,规定"凡农民田五亩至十亩者,栽桑、麻、木棉(棉花)各半亩,十亩以上者倍之,其田多者率以是为差"④。翌年正月,又命中书省令有司劝民农事。五月,再命中书省令有司招抚流亡,"俾之各还乡土,仍复旧业,以遂生息"⑤。吴元年(1367)七月,还设立司农司,命杨思义为司农卿,以加强对农业生产的管理。

这些措施的推行,使农业生产逐步得到了恢复和发展。如康茂才领兵屯田,到龙凤九年,"所存得谷一万五千石,以给军饷,尚余七千石"⑥。由于粮食的增产,到龙凤十二年春,原先不断上涨的麦价已经"稍平"⑦了。

其次,征收商税,立盐茶法、制钱法,开设铁冶,广辟财源。龙凤六年十二月,首先对酒、醋征税,随后也对其他商品征税。为此,特设官店负责征收商税,称为官店

---

① 《宋濂全集》卷五六,《故江南等处行中书省王公墓志铭》,第1315页。

② 《明太祖实录》卷一二,癸卯年二月壬申。

③ 《明太祖实录》卷一四,丙申年九月戊寅。

④ 《明太祖实录》卷一七,乙未年六月乙卯。

⑤ 《明太祖实录》卷二〇,丙午年五月壬午。

⑥ 《明太祖实录》卷一二,癸卯年二月壬申。

⑦ 《明太祖实录》卷一九,丙午年二月。

钱。龙凤八年十月,又开设关市批验所,负责征收过往货物的商税,"盐货以十分为率,税其一分;物货以十五分为率,税其一分"①。龙凤十年四月,应天府官店改为宣课司,府州县官店改为通课司,同时降低税额,规定"凡商税三十税一"②。此外,还设立竹木抽分场负责征收竹木税,并在江西、湖广的湖池之处设河泊所征收渔课。

盐税历来是封建官府的一项重要收入。龙凤七年二月确定盐法,置局设官,令商人纳钱请引贩鬻食盐,"每二十分而取其一,以资军饷"③。后来,随着占领区的扩大,两淮与两浙的盐场归朱元璋控制,他开始向煎盐的灶户征收盐课。龙凤十二年二月和吴元年二月,分别设置两淮和两浙两个转运盐使司,分管29个和36个盐课司,分别年办盐课352590引和222384引(皆为大引,每引400斤),收入相当可观。茶法和盐法同年确立,也由商人纳钱请引贩鬻茶叶,每引茶百斤,输钱二百。钱法与盐法同时实行。龙凤七年在应天置宝源局,开始铸造"大中通宝"钱④,以400文为1贯,40文为1两,4文为1钱,代替元朝的钞币,与历代铜钱及金、银兼用。击灭陈友谅后,又命江西行省置货泉局,公布大中通宝大小五等钱式,令就当地铜矿,铸之以供军需。铁冶始开于龙凤十年四月,当月令湖广所辖州县兴建炉冶,募工炼铁,以资军用。上述措施,主要是由李善长主持制定的,实行后都收到强大效益,"民不以为困,而国用益饶"⑤。

最后,提倡俭朴,节约开支。在开源的同时,朱元璋非常注意节流,强调要"用之有节"⑥,尽量减少不必要的开支。他自己带头做出榜样,处处躬行节俭。旧衣服洗洗再穿,舍不得扔掉。方国珍进献金玉装饰的马鞍辔,他退了回去,说:"吾方有事四方,所需者文武才能,所用者谷粟布帛,其他宝玩非所好也!"⑦江西行省送来缴

----

① 《明太祖实录》卷一一,壬寅年十月辛卯。
② 《明太祖实录》卷一四,甲辰年四月己酉。
③ 《明太祖实录》卷九,辛丑年二月甲辛。
④ 朱元璋原拟在称帝后以"大中"为年号,后来在称帝时改用洪武年号。
⑤ 《献征录》卷一一,[明]王世贞:《中书省左丞相太师韩国公李公善长传》。
⑥ 《明太祖实录》卷二七,吴元年十一月甲午。
⑦ 《明太祖实录》卷九,辛丑年三月戊寅。

获的陈友谅用的缕金床,他下令砸烂,说:"此与孟昶七宝溺器何异!"①营建应天新内城,他将宫室图纸上有雕琢奇巧之处都去掉,说:"所有缔构,一以朴素,何必极雕巧,以殚天下之力也?"②

在斗争策略上,则对大宋政权的小明王长期保持形式上的隶属关系,以缩小自己的目标。郭子兴死后,他接受小明王左副元帅的封号后,在很长时间里与小明王保持形式上的隶属关系。他"文移用宋龙凤年号,旗帜战衣皆红色"③,采用大宋政权的"复宋"口号。攻占婺州时,在浙江行省衙门前竖起"山河奄有中华地,日月重开大宋天"的大旗和"九天日月开黄道,宋国江山复宝图"的木牌④,同北方红巾军的"虎贲三千,直抵幽燕之地。龙飞九五,重开大宋之天"的旗号,基本精神一致。他担任的职务从江南行枢密院同佥、江南等处行中书省平章政事到后来的中书左丞相,都是小明王封授的,他的吴国公爵位,也是小明王赐予的。龙凤十年击灭陈友谅后,群臣劝朱元璋就帝位,他未应允,虽称吴王,但仍奉龙凤正朔,以"皇帝圣旨,吴王令旨"的名义发布檄文,表示自己还是小明王的臣属。这样做,就大大缩小了目标,避免树大招风,遭受打击。

经过数年的营建,朱元璋的江南根据地得到巩固,兵力和财力迅速壮大,进可攻,退可守,从而为日后的发展打下了坚实的基础。

---

① 《明太祖实录》卷一四,甲辰年三月庚午。
② 《明太祖实录》卷二一,丙午年十二月已巳。
③ [清]谷应泰撰:《明史纪事本末》卷一,《太祖起兵》,中华书局1977年版,第9页。
④ 《纪事录笺证》卷上,第101页。

第三讲　击灭西东两雄,推翻元朝统治

一、龙湾之战与北援安丰

龙凤六年(1360)春,朱元璋已占领浙东的大部分地区,江南根据地的建设也已取得很大成绩,可以直面西、东两个强敌了。于是,他适时地改变原先固守东西两线,向东南出击的战略决策,施行固守东南,向东北和西线出击的方针。但是,以他当时的实力,如果两线同时出击,必败无疑。那么,以谁为先呢? 恰在此时,刘基和宋濂、叶琛、章溢等浙东儒士来到应天,朱元璋征询刘基的意见。刘基认为应先打陈友谅,后灭张士诚,说:"士诚自守虏,不足虑。友谅劫主胁下,名号不正,地据上流,其心无日忘我,宜先图之。陈氏灭,张氏势孤,一举可定。然后北向中原,王业可成也。"①朱元璋采纳刘基的建议,定下了先陈后张的战略方针。

陈友谅是湖广沔阳玉沙县(今湖北仙桃西南沔城)人,出身渔民家庭,原姓谢,

---

① 《明史》卷一二八,《刘基传》,第 3778 页。

因祖父入赘陈家,改姓陈。他体貌丰伟,力大无比,武艺高强。幼年读过书,粗通文义。曾做过县衙门的贴书,郁郁不得志,遂回乡与弟友仁、友贵聚众起义。不久,在元兵的追击下,率众投奔徐寿辉。初隶徐寿辉部众倪文俊,为簿书掾吏,后以战功升任领兵元帅。太平元年(1356),倪文俊在汉阳修建宫室,将天完都城迁至此地,迎徐寿辉入居,自为丞相。未几,他向元朝请降,要求授予湖广平章政事,遭到拒绝。翌年九月,倪文俊转而谋杀徐寿辉,妄图篡夺天完政权,失败后投奔陈友谅。陈友谅杀掉倪文俊,乘机兼并其部众,自称宣慰使,不久又称平章政事。此后大力向东南方向发展势力,攘有湖广、江西及闽西、浙南大片土地,成为南方各支起义军中拓地最广、实力最强的一支武装力量,为打击元朝在南方的统治做出了贡献。

陈友谅和倪文俊一样,也是个权迷心窍的野心家,杀倪文俊后一心"谋称帝"①。治平八年(1358),仕宦之家出身的谋士解开写信劝陈友谅降元,还捎信给陈友谅的弟弟,让其杀徐寿辉降元。陈友谅虽未按照解开的建议降元,却把杀害徐寿辉的计划逐步付诸实施。翌年十二月,他先在江州(今江西九江)用伏兵清除徐寿辉的部属,然后宣布迁都江州,自称汉王,改元天定,设置王府官属。天定二年(1360)闰五月初一日,又亲率10万舟师,挟持徐寿辉东下,绕过池州,进攻太平,夺占采石。在采石,他终于派人用铁树击杀徐寿辉,初三日自称皇帝,冒着暴风雨在五通庙就帝位,改国号为大汉,年号大义。此时陈友谅踌躇满志,认为席卷江东、灭朱元璋已不在话下,即于闰五月初五日派人前往平江,约张士诚一起进兵应天,东西夹击,共同歼灭朱元璋。

陈友谅大举进犯的消息,如晴天霹雳,震惊了应天。当时陈友谅的地盘比朱元璋大得多,舟师更是比朱元璋多10倍,拥有混江龙、塞断江、撞倒山、江海鳌等100多艘巨舰和几百条战舸。应天的不少官员,有的主张献城投降,或者认为钟山有"王气",主张逃往钟山;有的主张先复太平,以挫陈友谅的锐气;有的主张朱元璋亲

---

① [明]解缙:《解文毅公集》卷一二,《鉴湖阡表》,明嘉靖刻本。

自统兵迎击。胆小的甚至暗中收拾细软,考虑城破后的去处。朱元璋"心非诸将议"①,见刘基沉默不语,把他请进密室,征询他的意见。刘基慷慨激昂地说:"先斩主降议及奔钟山者,乃可破贼尔!"朱元璋问:"先生计将安出?"他答道:"天道后举者胜,吾以逸待劳,何患不克?莫若倾府库,开至诚,以固士心,伏兵伺隙击之。取威制胜,以成王业,在此举也!"②朱元璋决定采纳刘基的建议,用此计策迎击陈友谅的入犯。

作战方案确定之后,朱元璋授意陈友谅的老友、元朝降将康茂才:"作书遣使伪降陈友谅为内应,招之速来,仍绐告以虚实,使分兵三道,以弱其势。"③康茂才依计而行,让手下一名曾侍候过陈友谅的老门房,携带他的亲笔信,乘小船去太平见陈友谅,约以诈降。朱元璋随即制定迎击陈友谅的具体作战方案。当时应天的西边,从南到北,有大胜港(在今南京板桥镇西北)、新开河口(今南京城西江岸新河口村)、龙湾(今南京下关)三个入江口。从大胜港到龙湾的江岸,虽是一片平整的滩头,但往东则横亘着新开河,新开河东岸往北有水深河阔的秦淮河,往南与大胜港之间又有多条汊河,步卒难以通行,只有秦淮河与新开河相汇之后,水量比较充沛,可容大型船只通过。陈友谅如想攻打应天城,只能在龙湾泊岸登陆。朱元璋于是决定在龙湾附近秦淮河东岸的高地卢龙山(今狮子山)一带设伏,与陈友谅展开决战。他令邵荣、常遇春、冯胜、华高等率领帐前五翼军3万人埋伏于卢龙山以东石灰山(今南京幕府山)南麓;徐达等率兵列阵于南门外的雨花台一带;杨璟率兵驻守大胜港;廖永忠、张德胜、朱虎率舟师隐藏在自龙江至聚宝门的入江水道里,此水道则在上一年调发上元、江宁等六县民夫及作弊受罚的吏胥加以疏浚,可容海船周旋;自己坐镇卢龙山,并在山左暗藏黄旗,山右暗藏红旗,规定敌军进入埋伏圈,举红旗为号,等到黄旗举起,伏兵立即出击。此前,朱元璋已派胡大海自婺州、衢州率兵西捣信州,威胁陈友谅的侧后,进行牵制。

---

① [明]童承叙:《平汉录》,《丛书集成初编》本。
② 《明太祖实录》卷八,庚子年闰五月庚申。
③ 《宋濂全集》卷三二,《蕲国康公神道碑铭》,第1215页。

　　陈友谅求胜心切，不等张士诚出兵，便在闰五月初十日亲率舟师东下，直趋应天。到新河口的大胜港，遭到杨璟的截击。再奔江东桥，发现受骗上当，连忙与弟弟陈友仁率领1000多艘战舰折向龙湾，令张志雄领偏师佯攻，自己与陈友仁率领主力迂回到下游的石灰山北侧登陆，占领滩头，立栅扎营，向卢龙山逼近。在卢龙山指挥作战的朱元璋，把这一切都看在眼里。部将要求立即出击，他说：天很快就会下雨，将士们先吃晌午饭，然后乘天下大雨发起攻击。众人抬头仰望，只见晴空万里，没有一丝云影，都不相信会下雨。待吃过午饭，忽然云起东北，须臾之间，大雨如注。朱元璋一声令下，卢龙山右侧举起红旗，士兵蜂拥而上，争拔栅栏。就在两军接触之时，暴雨戛然而止，朱元璋下令擂响战鼓，卢龙山左侧举起黄旗，邵荣、常遇春、冯胜、华高带领埋伏在石灰山南麓的士兵杀向龙湾，徐达带兵从南门外赶来，廖永忠、张德胜、朱虎的舟师也舍舟登岸，对汉军内外夹击。起初朱军数战失利，朱元璋又"调邵荣兵沿江而西截战，友谅兵前后不能相顾，遂大败"①。汉军士卒争相登舟逃命，2万余人被俘。陈友谅的部将张志雄、梁铉、俞国兴、刘世衍等纷纷投降。陈友谅换乘一条小船向江州逃窜。朱军缴获了百余艘巨舰和数百条战舸②。朱元璋乘胜派余元帅攻取安庆，胡大海也攻占信州。陈友谅的部将于光、欧普祥分别以浮梁（今江西景德镇）、袁州投向朱元璋。徐寿辉的部将明玉珍得知徐寿辉被杀，在四川自立为陇蜀王，断绝与陈友谅的往来，又过二年，在重庆称帝，建大夏国。陈友谅陷入了众叛亲离的困境。

　　当初张士诚接见陈友谅的使者后，怕冒风险，拟守境观变，口头上许诺出兵，实际按兵不动。现在见陈友谅吃了败仗，更不敢轻举妄动。

　　龙凤七年（1361）正月，小明王因朱元璋战绩辉煌，赐予他吴国公的爵位③。此后，朱元璋开始对所辖机构仿照元朝的中央机构体制进行改造，将一批高级将领调任行中书省职务，由行中书省统驭地方军队。当年三月改枢密院为大都督府，任命

　　①　《纪事录笺证》卷上，第123页。

　　②　参看李新峰：《龙湾之战与元末建康水道》，《北大史学》第16辑。

　　③　《纪事录笺证》卷上，第136页。

亲侄朱文正为大都督,节制内外诸军事。朱元璋的政权机构便由地方政权体制,一变而成为中央政权体制了①。

陈友谅不肯服输。龙凤七年五月,派李明道攻夺信州,李明道兵败被俘。七月,又派张定边攻夺安庆,守将余元帅与行枢密院金事赵仲中等战败,弃城奔还应天,朱元璋下令按军法,将余、赵处斩。赵仲中原是巢湖水师的统领,巢湖水师的归附,对朱元璋南渡长江和势力的发展具有重大的意义。常遇春出面为赵求情,要求饶他一命。朱元璋不许,说"不依军法,无以戒后人"②,下令将余、赵一并处斩,令赵仲中之弟赵庸接替其行枢密院金事之职,以稳定军心。

八月,朱元璋从解送应天的俘虏口中得知,"友谅自弑徐寿辉,将士皆离心,且政令不一,擅权者多。骁勇之将如赵普胜者,又忌而杀之。虽有众,不足用也"③,决定亲自带兵反击。他带着刘基,率领徐达、常遇春诸将,统领舟师出征。船队列阵百余里,浩浩荡荡地溯流而上。长江天险小孤山(今江西彭泽北)的汉军守将傅友德、丁普郎率部迎降。归附朱元璋的于光等率领江西境内的舟师出鄱阳湖,至江州城下与朱元璋会师。陈友谅匆忙应战,败逃武昌。江州被攻占后,朱元璋命徐达追击陈友谅,其余诸将分兵略取附近诸地。南康(今江西庐山)、东流、蕲州、黄州、广济(在蕲州东南)、饶州相继而下。九月,建昌(今江西南城)守将王溥归降。十一月,抚州守将邓克明亦降。十二月,陈友谅的江西行省丞相胡廷瑞、平章祝宗也派人到江州请降,但要求保留原有的部属。朱元璋起初有些犹豫,刘基用脚踢了下他坐的胡床(马扎),他醒悟过来,当即提笔写信答应了他们的条件。翌年正月,朱元璋亲至龙兴受降,胡廷瑞将他漂亮的长女送给朱元璋做妃子,自己改名为美,以避朱元璋字国瑞之讳。朱元璋下令改龙兴路为洪都府,以叶琛知府事,废除陈友谅征

---

① 参看李新峰:《朱元璋任职考》,朱鸿林编:《明太祖的治国理念及其实践》,香港:中文大学出版社2010年版,第141—167页。

② [明]黄金:《皇明开国功臣录》卷九,《赵庸》,台北:文海出版社有限公司影印本。

③ 《明太祖实录》卷九,辛丑年八月庚寅。

派的"军旅百需之供"①。消息一传开,汉军的吉安守将与龙泉守将相继归附。

龙凤八年二月,朱元璋返回应天。经过一年多的战斗,朱元璋与陈友谅的强弱之势发生了根本的变化,他已拥有同陈友谅进行决战的实力。朱元璋召集诸将,商讨下一步的作战计划。有的将领提出,张士诚控制的苏湖地区土地肥沃,物产富饶,应取之以加强自己的经济实力。要求把主力从西线调到东线,先灭张再攻陈。但朱元璋认为"友谅剽而轻,其志骄;士诚狡而懦,其器小。志骄则好生事,器小则无远图。若先攻士诚,友谅必空国而来,是我疲于应敌,事有难为;先攻友谅,士诚必不能逾姑苏一步,以为之援"②,继续坚持原先的先灭陈再攻张的战略决策。但不久,由于北方军事形势发生了变化,朱元璋不得不暂停对陈友谅的进攻。

大宋红巾军的三路北伐和各支起义军的不断发展,再次引发元朝统治集团的内讧。汉族地主阶级纷纷指责蒙古、色目贵族官僚腐败无能,对他们猜忌、排斥汉族地主武装首领的行为更是深感失望和不满,连声哀叹"庙堂忽远算,胸次猜疑并。岂乏计策士,用之非至诚"③,准备另谋出路。不少汉族地主特别是受到歧视、被边缘化的儒士,一改过去敌视农民起义的态度,相继投奔起义队伍。朱元璋攻占应天及浙东后,张士诚攻占平江后,陈友谅建立大汉政权后,都有一批汉族儒士前往投奔。蒙古、色目官员则彼此争吵,互相倾轧。至正二十年(1360)五月,阳翟王阿鲁辉帖木儿在岭北起兵,公开与元顺帝争夺帝位。元顺帝急遣知枢密院事秃坚帖木儿调军镇压,遭到失败。第二年,又派知枢密院事老章领兵 10 万出击,并令阿鲁辉帖木儿之弟忽都帖木儿随军出征。阿鲁辉帖木儿兵败被擒,被解送京师处死,元顺帝命忽都帖木儿承袭阳翟王之职。

统治阶级内部的纷争,对农民起义军的发展十分有利。但是,农民起义军却未能利用这个有利条件夺取新的胜利,反而因自身的弱点与失误,使军事局势发生了

---

①　《明太祖实录》卷一〇,壬寅年正月戊辰。

②　《平汉录》。

③　[明]刘基著:《诚意伯刘先生文集》卷一三,《感怀述事十首》,中国文史出版社 2011 年版,第 146页。

逆转。大宋农民政权建立后，表面上以韩林儿为帝，实际掌握大权的是刘福通。刘福通具有坚强的斗志和过人的胆略，对起义的发展、斗争局面的打开做出了卓越的贡献。但局面打开后，处理有关全局的一些军政大事却连续出现失误。首先，未能随着形势的发展和斗争的深入，在原有的"弥勒下生""明王出世"的宗教预言和"复宋"的口号之外，提出一个满足广大农民要求夺取地主土地和财产的政治纲领和斗争口号，并采取相应的措施，进一步发动农民群众，对元朝统治者进行更有力的打击。其次，没有建立起权威的军事指挥中心，"兵虽盛，威令不行"，"诸将在外者率不听约束"，"福通亦不能制"①。三支北伐军各自为战，互不配合，斗争难以持久，最终被敌人各个击破。最后，未能建立完备的军事、政治、经济制度。大宋政权在其占领区虽然任命官吏，建立政权，但没有建立完备严密的制度进行有效的治理，而且除毛贵控制的山东地区外，没有采取任何措施进行军事、政治和经济建设。因此，这些占领区既未能连成一片，也不稳固，往往陷于孤军深入、后援不继的困境，"数攻下城邑，元兵亦数从其后复之，不能守"②。

　　元廷利用大宋红巾军的弱点和失误，调集察罕帖木儿等几支地主武装，展开疯狂的反扑。龙凤五年(1359)初，张士诚派兵攻打占据淮南的赵均用部。赵均用北走山东，投奔从河北南撤的大宋东路军。后与毛贵不和，在四月间袭杀毛贵，使大宋红巾军遭受重大损失。察罕帖木儿乘机于五月间对大宋都城汴梁发动进攻。七月，毛贵部下续继祖自辽阳返回益都(今山东青州)，杀死赵均用。后又与赵均用部众互相攻杀，山东局势更加不可收拾。八月，察罕帖木儿攻占汴梁，刘福通护小明王退守安丰。到龙凤七年，大宋中路和西路北伐军在长期的流动作战中耗尽力量，被元军消灭。察罕帖木儿在当年六月调集各路元兵，大举攻打山东。到八月，山东郡县多被攻陷，驻守东平的田丰(原为地主武装"义兵"万户，后降毛贵)、驻守济宁的王士诚(中路北伐军的将领，后从晋北转战冀南，与山东的田丰合军)等纷纷投降

　　①　《明史》卷一二二，《韩林儿传》，第 2683 页。
　　②　《明史》卷一二二，《韩林儿传》，第 2683 页。

元军，只有陈揉头坚守益都，与刘福通遥为声援。龙凤八年六月，陈揉头秘密策动田丰、王士诚刺杀察罕帖木儿，元廷又封察罕帖木儿养子扩廓帖木儿（察罕帖木儿外甥，原名王保保）为太尉、知枢密院事，令其统领察罕帖木儿的军队，加紧围攻益都。当年十一月，益都陷落，大宋红巾军在山东的最后一个据点丢失了。

龙凤九年二月，张士诚见扩廓帖木儿与孛罗帖木儿互相攻杀，无暇南顾，派部将吕珍带领 10 万大军帮助元廷进攻安丰，张士诚之弟张士信领兵继后。刘福通指挥红巾军拼力反抗，无奈城中缺粮，出现了"人相食"甚至挖掘地下腐尸煮食充饥的惨剧，不得不派人向朱元璋求援。这时，刘基反对朱元璋出援安丰，认为如果大军轻出，应天空虚，一旦陈友谅、张士诚伺隙来攻，就会陷于被动。况且就算救出小明王，如何安置也是个问题。朱元璋则认为："安丰破，士诚益张，不可不救！"①命徐达、常遇春、康茂才等将领随同自己率领大军渡江，急赴安丰。三月初，朱元璋率部抵达安丰时，刘福通已护小明王退往南部山区。朱元璋部队经过一场激战，击败吕珍。原属南方红巾军系统的左君弼从庐州出兵帮助吕珍，也被常遇春击败。朱元璋返回应天，而命徐达、常遇春率部追击庐州的左君弼。但到六月底，庐州仍未攻克，当时陈友谅正率兵进攻洪都，朱元璋只得令徐、常撤围，回师应天，以备赴援洪都。

朱元璋尽管未能在小明王撤出安丰之前赶到，但小明王还是在龙凤九年三月十四日颁发制书，封赠朱元璋的三代：曾祖父朱九四为资德大夫、江西等处行中书省右丞、上护军、司空、吴国公，曾祖母侯氏为吴国夫人；祖父朱初一为光禄大夫、江南等处行中书省平章政事、上柱国、司徒、吴国公，祖母王氏为吴国夫人；父朱五四为开府仪同三司、上柱国、录军国重事、中书右丞相、太尉、吴国公，母陈氏为吴国夫人。从小明王封赠的制书来看，朱元璋这时的官职应是大宋的中书右丞相，成为小明王之下大宋政权的最高行政长官。朱元璋感到无限喜慰，特地写了一篇《朱氏世德碑》，记述自己贫寒的家世和小明王对其三代的封赠。

① 《明通鉴》前编卷二，至正二十三年正月癸酉，第 81 页。

二、西征陈友谅

陈友谅在龙湾、江州和湖广连遭败绩后,决心同朱元璋决一死战,报仇雪恨。他下令建造数百艘大型战舰——楼船,船高数丈,外涂红漆,上下三层,每层都有走马棚,最下一层设板房,置放几十支大橹,橹身都用铁皮包裹。每艘楼船,大的可载3000人,中的可载2500人,小的可载2000人。他还在湖、潭、荆、襄等处征调农夫、市民为军,号曰"篷合",以补充几次战斗中损失的兵员。然后等待时机,准备给朱元璋致命一击。

龙凤九年(1363)三月初,朱元璋亲率大军北援安丰。陈友谅在武昌得到消息,认为复仇的时机到了。此时,应天空虚,如果陈友谅直捣应天,必将给朱元璋致命的打击。然而他错误地认为上次奔袭应天之所以失败,是由于急躁冒进,决定采取稳扎稳打、逐步推进,先取洪都、再攻应天的作战方针。作战方针一确定,他不顾新打造的楼船仅在船底捻上灰麻,不甚坚固,刚征集的"篷合"军未经训练,军心惟怯的隐忧,就迫不及待地于四月间亲率号称60万的汉军,带着百官家属,倾国出动,乘坐数百艘战船,浩浩荡荡地沿长江顺流而下,直扑江西洪都。由于骄傲轻敌,自恃兵力雄厚,他把所有的部队都拉到洪都,既未派足够的兵力扼守长江和鄱阳湖的要津渡口,置退路于不顾,又无救援和打援的部署,以阻扼朱元璋对洪都的增援,从而埋下了败亡的祸根。

朱元璋对陈友谅奔袭洪都早有防备。上一年正月,他亲至洪都接受胡廷瑞、祝宗的投降,巡视城池,即决定将紧靠赣江的西南城墙向后推移30步,以防敌军从高大的战舰上攀附城墙直接攻入城里,再将东南城墙向前拓展二里许。后来,朱元璋认为："南昌控引荆越，西南之藩屏。得南昌，去陈氏一臂矣，非骨肉重臣不可守。"①又命亲侄、大都督朱文正统大将赵德胜、邓愈、薛显等领兵镇守。朱文正受命后，即按照朱元璋的谕示，调动民力重修城墙，将西南面的城墙往里收缩，东南面的城墙往外拓展。接着，调兵遣将，攻取江西未定之地，并多方招谕各山寨头目，加强对江西的控制。

面对汉军来势汹汹的进攻，朱文正精心组织防御，命诸将分率士卒镇守各座城门，自己居中节制，亲率三千精骑往来应援。汉军将洪都像铁桶一般紧紧围困起来，陈友谅亲自督阵，令汉军强攻几座城门，皆遭败绩。朱文正率领将士坚守了一个多月，以寡敌众，伤亡不少，急需增援。他派千户张子明去应天告急求援。六月二十五日，张子明到达应天，请求及速增援。当时徐达、常遇春率主力部队围攻庐州尚未返回，朱元璋令张子明回洪都转告朱文正，让再坚守一个月，到时他将亲率大军往援。送走张子明后，朱元璋急命快骑携带他的手谕，令徐达、常遇春即刻回师。待他们回到应天，七月初六日，朱元璋与徐达、常遇春、冯胜、廖永忠、俞通海等率领号称 20 万的舟师，沿长江溯流而上，驰援洪都。途中，冯胜乘坐的船只被风浪掀翻，朱元璋认为晦气，让他返回应天。过了 10 天，船队顺利抵达鄱阳湖北端东岸的湖口。

出征之前，朱元璋曾对照地图，仔细研究鄱阳湖及其周围的自然环境和地理形势。此湖北距江州 90 里，西距洪都 150 里。整个湖面呈不规则的葫芦形状，南部宽阔，有康郎山（今康山）屹立其中；北部狭窄多弯曲。湖身收缩处的罂子口（在今江西庐山东），是鄱阳湖水流入长江的咽喉要道；北端的湖口，有鞋山即大孤山（在湖口南面）翼障于口门，形势险要。湖内洲渚星布，水深不一。涨水时，除近洲、近岸之外皆可行船；落水时，大船不便行驶。朱元璋估计，陈友谅得知他亲自率军出援洪都，为免腹背受敌，必然撤围退入鄱阳湖迎战，他决定将其围困在湖中加以歼灭。朱元璋一到湖口，就先派戴德率军一部驻屯泾江（又名禁江）口（在今江西湖口东

---

①　《明史纪事本末》卷三，《太祖平汉》，第 40 页。

北,上通长江,下接小孤山),另派一部驻扎江州东面濒临湖口的南湖嘴,封锁鄱阳湖进入长江的出口,以切断陈友谅的归路;又调信州守军驻屯武阳渡(在今江西南昌县东南),以扼汉军南逃之路。

七月十九日,陈友谅闻讯果然东出鄱阳湖,长达 85 天的洪都之围遂告解除。朱元璋率部由松门(在今江西永修东北)进入南端开阔的水域。二十日午后,朱元璋率舟师抵达康郎山北面,遥见汉军的舰队。经过仔细观察,他发现汉军之楼船高大,首尾相接,灵活性差,不如自己的小船便于机动,对诸将说:"彼巨舟首尾连接,不利进退,可破也!"①随即将水师分成 11 队(一说 12 队,又一说 20 队),每队配备各种火炮、火铳、火箭、火蒺藜、大小火枪、大小将军筒、大小铁炮、神机箭和弓弩,令将士"近寇舟,先发火器,次弓弩,及其舟则短兵格之"②。

七月二十一日,双方舟师开始在湖面上交战。由于汉军兵力占着优势,战船大,又据上游,朱元璋的兵力处于劣势,战船较小,且居下游,最初战斗打得相当艰苦。当天晚上,因担心张士诚抄袭后方,朱元璋令徐达还守应天。翌日再战,朱元璋又亲自布阵,指挥舟师进击。陈友谅"悉巨舟连锁为阵,旌旗楼橹,望之如山"③。朱军船只小,不利仰攻,伤亡不小,右军被迫后退。朱元璋连杀十几名队长,仍然退缩不止。部将郭兴说:"非人不用命,舟大小不敌故也,非火攻不可。"④朱元璋觉得他说的有理,遂加采纳,令常遇春等征调七艘渔船,装载芦苇、火药等易燃物品。到了黄昏,趁东北风起,在渔船上放置身披甲胄、手持兵器的稻草人,令廖永忠、俞通海率敢死队员驾船冲向陈友谅的水寨。每艘渔船后面皆备有一艘飞舸,待逼近水寨,敢死队员点燃船上的芦苇,即跃上飞舸后撤。东北风越刮越紧,七艘渔船飞一般冲入陈友谅的水寨,熊熊烈火一下子就烧到水寨中的几百艘战舰,霎时烟焰涨天,湖水尽赤,死者大半,陈友谅弟陈友仁、陈友贵及平章陈普略皆被烧死。此后两

①　《明太祖实录》卷一二,癸卯年七月丙戌。
②　《明史纪事本末》卷三,《太祖平汉》,第 42 页。
③　《鸿猷录》卷三,《克陈友谅》,第 51 页。
④　《鸿猷录》卷三,《克陈友谅》,第 51 页。

天的战斗,汉军连战皆败。陈友谅企图退保鞋山,但朱军已抢先到达罂子口,横截湖面,他只好收拢部队,敛舟固守。朱军虽然获胜,但也有几万名士卒伤亡,并折损了程国胜、韩成、陈兆先、张志雄、丁普郎、徐昶、陈弼、徐公辅等几十名战将,朱元璋乘坐的白海船也曾遭到汉军的追击,陷于危境。为了控制江水上游,朱元璋采纳俞通海、刘基的建议,于二十四日夜移师左蠡(在今江西都昌西北)。陈友谅见朱军北撤,也移泊渚矶(在今江西庐山南)。

　　陈友谅进退两难,向部将征询计策。右金吾主张"焚舟登陆,直趋湖南,谋为再举",左金吾则主张在湖上与朱军展开决战。陈友谅犹豫不决,后来一再吃败仗,决定采纳右金吾的意见。三天后,左金吾怕自己主张失当,遭陈友谅的问罪,率部投降朱元璋。右金吾见大势已去,也率部投奔了朱元璋。陈友谅兵力削弱,决计焚舟退兵。朱元璋移师湖口,令常遇春、廖永忠统领舟师横截湖面,并在长江两岸竖立木栅,置火筏于江中,准备拦击陈友谅的退兵。过了半个月,陈友谅始终不敢出鄱阳湖。朱元璋分兵攻占蕲州、兴国(今湖北阳新)等地,控制上游,自己则坐镇湖口,等待陈友谅的退兵。

　　陈友谅之所以从优势转为劣势,走到山穷水尽的地步,除了战略的失误、指挥的不当,还有更深刻的政治原因。原来,在袭杀倪文俊之后,陈友谅即开始追求豪华奢靡的生活。如攻占龙兴,他修建鹿囿,"尝至其所,自跨一角苍鹿,缀瑟珠为璎珞,挂于角上,镂金为花鞍,群鹿皆饰以锦绣,遨游江上"①。诛杀徐寿辉、自立为帝后,他的生活更加奢侈腐化。不仅造镂金床,还在后宫聚集数百个花容月貌的美女,个个锦衣玉食,供自己寻欢作乐。为了满足自己的奢欲和支付战争费用,陈友谅根本不给百姓以喘息的机会,不仅驱民为兵,还向百姓征收沉重的赋税,如江西瑞金上高,"元官民粮贰万肆仟零,伪汉陈友谅加一石为二石"②。随着陈友谅的腐化,汉政权上下骄矜,法令纵弛,军纪日益败坏。部将邓克明兄弟御众无律,"所过

---

① ［明］孔迩:《云蕉馆纪谈》,《古今说部丛书》本。
② 同治《重修上高县志》卷一〇,《艺文志》,清同治九年刻本。

荼毒",人称"邓贼"①,饶鼎臣也是"所至毒害"②。有的将官为求珍宝,甚至公开带着士卒"发冢行劫"③。如此腐败的政权,自然得不到百姓的支持,就连一些投奔他的地主儒士也深感失望。如曾经加入陈友谅幕府的江西著名文人解开,在大定元年(1362),就曾对吉安守将孙本立说:"朝政靡宁,势不可久。天命在朱氏,盍往归之,举数千里内应,是据陈氏之腹而扼其喉也。"④孙本立和其他许多将官,就是在他的劝说之下投奔了朱元璋。宁州(治永新,今江西修水)土豪陈龙听说朱元璋到龙兴接受胡廷瑞、祝宗的投降,也派其弟良平率分宁(今江西修水)、奉新、通城、靖安、德安、武宁县民兵往投。在鄱阳湖大战时,江西大多数地主更是全力支持朱元璋,帮助他攻打陈友谅。如进贤大地主金旭向朱元璋队伍馈羊千头,新建大地主刘文也以牛酒犒师,并捐谷助饷。加上陈友谅性雄猜,好以权术驭下,嫉贤妒能,弑主篡位,将士更是离心离德,相继倒向朱元璋。到鄱阳湖决战时,江西行省只剩下赣州的熊天瑞还站在汉政权一边,但就连他也持观望态度,陈友谅传檄命熊天瑞发兵往援,他拒不应命。处于这种众叛亲离的困境,陈友谅怎能不败亡呢?

陈友谅被困湖中,粮食逐渐耗尽。他派500艘船去都昌抢粮,被朱文正派兵截击,放火烧毁。眼看士卒饥疲已极,无力再战,而归路又被切断,陈友谅只得于八月二十六日率领仅存的百余艘楼船冒死突围,企图从南湖嘴进入长江,退回武昌。汉军舰队驶至湖口,遭到常遇春、廖永忠所率舟师和火筏的截击,逃至泾江口,又遭到朱军伏兵的冲杀。在混战中,陈友谅中箭而亡,太子善儿和平章姚天祥等被俘。朱元璋宣布:"友谅已中箭死,兵船将士,敢有擅杀一人者斩!"⑤汉军将士闻知此令,纷纷投降,人数达5万多。汉政权的太尉张定边等用小船载着陈友谅的尸体及其子陈理,乘夜逃回武昌。

---

① 《明太祖实录》卷一五,甲辰年八月壬辰。
② 《明太祖实录》卷一一,壬寅年八月癸巳。
③ 《云蕉馆纪谈》。
④ 《解文毅公集》卷一一,《显考筠涧公传赞》。
⑤ 《纪事录笺证》卷上,第186页。

朱文正相继派兵招降江西未下之地。诸将建议朱元璋乘胜直捣武昌，但朱元璋坚执《孙子兵法》"穷寇勿迫"的用兵原则，认为若乘胜急追，彼必死斗，杀伤必多，同时又担心张士诚偷袭他的后方，只派一支小部队追击张定边，自己率诸将回师应天。为期 36 天的中国历史上规模最大的一场水战——鄱阳湖之战终于结束，朱元璋总算艰难地取得了胜利。他不禁想起当初刘基劝阻他出援安丰之事，对刘基说："我不当有安丰之行，使陈友谅乘我之出，京城空虚，顺流而下，捣我建康，诚进无所成，退无所归。友谅不攻建康而围南昌，此计之下者，不亡何待！"①

张定边护送陈友谅尸体及其子逃回武昌，埋葬了陈友谅，立陈理为帝。后来，朱元璋见张士诚没有动静，命徐达留守应天，自己率领大军出征武昌。龙凤十年（1364）三月，陈理出降，汉政权灭亡。

龙凤十年三月，朱元璋命徐达统率常遇春、胡美、冯胜、傅友德率大队人马，径取庐州，并令朱文辉总率毕家寨等处军马，攻取舒城。此时，刘福通已重返安丰，而小明王则在安阳等五翼士马的卫护下活动于舒城附近地区。朱元璋为应援安阳等五翼，并攻取庐州，又令廖永忠率一部兵马，前去与徐达会合，"参随征进，听受节制"②。七月，庐州被攻破，左君弼败走，其部将许荣以舒城降。朱元璋令许荣继续驻守舒城，"俾发安阳等五翼士马赴建康"③。途中，朱元璋令设銮驾伞扇，迎小明王入驻滁州，并为其建造宫室，厚加供养，但撤换其左右宦侍，将他牢牢地控制在自己手里。八月，朱元璋又令廖永忠、康茂才等复"援安丰"④，大约就是在这个战役中，

————————

①　《国初事迹》。

②　[明]王世贞撰，魏连科点校：《弇山堂别集》卷八六，《诏令杂考》二，中华书局 1985 年版，第 1633 页。

③　《明太祖实录》卷一五，甲辰年七月己卯。

④　《献征录》卷八，《德庆侯廖永忠传》；《宋濂全集》卷五二，《蕲国康公神道碑铭》，第 1216 页。

刘福通惨遭杀害①。

鄱阳湖大战结束后,文官武将纷纷劝朱元璋称帝,但他清醒地认识到,以他当时的实力,要进一步扫灭群雄,进军中原,推翻元朝,尚要进行艰苦的斗争,稍有不慎还有失败的可能。如果此时打出自己的旗号,称孤道寡,只能引起敌对势力的注意,招来围攻和打击,有百害而无一利,便断然加以拒绝。左右大臣仍然固请不已,朱元璋考虑到自己控制的地区比原先扩大了好几倍,政务日益繁剧,继续使用吴国公的名号已和当前的政局不相适应,决定称王。应天在历史上是孙吴政权的都城,几年前又有童谣唱道:"富汉莫起楼,穷汉莫起屋,但看羊儿年,便是吴家国。"②于是决定由吴国公改称吴王。为了避免树大招风,仍奉龙凤正朔,以"皇帝圣旨、吴王令旨"名义发布命令,表明自己仍是小明王的臣属。

龙凤十年(1364)正月,朱元璋在应天即吴王位,设置百官,建中书省,以李善长、徐达为右左相国,秩皆正一品;常遇春、俞通海为平章政事,秩皆从一品;汪广洋、张昶为右、左司郎中,秩皆正五品。立长子朱标为世子。中书省下设行中书省。对军队的建制也进行了整顿。龙凤十年三月,下令改翼为卫,废除各翼统军元帅府,另设17个亲军指挥使司。四月,又令立部伍法,规定"有兵五千者为指挥,满千者为千户,百人为百户,五十人为总旗,十人为小旗"③。军队的服装,也规定一律穿红色的战袄战裙,头戴阔檐红皮壮帽,插"猛烈"两字小旗,攻城时系红色或青绿色

---

① 关于刘福通之死,另有两种说法,一说他在龙凤九年朱元璋北援安丰时与小明王一起被救,居于滁州(《国初事迹》)。后来,朱元璋派廖永忠将他们迎归应天,途经瓜步(在今江苏南京市六合区东南),将其沉入江中溺死(《国初群雄事略》卷一《宋小明王》引《通鉴博论》,第39页)。另一说谓朱元璋派人将他们从滁州迎归应天的途中,船只在瓜州渡(即瓜步)被风浪掀翻,他们不幸沉江而死([明]权衡撰,任崇岳笺证:《庚申外史笺证》卷下,中州古籍出版社1991年版,第136页)。但朱元璋洪武元年正月初四的即位告祭文中列举其所"戡定之地"有:"采石水寨蛮子海牙、方山陆寨陈埜先、袁州欧普祥、江州陈友谅、潭州王忠信、新涂邓克明、龙泉彭时中、荆州姜珏、濠州孙德崖、庐州左君弼、安丰刘福通、赣州熊天瑞……"(《明太祖实录》卷二九,洪武元年正月乙亥)据此可知,刘福通被"戡定"之事,当在庐州左君弼与赣州熊天瑞被"戡定"两件事之间,极有可能是发生在龙凤十年八月朱元璋军队复援安丰之时。参看李新峰《〈弇山堂别集·诏令杂考二〉系年析疑》,《明清论丛》第八辑。

② 《庚申外史笺证》卷上,第63页;《元史》卷五一,《五行志》二,第1107页。

③ 《明太祖实录》卷一四,甲辰年四月壬戌。

拖地长裙。箭头以前用铜制作,现在改用铁制,并制造大批铁甲、火药、火铳、石炮,使武器更加坚固耐用。

三、东灭张士诚

消灭西边的劲敌陈友谅之后,朱元璋的下一个进攻目标便是东边的张士诚了。

为了解除后顾之忧,朱元璋自龙凤十年(1364)正月派汪河护送扩廓帖木儿的使者尹焕章回汴梁被扣留后,又于当年十二月和翌年七月遣使与之"通好"。龙凤十一年,还派都事孙养浩前往四川,与在重庆称帝建大夏国的明玉珍结好,约定"相为唇齿,协心同力,并复中原"①。与此同时,朱元璋抓紧训练军队,整顿纪律,准备俟时而动,向张士诚发起攻势。

张士诚自至正十七年(1357)八月接受元廷的太尉封号后,奉至正为正朔,继续与红巾军为敌,并奉送元廷大批粮食。大宋红巾军三路北伐之时,张士诚乘苏北、鲁南空虚之机,派兵北上抢占地盘,把势力扩大到济宁,就连朱元璋的老家濠州,他也派部将李济攻占了。张士诚凭借手中的兵力和地盘,要挟元廷,要求授予他更高的官爵。元廷没有答应,他便在至正二十三年九月自立为吴王。张士诚与朱元璋同时并称吴王,为了区别,民间称张士诚为东吴,朱元璋为西吴。

张士诚自占领浙西后,其领导集团就逐渐走向腐败。张士诚本人大造宫殿王府,修建富丽堂皇的景云楼、齐云楼、香桐馆、芳蕙馆,作为金屋藏娇、寻欢作乐的场所,日夜以歌舞自娱。部将竞相效尤,"大起第宅,饰园池,畜声伎,购图画,唯酒色耽乐是从,民间奇石名木必见豪夺"②。张士诚弟张士信尤为腐败,他拥有妻妾数百

---

① 　[明]杨学可:《明氏实录》,《学海类编》本。
② 　[明]长谷真逸:《农田余话》卷上,《说郛》续写本。

人,一次宴会要耗费上千石的稻米,连行军打仗,也常"载夫人乐器自随,日以樗蒲、蹴鞠、酣宴为事"①。为了满足自己的奢靡生活,张士诚集团与当地地主富豪互相勾结,疯狂兼并土地,"买献之产遍于平江"②,并"用吏术以括田租"③,苏州一带的赋税岁额从元仁宗时的 80 余万石增至 100 万石,松江的赋税"亦于旧额有加"④。

　　由于生活上骄奢淫逸,张士诚集团在政治上逐渐丧失进取之心。张士诚本人终岁不出门,"懈于政事,又暗于制断",委政于其弟张士德和部将史椿。张士德被俘、史椿谋反被杀后,又委政于其弟张士信。张士信贪污无能,又嫉贤妒能,以致"上下猜疑,不肯用命"⑤,办事全靠王敬夫、叶德新、蔡彦夫三个迂阔不知大计的书生,致使政事日非。百姓编了一首民谣讽刺说:"丞相做事业,专靠黄(王敬夫)菜(蔡彦夫)叶(德新),一朝西风起(指西吴朱元璋军如狂飙袭来),干鳖!"⑥在军事上,将帅腐败无能,不肯用命,"凡出兵遣将,当出者或卧不起,邀求官爵,美田宅,即厚赐之,始起任事。至军则载妓女歌舞,日会游谈之士,酣宴博弈"⑦。将帅如此,士卒更是不以军务为意,毫无纪律可言,战斗力极为低下。在战略上,张士诚集团更无远图之志,他们只想保住已有的地盘,永世享乐,不再有更高的要求。因此,在朱元璋渡江之前,张士诚一直不曾想要"长驱姑孰,略定金陵,为百里趋利之谋,奋一鼓先登之气"⑧。陈友谅奔袭应天,他也未敢应其邀约,出兵西击朱元璋。朱元璋取得龙湾之战的胜利后,北援安丰以及为驰援洪都而发动鄱阳湖大战期间,张士诚也根本没有动过奔袭应天的念头,而是斤斤计较于长兴、诸暨之失,多次发兵争夺这两个城镇,不仅未能对朱元璋构成重大威胁,反而使自己损失大量兵力。特别是为

　　① 《明太祖实录》卷一一,壬寅年三月癸丑。

　　② [清]顾炎武著,[清]黄汝成集释:《日知录集释》卷一〇,《苏松二府田赋之重》,上海古籍出版社
1985 年影印本。

　　③ [明]贝琼:《清江贝先生文集》卷二,《铁崖先生传》,《四部丛刊》本。

　　④ 同治《苏州府志》卷一〇,《田赋》,清光绪江苏书局刊本。

　　⑤ 《国初事迹》。

　　⑥ 《明史》卷三〇,《五行志》三,第 486 页;《国初事迹》;(明)吴宽:《平吴录》下,《纪录汇编》本。

　　⑦ 《明太祖实录》卷二五,吴元年九月己丑。

　　⑧ 《明史纪事本末》卷四,《太祖平吴》,第 76 页。

确保物产富饶、人口密集的浙西地区的安全,张士诚将大量兵力集结于此地,形成南重北轻的不合理布局,更给了朱元璋以可乘之机。

张士诚的所作所为,自然得不到民心的支持,也引起一些地主阶级有识之士的非议。昆山人郭翼曾上书张士诚,尖锐地指出:元朝官吏贪残自恣,不恤其下,故民离散而莫之与守,"今诚能反其政休劳之,率以乘时进取,则霸业可成;若遽自宴安,湛于逸乐,不惟精锐坐消,且四方豪杰并起相攻,壤进地益,虽欲闭境自守,势将日蹙"①。但张士诚不仅不听,反而想杀掉他,迫使他仓皇出逃。张士诚降元后,派张士信咨访移居钱塘(今浙江杭州)的著名诗人杨维桢,杨维桢写了一封长信,站在元朝的立场批评张士诚说:"动民力以摇邦本,用吏术以括田租,诠放私人不承制(自己任用官吏),出纳国廪不上输(不向元廷缴纳税粮),受降人不疑(不加甄别地接受降人),任忠臣复贰(用人不专)也。六者之中,有其一二,可以丧邦,阁下不可以不省也……阁下狃于小安而无长虑,此东南豪杰又何望乎?"②但张士诚仍然我行我素,继续沉湎于"遽自宴安,湛于逸乐"的生活。

龙凤十一年(1365),因张士诚屡犯边境,朱元璋决定对他发动大规模的反击。当时张士诚控制的地区,南抵绍兴,北逾徐州,达于济宁,相距两千多里。江南的浙西,是其政治中心平江的所在地,防守比较坚固,江北的淮东,防御比较薄弱,呈现南重北轻的势态,中间隔着一道长江,南北兵力又不便应援。针对这种状况,朱元璋制定了"先取通、泰诸郡县,剪张士诚肘翼,然后专取浙西"③的战略方针。据此,他将灭张的战役分成三个步骤:第一步攻取淮东,剪其羽翼;第二步攻取湖州、杭州,断其两臂;第三步围攻平江,捣其腹心。按照这个战略方针与作战计划,朱元璋于当年五月,命徐达统率马步舟师,往攻淮东泰州等处城池,以剪除张士诚的羽翼。后因等待正在湖广攻取襄阳诸郡的常遇春回还,暂时推迟进兵淮东的计划。直到常遇春回师后,朱元璋才又于十月初七日命徐达、常遇春等率马步舟师,水陆并进,

---

① 　[明]刘凤:《续吴先贤传》卷九,《文学·郭翼》,《丛书集成初编》本。

② 　《贝清江先生文集》卷二,《铁崖先生传》。

③ 　《明太祖实录》卷一八,乙巳年十月辛丑。

攻取淮东，并告谕诸将"约束官军，毋致掳掠，违者以军律论罪"①。

十月二十一日，徐达等引兵直趋泰州。二十三日进围泰州新城，随即击败张士诚从淮北调来的援军。为解泰州之围，张士诚以400艘战船进驻江阴东面的范蔡港（在今江苏张家港西），另以小船往来游弋于孤山（在今江苏靖江北）附近水域，作出拟攻江阴、直趋上游的姿态，以图调动围攻泰州的朱军。朱元璋识破其计谋，令徐达以少量兵力加强江阴的防御，而将主力继续用于围攻泰州。张士诚又以万余兵力佯动于距海安七十余里之处，引诱常遇春出击。朱元璋也看出张士诚此举旨在分朱军之势，急令常遇春回师海安，坐以待寇，使张士诚欲解泰州之围的如意算盘再次落空。闰十月二十六日，徐达、常遇春攻下泰州，乘胜进逼兴化、高邮。朱元璋担心徐达深入敌境不能策应诸将，命冯胜率所部节制围攻高邮的部队，而令徐达还师泰州，总制进攻淮东的诸路兵马，并图取淮安、濠、泗诸州。

张士诚见淮东危急，就在江南袭击宜兴、安吉、江阴等地，以图减轻江北的压力，结果均遭惨败。龙凤十二年三月，徐达与冯胜合兵围攻高邮，一鼓克之。城下之日，有将士掳掠民女，朱元璋令徐达即军中搜问，有掳人妇女者，皆以军法惩处。四月，徐达又攻破淮安的徐义水寨，淮安守将梅思祖献所辖四州降。兴化、濠州、宿州、邳州、安丰等地相继被攻占，到月底淮东悉平。张士诚的羽翼已折，进攻东吴的第一个作战计划宣告完成。

接着，朱元璋着手准备实行下一个作战计划。五月，他发布讨伐张士诚的檄文《平周榜》。檄文历数了张士诚的八大罪状，并宣布对东吴军民的政策："其尔张氏臣僚，果明识天时，或全城附顺，或弃刃投降，名爵赏赐，予所不吝。凡尔百姓，果能安业不动，即我良民，旧有田产房舍，仍前为主，依额纳粮，余无科取，使汝等永保乡里，以全室家。"②

七月底，朱元璋召集中书省及大都督府诸臣谋划进兵浙西之策。右相国李善

---

① 《明太祖实录》卷一八，乙巳年十月戊戌。

② 《平吴录》；[明]祝允明：《前闻记》，《国朝典故》卷六二，第 1391—1393 页；《弇山堂别集》卷八五，《诏令杂考》一，第 816 页。

长认为,张士诚虽屡战屡败,但兵力未衰,土沃民富,又多储积,现在进攻,没有取胜的把握,"宜俟隙而动"。左相国徐达则认为,张士诚骄横暴虐,奢侈腐化,正是灭亡之时,应即兴师讨伐。朱元璋赞赏徐达的看法,并针对李善长的意见指出:"彼疆域日蹙,长淮东北之地皆为吾有,吾以胜师临之,何忧不拔？况彼败形已露,何待观隙？"①八月初二日,决定以徐达为大将军,常遇春为副,率20万大军进攻浙西。为了防止扩廓帖木儿举兵南下,使自己两面受敌,他再次遣使与之"通好"。

　　大军出发之前,朱元璋与徐达、常遇春讨论主攻方向。常遇春主张直捣平江,认为只要平江一破,其余诸郡可不劳而下。朱元璋分析浙西形势,认为张士诚与湖州、杭州守将张天骐、潘元明都是强梗之徒,相为手足,一旦平江张士诚处境危急,张天骐、潘元明必然合兵来救,这样就难以取胜。"莫若出兵先攻湖州,使其疲于奔命,羽翼既披,然后移兵姑苏,取之必矣",决定先取湖州,然后再捣平江。并命诸将"戒饬士卒,毋肆房掠,毋妄杀戮,毋发丘垄,毋毁庐舍。闻张士诚母葬姑苏城外,慎勿侵毁其墓"②。

　　八月初四日,徐达、常遇春率军由龙江出发,为蒙蔽敌军,对外声称将直捣平江。十二日进入太湖。二十日在湖州港口与张军小战获胜后,停泊于太湖洞庭山附近,而后突然转锋南下,进至湖州东面的毗山,于二十五日进抵湖州城外的三里桥。湖州守将张天骐分兵三路出城阻击。常遇春击败其南路军,其余两路军退入城中,徐达挥师包围湖州。张士诚急派司徒李伯昇由城东潜入湖州,与张天骐闭城据守,另派吕珍、朱暹及五太子张虬带兵6万号称20万前往增援。吕珍等援兵进至湖州城东的旧馆,筑五寨固守。徐达、常遇春和刚从常州赶来的汤和,分兵攻占东阡镇南的姑嫂桥(在旧馆东),连筑十垒,切断旧馆与平江的联系。接着,出兵夜袭乌镇(在旧馆东南)的潘元绍,然后填塞沟港,断绝湖州的粮道。这样,旧馆与湖州便成为两个孤立无援的据点。张士诚亲自率兵并几次命将带兵增援,均被击退。

---

① 《明太祖实录》卷二〇,丙午年七月丁未。
② 《明太祖实录》卷二一,丙午年八月辛亥。

十月三十日,五太子及朱暹等被迫投降,张士诚为之夺气。徐达遣冯胜将吕珍等降将带到湖州城下,劝李伯昇投降。十一月初六日,张天骐、李伯昇亦降。十一月中旬,李文忠率军进逼杭州城下,杭州守将潘元明献土地、钱谷、甲兵出降。绍兴、嘉兴也不战而降。湖、杭两城既下,张士诚的两臂已被折断,攻打东吴的第二个作战计划宣告完成。

徐达攻下湖州后,引兵北上,于十一月二十五日会合诸将,以 20 万大军进围平江。早在龙凤八年,宁海儒士叶兑上书朱元璋言攻取天下大计时,曾提出用"锁城法"攻取平江的计策:"锁城法者,即于城外矢石不到之处,别筑长围,环绕其城。于长围之外,分命将卒四面立营,屯田固守,断其出入之路,绝其内外之音,仍设官分治所属州县,务农种谷,抚字居民,收其税粮以赡军士。"①徐达即采用"锁城法"围攻平江,"达军葑门,常遇春军虎丘,郭子兴(即郭兴)军娄门,华云龙军胥门,汤和军阊门,王弼军盘门,张温军西门,康茂才军北门,耿炳文军城东北,仇成军城西南,何文辉军城西北"②,在四面挖掘长壕加以围困,并架起木塔,高与城中的佛塔相等,塔上再建三层敌楼,每层架设弓弩、火铳和襄阳炮,日夜向城中轰击。在徐达诸军进围平江之时,俞通海则分兵攻取太仓,东吴守将陈仁等率百余艘大船归降。昆山以及崇明、嘉定、松江等路守军,闻之皆降。

平江处于孤立无援的困境,但张士诚仍然凭借坚固的防御工事,顽强抵抗。吴元年(1367)二月,久攻不下的徐达派人向朱元璋请示对策。朱元璋回答道:"将在外,君不御,古之道也。自后军中缓急,将军便宜行之。"③徐达于是又调俞通海会同诸将围攻平江。四月,起居注王祎认为胜利在望,建议"乘胜长驱,廓清中原",朱元璋认为"建大事者必勤远略,不急近功","天下之大,岂一日可定也",没有同意。有些将领建议分兵攻取福建的陈友定,也被朱元璋拒绝④。他坚持"用力不分"、打歼

① 《献征录》卷一一六,《布衣叶兑传》。
② 《明太祖实录》卷二一,丙午年十月癸卯。
③ 《鸿猷录》卷四,《克张士诚》,第 70 页。
④ 《明太祖实录》卷二三,吴元年四月丁未、五月甲申。

灭战的作战原则,指示诸将全力围攻平江。

平江被围数月,外无救兵,内无粮草。朱元璋写信或派人招降,都遭到张士诚的拒绝。张士诚两次冒死突围,也未成功。九月初八日,徐达督军士攻破葑门,潘元绍等守将纷纷投降。张士诚带领两万残卒在万寿寺东街展开巷战,失败后返回府第,一把火烧死家眷,自己也上吊自杀,奉命前来劝降的李伯昇赶到,叫人把他救下。徐达派人用船把他送往应天。朱元璋召见他,他瞑目不语,拒不进食,赐给衣冠,也不接受。朱元璋气极,叫人把他扛到竺桥,杖四十而死,东吴政权至此灭亡。

九月底,徐达、常遇春率领大军返回应天,朱元璋论功行赏,封李善长为宣国公,徐达为信国公,常遇春为鄂国公,并告谕诸将:"江南既平,当北定中原,以一天下。毋狃于暂安而忘永逸,毋足于近功而昧远图,大业垂成,更需努力!"①

四、推翻元朝统治

龙凤十二年(1366)五月讨伐张士诚檄文《平周榜》的发布,是朱元璋政治生涯中的一件大事。朱元璋自至正十二年(1352)投奔郭子兴,参加农民起义军,经过长期的战争锻炼,逐步成长为农民起义领袖;但是由于阶级的和历史的局限性,在渡江之前便逐渐走上封建化的道路,渡江之后封建化的步伐大大加快。《平周榜》的发布,就是他完成封建化过程的一个重要标志。

在《平周榜》中,朱元璋借声讨张士诚之机,大肆咒骂红巾军的广大起义将士是"愚民",指斥他们"误中妖术,不解偈言之妄诞,酷信弥勒之真有,冀其治世,以苏困苦,聚为烧香之党,根蟠汝、颖,蔓延河、洛,妖言既行,凶谋遂呈,焚荡城郭,杀戮士夫,荼毒生灵,无端万状。元以天下钱粮兵马而讨之,略无功效,愈见猖獗,然而终

---

① 《明太祖实录》卷二五,吴元年九月辛丑。

不能济世安民"。广大起义农民为了求得自身的生存,起而反抗封建压迫剥削的正义行动,变成杀人放火、荼毒生灵的"凶谋",元朝调动天下钱粮兵马对起义军进行血腥的镇压,反倒成了"济世安民"的义举,是非完全颠倒了。在《平周榜》中,朱元璋还宣称,他在渡江之前已"灼见妖言,不能成事,又度胡运,难与成功,遂领兵渡江。赖天地祖宗之灵及将帅之力,一鼓而有江左,再战而定浙东。陈氏称号,据我上游,爰发问罪之师。彭蠡交兵,元恶授首,父子兄弟,面缚舆衬",不仅否认自己以前信奉白莲教、参加红巾军,并长期臣属于小明王的历史事实,而且完全抹杀大宋红巾军对他在江南地区发展壮大所起的掩护作用,把自己的胜利一概归功于"天地祖宗之灵"及其"将帅之力"。在《平周榜》中,朱元璋还正式宣布要保护地主土地所有制,恢复历代封建王朝的赋役制度,"旧有田产房舍,仍前为主,依额纳粮,余无科取",使百姓包括地主、官僚能"永保乡里,以全室家"①。这篇檄文的发表,表明朱元璋已由农民起义领袖彻底转化为地主阶级的政治代表。

在封建社会,农民起义领袖转化为地主阶级代表人物,而成为封建帝王,乃是一种历史的必然。这是因为封建社会的农民是一个具有两面性的阶级。一方面,农民是被压迫剥削的劳动者。这种阶级地位决定了他们具有反抗地主阶级压迫与剥削的革命性。另一方面,农民又是小生产者和小私有者,不是同新的生产力和生产关系相联系的阶级。这种阶级地位,又决定他们不可能提出超越个体小生产者和小私有者范畴的经济要求,即使是在封建社会后期,提出了土地要求的农民起义和农民战争,往往也只限于要求恢复和发展拥有小块土地的实行个体农业和家庭手工业相结合的小自耕农经济。小农经济在封建社会不过是地主经济的附庸和补充,并不是独立的经济形态,而且它本身极其脆弱,不可能保持长期的稳定,终究会出现两极分化,产生新的封建地主和赤贫的农民。因此,起义农民尽管可以用暴力手段沉重地打击地主阶级,改变土地配置,却不可能带来高于封建形态的生产关系。由这种阶级地位所决定,农民在政治上也无法提出建立一个比较进步的社会

---

① 《平吴录》。

形态的斗争纲领。相反，以一家一户为生产单位的分散的个体小生产，不需要在耕作时进行任何分工，也不需要进行较多的产品交换，他们生产的东西基本上是供自己消费，生活资料的取得多半是靠与自然交换，而不靠与社会交换。这种生产过程在现有规模与基础上的往返重复，造成了农民的分散性、保守性和狭隘性，他们习于顺从，不能由自己代表自己，而需要一个最高的主宰来代表他们，保护他们。这就为封建主义的影响和专制主义统治的建立准备了土壤。因此，按照小农的世界观来改造社会，其结果依然是封建社会，不可能建立一个更高的社会形态。同时，由于历史条件的限制，那种高于封建社会的社会形态在当时也无从实现。农民的这种阶级的和历史的局限性，决定了农民起义和农民战争的结局，不是遭到地主阶级的镇压，就是成为地主阶级改朝换代的工具，不可能推翻封建制度；也决定了起义领袖不可能彻底摆脱封建主义思想的影响，他们在起义之后必然要走上封建化的道路，最后不是牺牲于地主阶级的屠刀之下，就是充当地主阶级改朝换代策略的执行者，转化为地主阶级代表人物，成为封建帝王。朱元璋和刘邦一样，就是后一种类型的典型代表。

随着龙凤十二年五月《平周榜》的发布，朱元璋转化地主阶级政治代表过程的完成，他建立的农民政权也随之转化为封建政权。接着，在当年十二月，朱元璋设计谋害了小明王，大宋政权至此覆亡。朱元璋随即废除龙凤年号，根据民谣的说法，"但看羊儿年，便是吴家国"，第二年即至正二十七年（丁未年）就是羊儿年（1367），决定以丁未年为吴元年，建庙社宫室。此后，作为一名地主阶级的政治领袖，他倾全力从事营建封建王朝的活动。发布文告，便由"皇帝圣旨，吴王令旨"改为"奉天承运，吴王圣旨"，俨然以皇帝自居。

自立为吴王后，朱元璋便着手营建新王宫。在渡江攻占应天后，从被小明王册封为江南等处行中书省平章政事到吴国公，他一直以元朝的江南行御史台衙门作为公署。称吴王后，朱元璋觉得应天旧城北控大江，东尽白下门，不仅距钟山较远，而且城中的吴国公府也过于狭小，与吴王的身份很不相称。龙凤十二年八月，他决定拓建应天府城，并令熟知堪舆学说的刘基等人卜地另择宫址，营建新宫。卜地之后,择定应天府城之东、钟山之南的一块空旷之地作为宫址,同时决定在城东边白下门外二里多的地方扩建一部分城垣,把新宫包容在内。随即下令征调军民,营建城垣。十二月,正式下令建造太庙、社坛,营建宫室。到第二年即吴元年(1367)二月,府城拓建完成;八月,圜丘、方丘及社稷坛等相继竣工;九月,太庙和宫室也先后落成。

接着,朱元璋又采取措施,加强吴政权的建设。吴元年十月,下令将百官礼仪由原先沿袭元朝的尚右改为尚左,李善长由右相国改为左相国,徐达由左相国改为右相国,秩皆正一品。其他官职也做了相应的改动。并设御史台及各道按察司,以汤和、邓愈分任左、右御史大夫,均为从一品。都督府原以大都督为长官,右、左都督为副。龙凤十年定大都督为从一品,右、左都督为正二品。第二年罢大都督不设,以右、左都督为长官。吴元年十一月又更定左、右都督为正一品。中书省、御史台与都督府并称三府,分掌行政、监察与军事,三足鼎立,最后集权于吴王。

击灭张士诚后,在长江的南北,除朱元璋外,四川有夏国主明昇,云南有元宗室梁王把匝剌瓦尔密,两广有何真,福建有陈友定,浙东有方国珍。明昇刚在前一年接替他父亲明玉珍的帝位,年纪小,国势弱,并无多大作为;把匝剌瓦尔密、何真、陈友定、方国珍虽仍效忠元廷,但与大都的元朝本部隔绝,势孤力弱。北方表面上仍属元朝统治,但统治阶级内部矛盾重重,混战不休。扩廓帖木儿受封河南王后,与关中的李思齐、张良弼、孔兴、脱列伯等四支武装队伍整整打了一年仗,分不出胜负。根据这一情况,朱元璋决定南征北伐并举,以主力北伐中原,同时分兵南征,先行攻取与自己接壤的浙东、福建与两广。

攻打浙东方国珍的战役,在克复平江的前夕已经打响。吴元年(1367)九月初一日,朱元璋命朱亮祖率马步舟师向浙东挺进,十月初十日又命汤和为征南将军、吴祯为副将军,率军进攻庆元(今浙江宁波),方国珍率部逃亡海上。十一月中旬,朱元璋再命廖永忠为副将军,率舟师配合汤和追击方国珍,走投无路的方国珍只得上表请降。

吴元年十月,朱元璋又发兵攻打福建的陈友定。胡美、何文辉率步骑从江西度杉关进入福建,攻击陈友定的主力;汤和、廖永忠率舟师从浙江明州攻取福州;李文忠从浦城攻取建宁。翌年正月底,陈友定悉力据守的延平(今福建南平)被攻克。陈友定被俘送应天,因拒绝投降,与其子一并被杀。闰七月,平定福建全境。

攻取两广的战争,是同平定福建的战争同时部署的。吴元年十月,朱元璋令胡美进攻福建的同时,就命杨璟、周德兴率领湖广等地驻军攻取广西。洪武元年正月进围永州,然后分兵攻占其他州县。到四月,经过艰苦血战,攻克永州,然后进围静江(治临桂,今广西桂林)。汤和攻占延平后,朱元璋又在洪武元年二月任命廖永忠为征南将军,朱亮祖为副将军,率舟师南下攻取广东,另派陆仲亨等由韶州直插德庆,配合廖永忠的行动。廖永忠自福州航海南下,接到朱元璋的谕示,派人招谕元江西福建行中书省右丞何真。途中遇到何真遣往大都上表的使臣,使臣便修改表文请降。四月,廖永忠师至东莞,何真率官出迎,随即与廖永忠共同发兵,一起攻打广州。陆仲亨所率部队由韶州南下,于四月初攻克德庆路,与廖永忠会师于广州。到六月初,广东全境悉平。接着,廖永忠等引兵西进,会合杨璟围攻静江,六月下旬终于攻占了这座城市,至七月广西全境悉告平定。

在南征的同时,朱元璋派遣主力大军,渡过长江,开始了大规模的北伐战争。

在长期的战争实践中,朱元璋逐渐形成并坚持以"持重"为总方针的作战指导原则。他强调"为将之道,贵于持重"[①]。主张即使在敌有可亡之机,我有可胜之道的情况下,也需"必加持重",防止"因骄忽以取不虞"[②]。北伐是对元朝的一次战略决战,直接关系到能否推翻元朝、夺取全国最高统治权的问题,朱元璋更是慎之又慎。出师之前,即对作战的指导方针进行反复的思考和周密的研究。吴元年九月底,他首先就北伐的作战方针征求身边谋士的意见,刘基认为现今"土宇日广,人民日众,天下可席卷矣",主张"长驱中原"。朱元璋认为这个主张过于轻敌,说:"吾起兵以来,与诸豪杰相逐,每临小敌,亦若大敌,故能致胜,今王业垂成,中原虽板荡,

---

① 《平吴录》。
② 《明太祖实录》卷二五,吴元年九月。

岂可易视之?"①十月十七日,朱元璋又召集诸将商议具体的北伐战略。常遇春主张"直捣元都",朱元璋认为这种主张仍属轻敌冒进,指出:"元建都百年,城守必固。若如卿言,悬师深入,不能即破,顿于坚城之下,馈饷不继,援兵四集,进不得战,退无所据,非我利也。"他另外提出一个着眼于歼敌主力、逐步推进的作战方针:"先取山东,撤其屏蔽;旋师河南,断其羽翼;拔潼关而守之,据其户槛。天下形势入我掌握,然后进兵元都,则彼势孤援绝,不战可克。既克其都,鼓行而西,云中(今山西大同)、太原及关陇,可席卷而下。"②诸将一致表示赞同。

接着,朱元璋着手进行作战的部署。十月二十日,他任命老成持重、师有纪律、战胜攻取得为将之体的徐达为征虏大将军,能当百万之将、勇敢先登、摧锋陷阵的常遇春为副将军,率领25万将士,由淮入河,北取中原。并特地嘱咐他们说:"若临大敌,遇春须领前锋,或敌势强,则遇春与参将冯宗异(冯胜)分为左、右翼,各将精锐以击之。右丞薛显、参政傅友德皆勇略冠诸军,可各领一军,使当一面。或有孤城小敌,但遣一将有胆略者,付以总制之权,皆可成功。达则专主中军,策群帅,运筹决胜,不可轻动。古云:'将在军,君不与者胜。'汝等其识之!"当天,朱元璋召集出征将士申明纪律:"所经之处及城下之日,勿妄杀人,勿夺民财,勿毁民居,勿废农具,勿杀耕牛,勿掠人子女;民间或有遗弃孤幼在营,父母亲戚来求者,即还之。"③诸将随即率领大军,踏上北伐的征程。

为了号召、动员北方人民支持北伐,朱元璋发布了由名儒宋濂代为起草的讨元檄文《谕中原檄》。檄文首先从"外夷狄而内中国"的大汉族主义思想出发,无视我国少数民族和汉族人民共同缔造祖国的历史事实,抹杀少数民族具有同汉族一样建立中原王朝的权利,指责蒙古贵族入主中原建立元朝是"冠履倒置"。接着,又用天命论来解释元朝的盛衰,把蒙古贵族入主中原说成是"实乃天授",将元朝统治的衰朽说成是"天厌其德而弃之",而把自己打扮成上天所降生的"圣人",说自己起兵

---

① 《明太祖实录》卷二五,吴元年九月。

② 《明太祖实录》卷二六,吴元年十月庚申。

③ 《明太祖实录》卷二六,吴元年十月甲子。

反元是"恭天承命"，从而全盘抹杀元末农民大起义摧毁元朝统治基础的伟大贡献，为夺取帝位制造封建道统的依据。最后，檄文谴责坚持蒙古文化本位的元朝统治者破坏中国传统政治文化所规范的封建纲常，申明自己将以恢复封建纪纲为重任，并提出"驱逐胡虏，恢复中华，立纲陈纪，救济斯民"的民族斗争口号，明确宣布他将代表汉族地主阶级重建新的封建王朝，以"复汉官之威仪"，恢复华夏正统地位，按照华夏传统政治文化模式，重建"人君者斯民之宗主，朝廷者天下之根本，礼义者御世之大防"的封建统治秩序。可以说，这篇檄文是讨伐张士诚檄文的进一步发展，它彻底阉割了反元战争的阶级斗争内容，把元末农民大起义变成汉族地主阶级同蒙古、色目贵族争夺全国最高统治权的斗争。不过，这个檄文的发布，对于北上伐元的顺利开展，仍然具有一定的积极意义。首先，檄文适应汉族地主阶级改朝换代、重建华夏封建王朝的需要而提出的口号，突出大汉族主义和封建道统，把"恢复中华"与"救济斯民"结合起来，比之过去那个空洞的"复宋"口号，对汉族地主阶级更有号召力，因而得到了北方的汉族官僚、地主和儒士的广泛支持。其次，檄文针对元朝的民族歧视和民族压迫政策，以民族斗争相号召，反映了广大汉族人民反抗民族压迫的正当要求，同时檄文还揭露元朝统治的腐朽，谴责其"有司毒虐"，"使我中国之民，死者肝脑涂地，生者骨肉不相保"的罪行，申明北伐的目的在于"拯生民于涂炭"，这对于深受元朝统治之苦的广大人民也有一定的吸引力。加之檄文提出的北伐军"号令严肃，秋毫无犯"的政策比较顺应民心，对动员北方人民支持北伐战争产生了不可忽视的作用。最后，檄文公开宣布对蒙古、色目的政策，声明"有能知礼义、愿为臣民者""与中夏之人抚若无异"[①]，这也有利于分化元朝统治集团，争取广大蒙古、色目民众，从而减少了进军中原的阻力。

按照朱元璋的作战计划，北伐军的第一步是攻取山东，撤除大都的屏障。元朝末年，元廷任命普颜不花为山东东西道宣慰使，坐镇鲁山之北的益都，节制山东诸路的驻军，为京畿构筑一道东南部的屏障。不撤除这道屏障，北伐军就被阻挡在山

---

① 《明太祖实录》卷二六，吴元年十月辛未。

东之南。十月二十四日,徐达、常遇春率领大军到达淮安,翌日派人招谕沂州守将王宣父子。王信奉表归附,朱元璋派人授予王信江淮行中书省平章政事,麾下将官皆仍旧职,悉听徐达节制,随即派人密谕徐达:"王宣父子反复无常,不可遽信。宜勒兵趋沂州,以观其变。"①十一月初,徐达进兵下邳,派张德胜养子张兴祖率兵前往徐州,进取山东西南部诸州县,掩护主力的侧翼。王宣父子果然降而复叛,徐达亲自带兵前往沂州镇压,王宣被杀,其子王信逃往山西,沂州附近诸县皆不战而降。接着,徐达令韩政率兵一部扼守黄河要冲,以断元兵增援益都之路;张兴祖率兵由徐州北上大运河,攻取东平、济宁;自己率主力继续北上,于二十九日攻克益都。徐达乘胜连下寿光、临淄(今山东淄博东北)、昌乐、高苑等县及潍、胶、博兴等州。十二月,又迭克济南、登州、莱阳等州县。与此同时,张兴祖也相继攻下东平、东阿、济宁等地。第二年二月,常遇春率部以云梯登城,攻克坚拒数日的东昌,"遂屠城,纵军掳掠,焚其房舍而去"②,以示惩罚。茌平等县皆降。到三月,山东基本平定。

北伐军的第二步是转攻河南,翦除大都的羽翼,拔潼关而守之,控制大都的户槛。按照既定的作战计划,徐达、常遇春在平定山东后,将旋师河南。为配合徐达、常遇春的行动,当徐达、常遇春即将平定山东之时,朱元璋特命汤和从福建北返浙东明州,为北伐军运输粮饷;令康茂才率兵北上济南,以加强徐达的兵力;令征戍将军邓愈率领襄阳、安陆、江陵等地驻军攻取南阳以北州县,以牵制与分散元军主力,策应徐达西取河南府路。洪武元年(1368)三月,徐达从乐安率师回济宁,然后自郓城引舟师溯黄河而上,直趋汴梁。邓愈也率军北攻唐州(今河南唐河)及南阳。徐达兵至汴梁东北的陈桥,元将李克彝尽驱汴梁军民西逃河南府路,陈州守将左君弼与竹贞率部投降。邓愈则攻下唐州、南阳,与攻占汴梁的徐达,对洛阳形成钳形攻势。

徐达攻占汴梁后,率领大军继续追击李克彝,于四月初进抵塔儿湾(在今河南

---

① 《明太祖实录》卷二六,吴元年十月辛未。

② 《纪事录笺证》卷下,第250页。

偃师境内)。扩廓帖木儿之弟脱因帖木儿率兵5万迎战,在洛水之北15里列阵以待。常遇春单骑突入敌阵,徐达乘势挥师冲杀。适值南风骤起,兵尘涨穹,呼声动天地,元军阵势大乱,落荒而逃。徐、常挥师追击50余里,俘斩无数。脱因帖木儿逃往陕州(今河南陕县),李克彝逃往陕西,元河南行省平章、察罕帖木儿之父梁王阿鲁温打开河南府城(今河南洛阳)城门出降。徐达引兵继续攻占嵩、钧(治今河南禹州)、陈、汝、裕(治今河南方城)诸州,并派冯胜进攻潼关。元将李思齐、张良弼闻讯溃入关中。冯胜引兵入关,西至华州(治今陕西华县),随后根据朱元璋的指示,未再西进而折返潼关。到四月底,潼关以东河南诸地已被北伐军全部占领。五月初,徐达又增兵扼守潼关,阻断元将李思齐、张良弼等与元朝的联系,完成了"断其羽翼""据其户槛"的战略任务。

北伐军攻占山东、河南,又拔潼关而守之,下一步便是攻打大都,推翻元朝的统治。为了部署攻取大都的作战计划,朱元璋于洪武元年(1368)四月下旬前往汴梁。五月下旬到达汴梁后,改汴梁路为开封府。六月,召见徐达、常遇春、冯胜诸将领,听取前线军事情况的汇报,商议下一阶段的军事部署。徐达建议"乘胜直捣元都",朱元璋表示同意,并打开地图谕示道:"卿言固是,然北土平旷,利于骑战,不可无备,宜选偏裨,提精兵为先锋,将军督水陆之师继其后,下山东之粟以给馈饷,由邺(今河北临漳西南)趋赵(今河北邯郸),转临清而北,直捣元都。彼外援不及,内自惊溃,可不战而下。"徐达担心北伐大军进逼大都时,元顺帝可能北逃,"将贻患于后,必发师追之"。朱元璋考虑到自己起兵江南,骑兵力量有限,扩廓帖木儿又盘踞太原,李思齐会兵凤翔,中原尚未稳定,主张不必穷追,"但其出塞之后,即固守疆圉,防其侵扰耳"[①]。鉴于这次攻打大都战线拉得较长,朱元璋还提升冯胜为征虏右副将军,位居常遇春之下,以加强北伐军的领导力量。同时,令浙江、江西两个行省及苏州等九府运粮300万石至开封,以保障北伐大军的粮饷供应。

七月,朱元璋令冯胜留守开封,自还应天。闰七月底,徐达按照朱元璋的部署,

---

① 《明太祖实录》卷三二,洪武元年六月庚子。

率师发开封,自中滦渡河北上,攻占卫辉、彰德、磁州(今河北磁县)、邯郸,往东折向临清。临清地处卫河入运河之口,向为北上船只的集结处,徐达在此会合山东各军,完成水陆进军的准备后,于十五日北上。在徐达的指挥下,各路大军水陆并进,相继攻占德州、长芦(今河北沧州),控扼直沽(今天津狮子林桥西)出海口,然后沿北运河继续推进。

闰七月二十五日,徐达率兵进抵河西务(今天津武清区西北),击败元兵,乘胜进至距通州30里处扎营。翌日,以伏兵击败元将五十八国公的敢死队,于二十七日夜攻占通州。此前元顺帝曾谋划逃往耽罗(今韩国济州岛),通州一被攻占,通往辽阳的驿道被切断,这个计划遂告破产。元顺帝惊恐万分,连夜召集三宫后妃及太子商议,决定弃城逃往上都(今内蒙古正蓝旗东)。二十八日夜携后妃、太子出健德门(今德胜门),经居庸关往北逃窜。八月初二日,徐达率领北伐大军至东面的齐化门,令将士填濠登城,进入大都,元朝灭亡。徐达命薛显、傅友德领兵3万,出古北口追击元顺帝。元顺帝从东路北逃,傅友德等从西路追击,没有追上。徐达大怒,命傅友德再从东路追击,但元顺帝已经逃远,仍无功而还。朱元璋下诏,改大都路为北平府。

元朝的统治被推翻了,历时17年的元末农民战争宣告结束。随着元朝覆灭而来的是明封建王朝的建立,广大人民要求推翻元朝统治的目标实现了,但他们要求摆脱封建压迫剥削的愿望并没有达到。从政治上来说,这是地主阶级改朝换代策略的胜利,也是元末农民战争的彻底失败。尽管如此,推翻了元朝腐朽统治,毕竟为社会历史的发展扫除一大障碍,中国漫长的封建社会从此进入了一个新的历史时期。

第四讲　创建大明王朝与统一全国

一、登基称帝,重建全国封建政权

　　吴元年(1367)十二月上旬,南北前线的捷报如雪片般纷纷传到应天,应天的官员无不欢欣鼓舞,以中书省左丞相李善长为首的大臣更是异常兴奋,认为攻占大都、统一全国的日子很快就将到来。按照中国传统的惯例,局部地区的首领称王,全国性的君主称帝,朱元璋也应该由吴王改称皇帝。他们决定再次奉表,劝朱元璋登基称帝。十二月十一、十二日,经李善长等文武百官的两次劝进,朱元璋决定在来年的正月初四日登基就皇帝位,年号定为洪武,国号定为大明。朱元璋取大明为国号,据说出自刘基的建议①。"国号大明,承林儿小明号也"②,它来源于小明王称号,而将"小"字改为"大"字,小明王的称号则取自白莲教关于"明王出世"的宗教

① ［明］祝允明:《野记》一,《丛书集成初编》本。
② ［明］孙宜:《洞庭集·大明初略四》,《玄览堂丛书续集》本。

传说。朱元璋之所以采用这个国号，大抵有两个方面的用意。第一，朱元璋的势力是依靠元末农民大起义发展、壮大起来的，而且在很长一段时间臣属于小明王，他的部队和统治区内的农民群众有不少白莲教徒，深受"明王出世"宗教宣传的影响。用大明作为新王朝的称号，既可以取得从农民起义中奋战过来的将士的拥护，又可以争取信奉白莲教的广大群众的支持。第二，大明的称号又可以按照儒家的学说来做解释。明是光明，是火，明字拆开又是"日""月"两字，古礼有祀"大明"、朝"日"夕"月"的说法，历代朝廷都把祭祀"大明"和日、月列为正祀，或郊祭或特祭，每年都要举行极其隆重的祭祀活动。按照阴阳五行的学说，南方属火，属阳，神为祝融，颜色为赤；北方属水，属阴，神为玄冥，颜色为黑。朱元璋起自南方，应天又是传说中的祝融故墟，他的队伍北上攻打大都，推翻起自蒙古大漠的元朝，就是以火制水，以阳消阴，以明克暗。以大明为号，也可以让地主阶级和儒士感到满意，得到他们的拥护和支持①。

洪武元年（1368）正月初四日，朱元璋身穿华贵的衮服，头戴冠冕，在南郊设坛举行登基仪式，即皇帝位。礼成，率世子及诸子奉祖宗神主至太庙，追尊高祖父为"玄皇帝"，庙号"德祖"，高祖母为"玄皇后"；曾祖父为"恒皇帝"，庙号"懿祖"，曾祖母为"恒皇后"；祖父为"裕皇帝"，庙号"熙祖"，祖母为"裕皇后"；父亲为"淳皇帝"，庙号"仁祖"，母亲为"淳皇后"。接着，再祭告社稷坛。这些宗教仪式结束后，又在奉天殿举行百官朝贺仪式。贺礼完毕，朱元璋命李善长奉表册立马氏为皇后，册立世子朱标为皇太子。

朱元璋称帝后，立即着手重建全国性的封建政权。他首先以吴政权的机构为基础，建立了庞大的官僚机构。吴政权是从江南行省政权发展而来的，江南行省政权是大宋政权的一个地方政权机构，而大宋政权又几乎是照抄元朝的制度。朱元璋建立明朝时，南北两路大军刚刚攻占福州和济南，推翻元朝统治的大规模战争正在激烈地展开，无暇设计新的政权体制，就只能沿袭原有的制度，而根据明初的实

---

①　吴晗：《朱元璋传》，三联书店 1965 年版，第 142—143 页。

际情况做些适当的调整。

行政机构方面,元朝在中央设立中书省总理全国政务,以中书令作为最高长官,"典领百官,会决庶务"①,由皇太子兼领。但中书令只是一个名义上的虚衔,中书令之下的左、右丞相,才是实任的丞相,下设平章政事、左右丞、参知政事为副相。洪武初年,在中央也设置中书省作为最高的行政机构,以左、右丞相为"百司纲领,总率群属"②,秩正一品,下设平章政事、左右丞、参知政事。中书省及都督府曾议奏以皇太子朱标为中书令,朱元璋认为"取法于古,必择其善者而从之",而皇太子"年未长,学未充,更事未多","名不足以副实,行不足以服众","他日军国重务皆令启闻,何必效彼作中书令乎?"③中书令于是废而不设,左、右丞相便成为中书省的最高长官。中书省之下,开始只设户、礼、刑、工四部,洪武元年八月正式设立吏、户、礼、兵、刑、工六部,各以尚书为最高长官,秩正三品,上隶中书省。地方的行政机构,元朝设行中书省,作为中书省的分出机构,除部分地大事繁的行中书省有时也设丞相外,一般的行中书省不设丞相。中书省其他的官职,行中书省全部照设。因为朱元璋此前在大宋政权辖下曾担任江南等处行中书省的左丞相,所以他建立的行中书省便不再设立丞相。明朝建立后,他在各地所建的行中书省也沿此惯例,设平章政事、左右丞、参知政事,以平章政事为长官,秩从一品。行中书省之下,元朝设有路、州、县三级地方行政机构,只有少数民族聚居区设置散府。明朝建立之前,朱元璋攻占元朝的路即改为府,此后沿用不变。明朝建立后,又将元朝的散府大部分改为散州,只有少数地方仍保留府的建制,并将州分为散州(亦称属州或府属州)和直隶州。府属州是一般的州,直隶州是直隶于行中书省的州,其地位分别与县、府相等,并不能自成一级。府、州、县的长官分别为知府、知州、知县。府在洪武六年按税粮多寡分为三等,知府的品秩也不相同,税额 20 万石以上者为上府,知府从三品;20万石以下者为中府,知府正四品;10 万石以下者为下府,知府从四品。不久,一律改

①　《元史》卷八五,《百官志》一,第 2120 页。

②　《明太祖实录》卷二九,洪武元年正月辛巳。

③　《明太祖实录》卷二九,洪武元年正月辛巳。

为正四品。知州则一律秩从五品。县在吴元年(1367)分为三等,税额 10 万石以下者为上县,知县从六品;6 万石以下者为中县,知县正七品;5 万石以下者为下县,知县从七品。稍后,一律改为正七品①。

军事机构在中央设大都督府。龙凤十一年(1365)罢大都督后,以左、右都督为长官,吴元年(1367)十一月定左、右都督秩正一品。在地方,明朝建立前曾设行都督府,后革除。洪武三年(1370)十二月,升杭州、江西、燕山、青州四卫为都卫指挥使司,并增置河南、西安、太原、武昌四个都卫指挥使司。后来,各行中书省也陆续设立都卫指挥使司,边防要地又设行都卫指挥使司。洪武八年十月,改都卫指挥使司为都指挥使司,简称都司,长官为都指挥使,秩正二品;行都卫指挥使司改为行都指挥使司,简称行都司,长官为行都指挥使,品秩与都指挥使相同。都司、行都司下辖卫所。值得注意的是,明代的卫所不仅是一种军事单位,而且在大多数情况下也是一种地理单位。卫所均辖有一块大小不一的卫地,即使是京师的卫所,也领有分散于京畿各地的卫地。卫地里既有军士屯种的官田,也有百姓耕垦的民田。这些土地和人口,都归卫所管理而不归州县行政机构管辖。卫所以及都司不仅掌管军务,还兼管卫地内的行政事务。特别是从东北至西北直至西南的边疆地区,明代一般不设行政机构,而由都司及其下属卫所直接进行管理,这些都司卫所便成为明廷派驻该地行使管理权力的政权机构。这样,在明朝的版图之内,就形成了两个平行的管理系统,一个是由中书省——行中书省(直隶府、州)——府(直隶行中书省的州)——县(府属州)构成的行政系统,一个是由大都督府——都司(行都司、直隶都督府的卫)——卫(直隶都司的守御千户所)——千户所构成的军事系统。两个系统各自管理自身的事务,互相之间既有联系,又不能干涉②。

监察机构在中央设御史台,以御史大夫为最高长官,秩从一品。另外,吴元年(1367)曾设给事中一职,秩正五品,掌侍从、规谏、补阙、拾遗之事。设立六部之后,

---

① 《明史》卷七五,《职官志》四,第 1850—1851 页。

② 参看顾诚:《明帝国的疆土管理体制》,《历史研究》1989 年第三期;顾诚:《隐匿的疆土》,光明日报出版社 2012 年版,第 48—71 页。

又于洪武六年三月在各部设科,每科设给事中二人,秩正七品,铸给事印一个,由年长者掌之,"章奏出入所经由及有所遗失抵牾,皆许封驳;凡朝政军事及举劾官员,皆许联署以闻"①。六科给事中实际上成为与御史台并立的另一个监察机构,两者互相制约。在地方,明朝建立前,即于龙凤九年(1363)设置浙东提刑按察司,后来在各行省也陆续设立这种监察机构,以按察使为长官,秩正三品。

随着庞大的官僚机构之建立,朱元璋采用"三途并用"之制,为各级机构补充大量的官吏。所谓三途并用,即"荐举,一途也;进士、监生,一途也;吏员,一途也"②。

荐举是明初网罗人才、任用官吏的主要途径。朱元璋在率兵渡江创建江南根据地以后,即反复申明"予思英贤,有如饥渴"③。吴元年(1367)三月敕令中书省曰:"自今有能上书陈言、敷宣治道、武略出众者,参军及都督府具以名闻。若其人虽不能文章,而识见可取,许诣阙而陈其事,吾将试之"④。十月,又派起居注吴琳、魏观等携带币帛四出访求遗贤。明朝建立后,朱元璋继续采用荐举办法来网罗人才,选拔官吏。荐举之诏几乎年年颁发,洪武六年甚至下令暂停科举,专行荐举,时间长达10年之久。洪武十五年八月重新恢复科举,但荐举之法仍然并行不废,特别是洪武十三年胡惟庸案发之后,十八年又发生郭桓案,累计诛杀了六七万人,官职大量空缺,荐举活动更为频繁。不仅朝廷内外的大小臣工都得荐举,而且已被荐举者又令转荐,甚至令军民自己推荐自己。仅洪武十五年九月,吏部一次就征召各地推荐的经明行修之士3700余人至京,分别授布政使、参议等官。

明廷通过荐举办法选拔了一批旧有的人才来担任官职,但还远远满足不了需要。朱元璋又大力兴办学校,推行科举,培养、选拔一批新的人才,来充实各级政权机构。于是,进士与监生又成为入仕的一条途径。他经常直接任命国子监生做官。仅洪武十九年就选拔国子监生千余人,由吏部除授知府、知州等职。二十六年还擢

① 《明通鉴》卷五,洪武六年三月乙巳,第304页。
② 《日知录集释》卷一七,《通经为吏》。
③ 《明太祖实录》卷八,庚子年闰五月丙辰。
④ 《明太祖实录》卷一四,甲辰年三月。

升刘敏等 6000 人担任行省布政使、按察使及参政、参议、副使、佥事等官。士子通过科举考试,中进士者或授翰林院修撰、检讨,或入翰林院、承敕监等近侍衙门观政,称庶吉士,待熟练政事,再授官职。

在各级官僚机构中,除了官员,还有一些低级的办事人员,主要从事文书和勤杂工作,这就是吏员。明初的吏员主要来源是"佥充",即以徭役的形式从民间选用。明廷规定,"凡佥充吏役,例于农民、身家无过、年三十以下能书者选用"①。符合这些条件的自然多是地主或自耕农的子弟,没有田产的农民是不能充吏的。起初,佥充吏役者还有少量的市民,洪武十九年十二月朱元璋颁布的《御制大诰续编》明确规定:"令后诸处有司衙门皂隶、吏员、狱卒,不许用市井之民。"因为朱元璋认为:"其市井之民多无田产,不知农业艰难。其良善者将本求利,或开铺面于市中,或作行商出入,此市中之良者也。有等无籍之徒,村无恒产,市无铺面,绝无本作行商。其心不善,日生奸诈,非止一端,惟务构结官府,妄言民之是非。此等之徒,设若官府差为吏卒,其害民之心那有厌足。"②此后,市民佥充吏役遭到禁止。吏员的另一来源是"谪充",即将学习成绩差的生员、监生贬谪充吏。

军队是国家政权的主要组成部分。朱元璋综合唐代的府兵制、宋代的更戍法、汉代的屯田制、元代的军事职官制度以及秦汉以来的军户世袭制度,设立内外卫所。卫所的编制及其职官称谓,可以追溯到元代甚至更早。元代的侍亲军就是以千户为基本单位,按十户——百户——千户——万户的十进位方式编制成卫的。朱元璋初掌军权时,军队的编制和军官名称十分混乱。龙凤十年(1364)称吴王后,决定立"部伍法",下令"核诸将所部,有兵五千者为(卫)指挥,满千者为千户,百人为百户,五十人为总旗,十人为小旗"③。明朝建立后,设置内外卫所,规定 1 卫统领 10 个千户所,1 个千户所统领 10 个百户所,1 个百户所统领 2 个总旗,1 个总旗统领 5 个小旗,1 个小旗统领 10 个军士,1 个卫所统兵 1 万人。但到洪武六年(1373)制

① 万历《明会典》卷八,《吏部·吏役参拨》。

② [明]朱元璋:《御制大诰续编·市民不许为吏卒第七十五》,《皇明制书》第一册,第 157—158 页。

③ 《明太祖实录》卷一四,甲辰年四月壬戌。

定军政条律,又恢复"每一卫以五千人为则"①的建制。这里的一卫"五千人"或此前的一卫万人,指的是士兵,不包括武官,到洪武七年八月,朱元璋"申定兵卫之数",明确规定"大率以五千六百人为一卫,而千百户总小旗之数则同"②。也就是说,统兵5600人的卫比以前统兵万人的卫规模缩小了一半,由过去统领10个千户所改为统领5个千户所,而千百户总小旗的建制保留原样不变。这就是《明史·职官志》所说的:"每卫设前、后、中、左、右五千户所,大率以五千六百人为一卫,一千一百二十人为一千户所,一百一十二人为一百户所,每百户所设总旗二人,小旗十人。"③卫指挥使秩正三品,正千户秩正五品,最低一级的百户秩正六品,也高于行政系统县太爷的正七品,反映了当时重武轻文的倾向。

明初卫所的军士,主要有"从征""归附""谪发""垛集"四种来源。"从征"指渡江攻占集庆之前跟随朱元璋起义的旧部,包括较早归并到朱元璋麾下的众多起义军,早期佥点的民兵和元朝降兵,他们后来大多得到提拔,因而基本上属于军官群体。"归附"指渡江攻占集庆后向朱元璋投降的元朝军队和各个割据势力的队伍,他们是明初卫所军的主力部队。明朝建立后,主要依据"谪发"和"垛集"来扩充兵力,"内地多是抽丁垛集,边防多是有罪谪戍"④。"谪发"是指因犯罪罚充军士的,也叫"恩军"或"长生军",如辽东都司、陕西行都司各卫的军士多由"罪谪"而来。"垛集"就是征兵,规定民户以二户或三户为一垛集单位,其中一户为正户,其他一户或二户为贴户,帮贴正户。明代沿袭元代的世袭军户制度,所有军士皆另立军籍,隶都督府。民户有一丁被垛为军,便子孙世代隶属军籍,只有做官做到兵部尚书,才能脱离军籍。军士世代为军,世皆永充,一旦逃跑或亡故、年老开除,家里其他男丁必须顶替入伍,如果户下只有一丁,则取贴户之丁解补。除了这四种来

① 《明太祖实录》卷七八,洪武六年正月丙午。

② 《明太祖实录》卷九二,洪武七年八月丁酉。

③ 《明史》卷七六,《职官志》五,第1874—1875页。

④ [明]陈子龙等辑:《明经世文编》卷七四,《丘文庄公集·州郡兵制议》,中华书局1962年影印万有文库本。

源,还有世袭军户(元代的军户在明代继续服役)、抽充(从民户中丁多之家抽一丁为军)、收集(收集元末诸雄溃散的士卒)和佥充(佥点丁多的民户到亲军卫中服役)等其他来源。此外,在洪武建国前,朱元璋还曾募民为兵,明朝建立后,只是在燕王起兵夺位的"靖难"之役发生后,燕王朱棣才在其控制区内实行较大规模的招募。

明王朝通过以上几种途径,组织起一支强大的常备军。据成书于洪武二十六年三月的《诸司职掌》记载,全国共有 329 个内外卫、65 个守御千户所。据洪武二十五年十二月的统计,总共有 121 万余人。军队的布防,按照历代王朝"居重驭轻"的原则,集重兵于京师。洪武四年京卫军士多达 207800 余人,到二十五年则有军士206280 人,武官 2747 员,合计 209027 人,大体维持洪武初年的水平,约占全国军队总额的六分之一。

为了保证朱家子孙能长期保持皇位,朱元璋又对蒙元的分封制度做了某些改革而予以保留,分封诸子为王,以藩屏王室。洪武二年四月,诏令中书省编制《祖训录》,规定封建诸王及官属之制。翌年四月,颁布第一批分封名单,除长子朱标已立为皇太子外,第二子朱樉至第十子朱檀分封为王,亲侄朱文正之子朱守谦也封为靖江王。接着,任命一批王府官吏,其中包括任命武将出任王府左相。不过,当时诸子尚未成年,都城还未最后确定,他们都还住在南京,直到京师确定后才陆续就藩。

朱元璋实行的分封制,将蒙元时期的"既分本国,使诸王世享,如殷周诸侯;汉地诸道,各使侯伯专制本道,如唐之藩镇;又使诸侯分食汉地,诸道侯伯各有所属,则又如汉之郡国焉"[1],改为"惟列爵而不临民,分藩而不锡土"[2],并且严格实行嫡长子继承皇位,余子分封为王的制度,改变了元朝皇位的继承由蒙古宗王的选汗会议确定的制度,从而同元代以前封建王朝的分封制度相协调。不过,朱元璋又继承元朝的做法,赋予诸王以军政大权。受封诸王,"其冕服车旗邸第,下天子一等,公

---

① ［元］郝经:《郝文忠公集》卷三二,《河东罪言》,《乾坤正气集》本。
② ［清］王鸿绪:《明史稿》列传三,《诸王》,清雍正元年敬慎堂刻本。

侯大臣伏而拜谒,无敢钧礼"①,拥有极高的政治地位。而且诸王的王府设有王相府、王辅府,其左、右相与左、右辅往往还兼任所在行省的左右丞、参知政事或都司卫所的官职,可以干预地方的军政事务。此外,诸王还拥有一支护卫军队。诸王俨然成为朝廷派驻地方的政治代表。

二、都城的择定

　　朱元璋称帝后,马上就面临着在哪里建都的问题。应天既是他借以发展势力的基地,背靠钟山,面临长江,龙蟠虎踞,形势十分险要,又地处经济发达的江南地区,不仅盛产粮食,而且拥有发达的纺织业、制盐业和繁荣的商业,经济条件也很优越,加上又有吴王时代奠定的宫阙,自然成为他的首选之地。但是,从军事的角度看,应天的位置偏于江左,距离对元朝作战的北方前线太远,不便于朝廷部署军事和指挥、调动部队,是个很大的缺陷。同时,朱元璋还认为,历史上在此建都的东吴、东晋和南朝的宋、齐、梁、陈六朝所历年数不久,这也很不吉利。当时的一些儒臣,无不主张建都中原,他们都说:"有天下者,非都中原不能控制奸顽。"②因此,是否以应天为都城,朱元璋一时也拿不定主意。

　　洪武元年三月,徐达率领北伐大军攻占山东、河南,"言者皆谓君天下者宜居中土,汴梁宋故都,劝上定都"③。四月,朱元璋亲至汴梁,改汴梁为开封府,与徐达商讨部署下一步的作战计划,顺带对这座城市做了一番考察。考察的结果,觉得开封地处中原,"四方朝贡,道里均适,父老之言,乃合朕志"④,同意在此建都,可又感到

---

① 《明史》卷一一六,《诸王传》序,第 3557 页。
② 《明太祖集》卷一七,《中都告祭天地祝文》,第 399 页。
③ 《明太祖实录》卷三一,洪武元年四月甲子。
④ 《明太祖实录》卷三四,洪武元年八月己巳。

这个城市无险可守,是个"四面受敌之地"①,决定把应天也作为都城,实行古已有之的两京制度。八月初一日,下诏以应天为南京,开封为北京,天子于春秋往来巡狩。

就在诏书颁布的第二天,北伐军攻克大都。形势起了变化,是否仍以开封为都城呢? 八月下旬,为了部署向晋秦进军的军事行动,朱元璋又亲至开封,顺便对这座城市进行第二次考察,"意在建都以安天下",但到开封一看,"民生凋敝,水陆转运艰辛,恐劳民之至甚",便让大臣发表意见。一大批跟随龙飞淮甸的淮西勋臣,"皆曰古钟离可",主张在临濠(元代濠州州治,吴元年升格为临濠府)建都②。但是,未等他作出决断,洪武二年八月,明军已平定陕西,将北方大片地区纳入明朝的版图。朱元璋于是召集大臣进行讨论,广泛征求他们对建都的看法。许多大臣鉴于元朝的残余势力尚未消灭,仍然主张在中原建都,并提出定都长安、洛阳、开封和北平等几种方案。朱元璋认为大臣的话都有道理,却不适合当前形势。长安、洛阳、开封虽系周、秦、汉、魏、唐、宋诸朝的都城,但明朝刚刚建立,民力未苏,如果在那些地方建都,供给力役都要依赖江南,势必加重江南百姓的负担,北平虽有元朝的宫室可以利用,但如定为都城,仍需进行一番改造修缮,还是要耗费不少的人力、物力和财力。因此,他另外提出一个在南京和他的家乡临濠建都的方案,说南京依"长江天堑,龙蟠虎踞,江南形胜之地,真足以立国",可作为都城,但它"去中原颇远,控制(北方)良难",而距中原稍近的临濠"则前江后淮,以险可恃,以水可漕"③,以之为中都,可补救定都南京的不足。朱元璋征求身边臣僚的意见,在临濠建都,本来就是淮西勋臣的主意,他们自然都表示赞同,"皆称善"。洪武二年九月,朱元璋便正式下诏在临濠营建中都,按照京师之制建造城池宫殿。六年九月改临濠府为中立府。七年八月又改为凤阳府,并置凤阳县。府治随之由钟离县迁至凤阳(钟离县也改名为中立县,寻改为临淮县),并不断扩大凤阳府的管辖范围,几乎涵盖了整个淮河流域。

---

① 《国初事迹》。
② 《明太祖集》卷一七,《中都告祭天地祝文》。
③ 《明太祖实录》卷四五,洪武二年九月辛丑;卷八〇,洪武六年三月癸卯。

朱元璋洪武二年三月的诏令，只提到定都南京和中都，没有提到开封，但也没有取消开封作为北京的地位，这就形成了中国历史上罕见的一朝三都的局势。不过，三个都城之中，朱元璋最看重的还是中都。洪武六年二月，礼部奏制中都城隍神主，尚书陶凯询问在三个都城的城隍神主中，将来合祀，以哪个神主为首？朱元璋回答说：现在以我所在的都城即南京城隍神主为首，"若他日迁中都，则先中都之主"①。事实上，他是准备在中都建成之后，把都城迁去，在家乡长久居住的。正如他后来在《龙兴寺碑》里所说的："洪武初，欲以（凤凰）山前（指凤阳）为京师，定鼎四方。"②其实，凤阳地处丘陵地带，形势曼衍，无险可据，加上土地贫瘠，不是理想的定都之地。就在诏令颁布之后，监察御史胡子祺在洪武三年七月曾上奏，认为"山河百二，可耸诸侯之望，系宗社之久，举天下莫关中若也"③，仍主张建都长安。刘基也对定都凤阳提出异议，说："中都曼衍，非天子居也。"④但是，朱元璋都拒不采纳。他之所以要在家乡建都，实出于根深蒂固的小农意识。贫苦农民出身的朱元璋，同所有中国古代农民一样，具有强烈的安土重迁和乡土、宗族观念。在击灭张士诚之前，濠州一度为张士诚的部将所占，他曾发出"我有国无家可否"⑤的慨叹。起义期间，他主要依靠同自己有乡里、宗族关系的淮西将臣打天下。明朝建立后，他不仅给予淮西将臣大量封赏，使之成为王朝的新贵，而且想把家乡建成都城，和这帮淮西新贵一道衣锦还乡，齐心协力，巩固明朝的统治，以共享安乐。

正是由于"圣心思念帝乡，欲久居凤阳"⑥，朱元璋一反往常崇尚俭朴的作风，要求把中都建得雄壮华丽，不仅圜丘、方丘、日月社坛和太庙要求"上以画绣"，连一些石构建筑也要雕饰奇巧，使用龙凤、海水、云朵的纹饰。为求坚固，一些建筑的关键部位，更要求灌注熔化的生铁水。诏书发布后，朱元璋下令在凤阳设立行工部，具

①　《明太祖实录》卷七九，洪武六年二月丁丑。

②　天启《凤阳新书》卷八，《龙兴寺碑》。

③　《国榷》卷四，洪武三年七月乙巳，第423页。

④　《国榷》卷四，洪武四年正月庚寅，第437页。

⑤　《明史》卷一三〇，《韩政传》，第3825页。

⑥　天启《凤阳新书》卷七，《致仕指挥尹令等再疏》。

体负责营建工程,并命退休的丞相李善长和汤和、吴良及工部尚书薛祥等前往督工。

经过将近六年的努力,中都的营建"功将完成",高大的宫阙和各种附属设施相继在凤阳山南坡拔地而起。整个中都仿照北宋东京和元大都之制,建有里外三道城垣,形成三城环套的格局。中央是皇城即宫城(大内),皇城外面是中书省、大都督府、御史台三大衙门及太庙、社稷坛。最外面的中都城,是百姓、商贾的居住区。城内有一条南北向的中轴线。城内外的重要建筑皆呈南北对称,或以中轴线为界呈东西对称的格局。洪武八年四月初二日,朱元璋满怀喜悦之情前往中都,准备"验工赏劳"。不料,他在中都却碰上了营建工匠用"厌镇法"对工役繁重表示不满的事件。

原来,为了营建中都,明政府从各地调集了大批劳动力。当时,工部所辖的将及九万的工匠,几乎都在中都服役。除了这些专业的工匠,参加中都营建的还有几十万军士、民夫和罪犯。据相关的资料记载,参加中都营建的除了设在本地的濠梁、定远、怀远、皇陵、长淮等卫,还有原设在南京的金吾、左右羽林、左右虎贲、左骁骑、左右燕山护卫、神策、雄武、兴武、威武、广武、英武、武德、鹰扬、龙骧、钟山、兴化、和阳、振武等卫,合共26卫。如果按照洪武初年每卫万人的编制推算,则有军士26万人,如果按照洪武七年八月规定的"大率以五千六百人为一卫"来推算,也有军士14万人左右。当时,朱元璋还曾下令,将罪犯发往临濠屯田或做工。如洪武五年正月诏"今后犯罪当谪两广充军者,俱发临濠屯田"①;八年二月敕刑官:"自今凡杂犯死罪者,免死输作(罚做苦工);终身徒流罪,限年输作;官吏受赃及杂犯私罪当罢职役者,谪凤阳屯种;民犯流罪者,凤阳输作一年,然后屯种。"②后来,"官吏有罪者,笞以上悉谪屯凤阳",至洪武九年竟"至万数"③。此外,从各地迁至临濠屯

① 《明太祖实录》卷七一,洪武五年正月壬子。

② 《明太祖实录》卷九七,洪武八年二月癸巳。

③ 《明史》卷一三九,《韩宜可传》,第3983页。

田的移民数量也很大。如吴元年（1367）十月，"徙苏州富民实濠州"①，十二月"徙方氏（方国珍）官属刘庸等二百余人居濠州"②，洪武三年（1370）六月令苏、松、嘉、湖、杭五县民无田产者往临濠开种，"徙者凡四千余户"③，六年十月徙山西弘州等州县民于中立府，"凡八千二百三十八户，计口三万九千三百四十九"④，而最大规模的一次移民是洪武七年徙江南民14万人至凤阳屯田⑤。这些移民的数量估计达二三十万人，他们除了种田纳粮，也要为营建中都提供夫役。临濠在战争之后，人烟稀少，田土荒芜，工役又极繁重，做工的工匠、军士、民夫、罪徒的生活苦不堪言。当时待遇最好的要算军士，官府有时还赐给棉袄和粮食，但他们"盛暑重劳，饮食失节，董其役者督之太急，使病无所养，死无所归"，以致"多以疫死"⑥。至于待遇最差的罪犯，处境更是悲惨，"怨嗟愁苦之声，充斥园邑"⑦。这些军士、工匠、民夫和罪犯的心中，郁积着一股强烈的不满和愤怒情绪。工匠便在朱元璋视察的宫殿殿脊上搞了据说可招来神鬼作怪的"厌镇法"，以发泄他们心中的积怨。

　　案发后，朱元璋下令"尽杀"搞"厌镇法"的工匠。但营建工匠的不满情绪，仍使他受到强烈的震动。他清楚地记得，吴元年四月，为了拓建应天城，徐达令江南各

---

① 《明太祖实录》卷二六，吴元年十月乙巳。

② 《国榷》卷二，至正二十七年十二月丁巳，第350页；《明太祖实录》卷二八上，吴元年十二月丁巳。

③ 《明太祖实录》卷五三，洪武三年六月庚辰。

④ 《明太祖实录》卷八五，洪武六年十月丙子。

⑤ 《明太祖集》卷六，《谕太师韩国公李善长、江夏侯周德兴、江阴侯吴良等》："古有移民之道，为产少而食多，所以狭乡之民，产少业薄者，被迁至所在，使得其安，生理日厚，可见昔君养民富国如是，诚为良法也。……前者移江南民十四万诣凤阳，使各农田而实地，以壮京畿。"（第85页）天启《凤阳新书》卷五亦载："洪武七年……上谓太师李善长曰：'临濠，吾乡里，兵革以后，人烟稀少，田土荒芜。天下无田耕种村民尽多，于富庶处起取数十万，散于濠州乡村居住，给与耕牛、谷种，使之开垦成田，永为己业，数年之后，岂不富庶？'遂徙江南民十四万实中都，以善长同列侯吴良、周德兴督之。"《明史》卷一二七《李善长传》、卷一三三《俞通海传附俞通渊传》，将"产少业薄""无田耕种"的14万移民记为"富民""豪民"，实误。赵翼《廿二史札记》卷三二《明祖行事多仿汉高》记明太祖"徙江南富人十四万户于中都"，亦误。参看黄云眉：《明史考证》第四册，中华书局1984年版，第1147—1148页；李龙潜：《明初迁徙富户考辨》，《中国社会经济史研究》1988年第3期。

⑥ 《明太祖实录》卷七五，洪武五年七月戊申。

⑦ 《明经世文编》卷八，《叶居升奏疏·万言书》。

府验民田,征砖瓮城,曾激起上海农民的反抗。3 万多农民拿起农具,在钱鹤皋的率领下,一举攻占松江府治,捕杀知府荀玉珍。在灾荒连年的元末,元廷征发 17 万军民修治黄河,激起农民大起义的场景,更是不时浮现眼前。他逐渐清醒过来,意识到元朝的统治刚刚被推翻,民困未苏,而统一战争尚在进行之时,就大规模营建中都,并要求建得雄壮华丽,是个重大的失误。离开中都之前,他在圜丘祭告天地,怀着沉重的心情向皇天后土请罪,说:"此臣之罪有不可免者。"①

四月二十九日,朱元璋闷闷不乐地回到南京,又得知刘基已在本月十六日去世的消息,心情越发沉重。刘基是在当年正月吃了左丞相胡惟庸所派医生下的毒药,三月被朱元璋送回浙东老家养病的。刘基之死,使朱元璋想起他在洪武四年正月所说的"中都曼衍,非天子居也"的忠告。刘基反对在凤阳营建中都,虽然主要是从地理条件考虑,但朱元璋从刘基被毒死这件事却看到淮西勋贵势力的膨胀,为自己的皇权深感忧虑。登基之后,他就担心早年跟随自己南征北战的勋臣功高震主,曾采取一系列措施加以防范。但是淮西勋贵就是不听约束,不仅恃功骄恣,屡屡干出越礼非分的勾当,而且极力排挤、打击非淮西籍的大臣。洪武三年七月,他们将山西籍的杨宪倾陷致死,四年三月又将浙东籍的刘基排挤出朝。在中都营建期间,这些勋臣争权夺利的活动更加猖獗。洪武五年,朱元璋决定在中都为六公二十七侯营建第宅之前,郭英等竟私自役使营建中都的将士替自己营建私宅。后来,周德兴也"恃帝故人,营第宅逾制"②。左丞相胡惟庸还公然对刘基下毒手,派医生对刘基下毒,使之中毒而死。朱元璋由此想到,如果在凤阳建都,淮西勋贵利用家乡盘根错节的宗族、乡里关系扩展势力,对皇权的威胁更大,那时局面就难以控制了。于是,他下决心抛弃乡土观念,在当天下诏罢中都役作。九月,终于彻底放弃"迁都中都"的计划,从此不再返回凤阳老家,并下令对营建工匠进行安抚,命中书省"凡工匠有死亡者皆给以棺,送至其家,复其役三年"③。翌年五月,又赐现役工匠钞币

---

① 《明太祖集》卷一七,《中都告祭天地祝文》,第 399 页。
② 《明史》卷一三二,《周德兴传》,第 3861 页。
③ 《明太祖实录》卷一〇一,洪武八年九月癸未。

60360 余锭。

罢建中都之后，朱元璋决定对南京进行改建。罢建中都之前，他曾于洪武七年春写下《阅江楼记》一文，比较在何地建都才是"道里适均"，认为在中原建都是"偏北而不居中"，而在南京建都倒是"道里适均"，因为此地"西南有疆七千余里，东北亦然，西北五千之上，东南亦如之，北际沙漠，与南相符，岂不道里之均？"如在此地建都，"万邦之贡，皆下水而趋朝，公私不乏，利益大矣"[①]。因此，他于六年六月，命留守卫都指挥使司"修筑京师城"[②]，至八月建成。新建的城垣周长 59 里，依山傍水，东北靠近钟山西南麓，北边紧靠玄武湖，把鸡笼山、覆舟山包入城中，西北拓展到长江岸边的狮子山，东南包括秦淮河，共开 13 座城门。罢建中都后，朱元璋又于洪武八年九月下诏改建南京的大内宫殿，要求制度皆如旧而稍加增益，尽量简朴，"但求坚固，不事华丽，凡雕饰奇巧，一切不用"，"台榭苑囿之作，劳民费财之事，游观之乐"决不为之[③]。

这次的改建，是将刚刚建成八年的南京新宫拆掉重建，采用了中都的某些规划布局，使建筑的格局出现新的变化。改建后的皇城，由原先的一道城垣变为内外两道城垣，即在原有的城垣之外，增筑一道城垣。这道增筑的城垣，开有四座城门，正南为南天门，东为东安门，西为西安门，北为北安门。承天门前，有一个由城墙围成的"丁"字形的封闭广场，东西两端分设东、西长安门，南设洪武门，正对着都城南边的正阳门。从洪武门往北经承天门到午门，是一条笔直的御道，处在整个皇宫的中轴线上。沿着御道进入承天门，在里面原有的那道城垣南墙正中的午门之前，又辟有一个广场，专供皇帝阅兵之用。原先分置皇城东北、宫城西南的太庙、太社稷，也依照中都的建制，集中移置于午门之前的左、右两侧。进入午门，是前朝内廷所在的宫殿区，有皇帝接受朝贺的场所奉天殿，皇帝生日及元旦等重大节日举行庆典的场所华盖殿、谨身殿，皇帝的寝宫乾清宫，皇后居住的中宫坤宁宫以及文楼、武楼、

---

① 《明太祖集》卷一四，《阅江楼记》，第 276—277 页。

② 《明太祖实录》卷八三，洪武六年六月辛未。

③ 《明太祖实录》卷一〇一，洪武八年九月辛酉。

六宫等建筑。十年十月，南京大内宫殿改建完成，"规模益宏壮矣"①。

随着大内宫殿改建的完工，洪武十一年正月，朱元璋下诏改南京为京师，同时罢除北京，仍称开封府。犹豫十年之久的建都问题，至此算是解决了。

中都罢建后，朱元璋还利用凤阳的积材，为他的父母修建皇陵，为他伯父朱五一全家修建了十王四妃墓，并迁地重建了他早年出家礼佛的龙兴寺。

朱元璋虽然放弃了在凤阳建都的打算，但对定都南京一直不太满意，因为南京毕竟远离北方，不便于对付北元势力的侵扰。同时，京师的大内宫殿是由吴王新宫改建而成的。吴王新宫建在应天城的东南隅，地当钟山之阳，那里原有一个湖泊，叫燕雀湖，先填湖后筑城。湖填平后起盖宫殿，地基下沉，南高北卑，整座宫城呈现前昂后洼的状态，这在堪舆家看来是形势不称，风水不好的。当初吴王新宫是由熟知堪舆术的刘基卜地选址的，但拿主意的是朱元璋，正如王棠《知新录》所说："筑大内，填燕尾湖(即燕雀湖)为之，虽决于刘基，实上内断，基不敢尽言也。"②这又使朱元璋深以为憾。晚年，朱元璋想起胡子祺曾建议定都关中，又动起迁都的念头。洪武二十四年八月，特命皇太子朱标巡视陕西，察看关、洛形势。十一月，皇太子视察归来，进献陕西地图后，就一病不起，"病中上言经略建都事"③。翌年四月，朱标便一命归西。年富力强的朱标一死，朱元璋感到自己年老体衰，精力不济，加上天下新定，不欲劳民，只得打消迁都的打算。

既然不改变南京的首都地位，只好将皇城中一些不符合礼制要求的建筑布局进行适当的调整。洪武二十五年八月，朱元璋谕廷臣曰："南方为离(三十六卦之一)，明之位，人君南面以听天下之治，故殿廷皆南向，人臣则左文右武，北面而朝，礼也，五府六部官署，皆东西并列。"④随即下诏改建中央官署于御道两旁，并令"规

---

① 《明太祖实录》卷一一五，洪武十年十月。

② ［清］王棠：《知新录》卷一二，清刻本。

③ 《明史》卷一一五，《兴宗孝康皇帝传》，第3550页。

④ ［清］顾炎武撰，黄坤、顾宏义校点：《天下郡国利病书》，《江宁庐州安庆备录·南京》，上海古籍出版社2012年版，第831页。

摹宏壮"①。二十八年之前,改建工程陆续完工,在御道的左侧建成宗人府,吏、户、礼、兵、工五部以及翰林院,詹事府,太医院,东城兵马司等衙署,在御道的右侧建成五军都督府以及通政司、锦衣卫、钦天监、仪礼司等衙署,而将含有杀气的刑部、都察院、大理寺等三法司改建于太平门外。南京都城的规模与布局至此基本定局。它以北安门、玄武门、奉天门、午门、端门、承天门、洪武门、正阳门为中轴线,奉天、华盖、谨身三大殿与乾清、坤宁两宫坐落在中轴线上,其他殿堂、坛庙和中央官署则左右对称地配置在中轴线的两旁,突显皇权至高无上的权势。整个布局非常严谨,既主次分明,又秩序井然。后来,永乐年间明成祖迁都北京,南京皇宫的规划布局就成为营建北京的蓝本。

凤阳被定为都城仅几年时间就取消了,但被迁往凤阳的移民在当地入籍后不许离开。而且,还有新的移民被陆续迁入。这些外地移民,都被安置在交通不便的穷乡僻壤,耕种的是王公侯伯、官府、卫所和当地土民挑剩的不毛之地,不仅享受不到当地土民尽免粮差的待遇,相反却受到官府的层层盘剥,并需和当地土民一起承担迎送拜谒皇陵和过往官员的驿传差役。更要命的是,明中期以后由于吏治败坏,水利年久失修,凤阳地区十年九荒,非旱则涝,黄河夺淮的局面日益严重,淮河经常泛滥成灾。不断发生的旱蝗灾害,更使凤阳人民陷入痛苦的深渊。于是,他们纷纷"抛土田,挈妻子远去,闻赈而归"②。来自江南富庶地区的移民思念故乡,更是经常在冬天农闲季节,携老挈幼,一路乞食,到家乡探亲扫墓,第二年二三月间再返回凤阳进行耕作。这些逃荒乞食的移民,带着锣、鼓、铙、钲等各种乐器,沿途演唱凤阳花鼓(又名秧歌)。凤阳花鼓就随着他们的足迹,传遍大江南北。到了清代,凤阳十年九荒的局面并没有改变,特别是乾隆中期以后,清朝的统治走向衰落,吏治败坏,贪风炽盛,土地兼并不断加剧,自然灾害频繁发生,人民生活困苦不堪,但迫于清廷文字狱的高压统治,敢怒而不敢言。凤阳的花鼓艺人,为了发泄人民的不满情绪,

① 《明太祖实录》卷二二〇,洪武二十五年八月癸酉。

② 乾隆《凤阳县志》卷一三,《宜楼记》,清乾隆四十年刻本。

便采用借骂前朝皇帝朱元璋来诅咒当朝爱新觉罗皇帝的手法,编了一首《凤阳歌》四出演唱:

> 说凤阳,话凤阳,凤阳原是好地方。
>
> 自从出了朱皇帝,十年倒有九年荒。
>
> 大户人家卖田地,小户人家卖儿郎,
>
> 惟有我家没得卖,肩背锣鼓走街坊……①

三、全国的统一与德怀为主的民族政策

洪武建国时,明朝的管辖范围只限于中原、江南和闽广地区,夏国的势力还统治着四川,元梁王把匝刺瓦尔密还盘踞在云南,元河南王扩廓帖木儿和军阀李思齐、张良弼、孔兴、脱列伯还控制着秦、晋、关、陇地区,天山南北仍为察哈台后王所控制,东北则驻扎着元将纳哈出和也先不花、洪保保、刘益、高家奴等一些元军。以元顺帝为首的蒙古贵族退出大都后,逃往上都开平,仍然沿用元朝国号,史称北元,不仅保存着完整的政权机构,而且拥有相当的军事力量,"引弓之士,不下百万众也,归附之部落,不下数千里也,资装铠仗,尚赖而用也,驼马牛羊,尚全而有也"②。朱元璋统一全国的任务,仍然相当艰巨。

洪武元年(1368)八月,朱元璋接到北伐军攻克大都的捷报,下诏改大都路为北平府,设置六卫,令都督孙兴祖、佥事华云龙统 3 万兵驻守,征虏大将军徐达与副将

---

① [清]玩花主人辑,[清]钱德苍增辑:《缀白裘》六集卷一,《花鼓》,1929 年影印本。
② 《明史纪事本末》卷一〇,《故元遗兵》,第 149 页。

军常遇春按照北伐前制订的作战方案,率师进取山西,并任命汤和为偏将军,与副将军冯胜、平章杨璟俱从徐达出征。八月二十五日,朱元璋再次来到开封,具体部署作战行动。按照朱元璋的部署,常遇春、傅友德及冯胜、汤和先后率军进入山西,徐达也于十二月统率大军离开北平,至真定与常遇春会师。元顺帝北逃途中,曾令扩廓帖木儿率兵出雁门关,经居庸关进袭北平。此时,扩廓帖木儿又带兵离开其巢穴太原。徐达采取批亢捣虚之策,率兵经井陉向太原挺进,迫使扩廓帖木儿回救太原,结果在途中遭到徐达的偷袭,以18骑败走大同。常遇春带兵追击,扩廓帖木儿又逃至甘州(今甘肃张掖)。徐达乘胜攻取山西未下州县。

　　洪武二年二月,徐达派常遇春、冯胜等率兵渡河趋陕西。三月,徐达统率大军挺进奉元路(治今陕西西安),改为西安府。四月初一日,他与常遇春、冯胜会集凤翔,讨论下一步的进击方向。当时元将张良弼在庆阳,李思齐在临洮,诸将认为张良弼的才干不如李思齐,庆阳也比凤翔好打,主张先取庆阳。徐达则认为:"思道(张良弼)城险而兵悍,未易猝拔。临洮之地,西通番夷,北界(黄)河、湟(水),我师取之,其人足以备战斗,其土地所产足以供军储。今以大军蹙之,思齐不西走胡,则束手就擒矣。临洮既克,则傍郡自下。"①诸将转而支持他的主张,徐达于是率兵西进,四月中旬迫降李思齐。然后遵照朱元璋的指示,回师东向,转攻庆阳。张良弼听说临洮被明军攻占,惧走宁夏,令其弟张良臣与平章姚晖戍守庆阳。徐达在五月间攻占平凉后,令汤和派兵攻打泾州(今甘肃泾川),同时派人招降张良臣。张良臣降而复叛,徐达乃与冯胜、傅友德合兵进围庆阳。扩廓帖木儿派兵增援庆阳,途中遭明军截击,败回宁夏。张良臣粮尽援绝。八月,姚晖开门迎降,徐达率师入城,张良臣父子投井自杀未死,被捞出斩首,陕西至此平定。

　　洪武二年二月,当徐达、常遇春率领明军西攻陕西之时,图谋复辟的元顺帝命中书右丞相也速率万骑南下,进袭通州,被通州守将曹良臣巧布疑兵惊退。四月,为了确保北平的安全,朱元璋命副将军常遇春自凤翔回师北平,以李文忠为偏将

---

① 《明太祖实录》卷四一,洪武二年四月丙寅。

军,准备出塞进攻开平。六月,也速再度引兵南下,进攻通州。朱元璋即命常遇春、李文忠率9万步骑兵往取开平。也速闻讯,领兵北返。常遇春、李文忠在大宁击败也速兵,进克开平。元顺帝北奔,蓟北悉平。七月初,常遇春还师柳河川(在今河北宣化北),突发暴病而死。此时,庆阳尚未攻克,朱元璋令李文忠率领明军,自北平奔赴陕西,会合徐达攻取庆阳。元顺帝逃至应昌(在今内蒙古达里诺尔湖畔),又令脱列伯、孔兴攻打大同。八月,李文忠自太原北上出雁门关追击脱列伯、孔兴,脱列伯战败被俘,孔兴逃往绥德,为部将所杀。元顺帝眼看大势已去,从此"无复南向矣"①。

　　洪武二年十二月,退据甘肃的扩廓帖木儿乘明军南还,引兵袭击兰州。朱元璋决定出兵还击。洪武三年(1370)正月,命徐达为征虏大将军,李文忠为左副将军,冯胜为右副将军,邓愈为左副副将军,汤和为右副副将军,分兵两路出征,"一令大将军自潼关出西安,捣定西,以取王保保;一令左副将军出居庸,入沙漠,以追元主,使其彼此自救,不暇应援"②。徐达率西路军于三月抵达定西,四月进抵沈儿峪口,与扩廓帖木儿发生一场激战,俘获84500余人。扩廓帖木儿向北逃窜,由宁夏逃奔和林(今蒙古国哈尔和林)。五月,徐达令邓愈南下临洮,攻取河州(治今甘肃临夏)。于是河州以西,甘朵、乌思藏等部皆来归,征哨极甘肃西北数千里始还。李文忠率东路军于二月间出野狐岭(在今河北万全北),五月进抵开平,再向应昌挺进。途中得知元顺帝患痢疾已于四月二十八日死去,乃全速进军,五月十六日进克应昌,俘获元顺帝孙买的里八剌并后、妃、宫人及诸王、省院官员等。皇太子爱猷识里答腊携数十骑出逃,李文忠率精骑追至北庆州(在今内蒙古巴林右旗境内),不及而还。爱猷识里答腊向西北方向,逃奔和林。

　　明军这次两路出击,逼使北元势力从应昌、定西一线北撤。接着,朱元璋再次发动招抚攻势。与明朝接境的一些北元文武官员,归降了明朝。明朝在河州至辽

---

① 《明太祖实录》卷四四,洪武二年八月丙寅。

② 《明太祖实录》卷四八,洪武三年正月辛卯。

东沿边一带设置一些卫所,强化了近塞地区的防御力量。

但是,爱猷识里答腊仍然拒绝招抚。他自幼由丞相脱脱抚养,六岁还宫后接受比较系统的教育,被立为皇太子后开始参决政务,具有较高的汉文化素养和处理政务的能力。他取代昏聩腐朽的元顺帝后,称必力克图汗,改元宣光,以扩廓帖木儿为中书右丞相,一心想挽回元室既倒的颓势,不时派兵南下袭扰。元朝的遗民因此燃起新的复辟希望,不仅沿边有些宗王、官吏固守山寨,坚持与明朝对抗,就是有些已经归附明朝的宗王、军民也不时反水,策应北元军队的行动。洪武四年二月,北元辽阳行省平章刘益奉表降明,朱元璋诏置辽东卫,以刘益为指挥同知。未久,他便被北元平章洪保保、马彦翠共谋杀害。

面对这种状况,明朝的一些将领产生了急躁情绪。洪武五年正月,朱元璋在武楼与诸将商讨北方的边防问题,徐达建议北征沙漠。朱元璋一贯主张用兵"贵于持重",起初并不赞同,但诸将一致支持徐达的主张,朱元璋遂表示同意。他询问北征沙漠需要多少兵力,徐达说有10万足矣。朱元璋认为10万太少,决定出动15万军队,分兵三路,由徐达为征虏大将军,率主力中路军出雁门关,扬言攻取和林,引诱北元军至近边决战;李文忠为左副将军,率东路军自居庸关出应昌,奔袭北元朝廷;冯胜为征西将军,率西路军出兰州取甘肃,以迷惑和牵制北元西北诸王的军队,配合中路军作战。临出征前,朱元璋特地叮嘱诸将:"卿等宜益思慎戒,不可轻敌。"①

二月,徐达率汤和领中路军进抵山西,以蓝玉为前锋出雁门关,三月在土剌河畔击败扩廓帖木儿的军队。扩廓帖木儿吸取在甘肃沈儿峪与明军正面对决惨遭败北的教训,步步后撤,力图引诱明军深入。一向"持重有纪律"②的徐达,无视自己的部队步骑相杂、互相牵制、粮饷运输困难、不便机动的弱点,违背朱元璋的引诱北元军队至近边决战的战略决策和"不可轻敌"的诫谕,恃屡胜之威穷追不舍,深入漠北。五月,明军抵达杭爱岭北(约在今蒙古国乌兰巴托东北),既疲惫不堪又轻敌麻

---

① 《明太祖实录》卷七一,洪武五年正月庚午。

② 《明史》卷一二五,《徐达传》,第3726页。

痹,结果遭到扩廓帖木儿及其骁将贺宗哲的围击,战死1万多人。徐达急忙下令收兵,高垒深沟以自保,坚守一个多月后撤退南还。七月,殿后的汤和也在断头山遭遇敌军,吃了败仗。除中路军,李文忠的东路军和冯胜的西路军虽然取得了一些胜利,但所获不多,而明军自己也遭受不少损失,估计三路大军共计牺牲四五万人,并折损了多名将领。

北元军队乘机发动反攻,重新攻占兴和、亦集乃和甘肃的西北地区。从洪武四年五月起,还与云南的梁王建立了联系,高丽也于洪武十年正式奉北元正朔。

面对北方边境的严重危机,朱元璋重新考虑对北元的策略方针。他意识到,明朝的卫所制度正在建立之中,明军主要是原先参加起义的队伍和投降的元朝军队及各个割据势力的队伍,他们主要来自江南地区,步卒数量较多,骑兵数量不大,不适于深入漠北草原作战。况且,此时明朝的经济尚待复苏,实力不够强大,加上长城以内尚未完全统一,特别是云南地区还为北元梁王势力所控制,明军的北伐存在后顾之忧,因此一时难以消灭北元。于是,他决定暂时搁置对北元主动出击的策略,改取积极防御的做法。洪武五年十一月,朱元璋下令将北征将士调回山西、北平等地。翌年三月,命徐达为征虏大将军,李文忠为左副将军,冯胜为右副将军,邓愈为左副副将军,汤和为右副副将军,统兵往山西、北平训练备边,反复叮嘱他们:“御边之道,固当示以威武,尤必守以持重,来则御之,去则勿追,斯为上策。”“但保障清野,使来无所得,俟其惰归,则率锐击之,必掩群而获。”①实际上是重申“贵于持重”和“固守疆圉”的方针。随后,即在长城沿线的军事冲要之地陆续增置卫所,补充兵力,修建城池关隘,屯田戍守。并将近边百姓迁入内地,实行坚壁清野。经过一段时间的经营,东起辽东,西至关陇,卫所林立,堡寨相望,构成一道坚固的防线。洪武八年,扩廓帖木儿死去,此后北元的势力逐渐衰微,北方边境的军事形势逐渐稳定了下来。

朱元璋在派遣徐达等征讨北元的同时,于洪武四年(1371)出兵平定四川的夏

---

① 《明太祖实录》卷八〇,洪武六年三月壬子。

政权,十月全蜀平定。灭亡夏国后,朱元璋于洪武十四年发兵30万往征云南,十五年闰二月云南全境悉皆平定。

自洪武五年年底对北元采取防御方针后,朱元璋还积极经营西北和东北,以压迫北元的左右两翼,为日后北征蒙古做准备。在西北,加强河西卫所的建立,并在洪武七年于河州设立西安行都卫,统辖甘青地区的卫所,翌年改为陕西行都司,洪武九年罢撤,将所辖卫所改隶陕西都司。但陕西都司治所设在西安,距陇右、河西较远,常有鞭长莫及之虞。西番的藏族和河西的番酋遂乘隙而起,塞外的蒙古族也不时南下骚扰。洪武十一年,西番发生叛乱,翌年洮州又发生三副使的叛乱。朱元璋派兵将叛乱镇压后,又于洪武十二年在庄浪(今甘肃永登)重新恢复陕西行都司,并以之为依托,向嘉峪关外扩展势力,建立了安定、阿端等羁縻卫所。在东北,于洪武四年二月招降北元辽阳行省平章刘益,诏置辽东卫,以刘益为指挥同知。七月又置定辽都卫,以马云、叶旺为都指挥使,总辖辽东兵马。马云等率部从山东渡海,驻兵金州(今辽宁大连金州区),进占辽阳、沈阳等地,随后设立定辽左、右、前、后卫,海州卫和盖州卫,皆归定辽都卫管辖。八年十月,定辽都卫改为定辽都司,成为统一辽东的前进基地。

洪武十一年,爱猷识里答腊病卒,其弟(一说为其子)脱古思帖木儿继位,称乌斯哈勒汗,改元天元。他手中缺乏一支足以威慑诸王、大臣的军队,哈喇章、纳哈出等大臣又互相猜忌,拥兵自重,北元的统治益趋衰落。而明朝的经济则在逐步恢复之中,朱元璋于是进一步加强对东北的经营。东北地区最大的一股割据势力是北元太尉、署丞相、开元王纳哈出。他出身于显赫的蒙古贵族世家,元末官至太平路万户。至正十五年被朱元璋俘虏,后释放回家,仍仕于元,继父祖镇守辽东,控制着从金山(在今内蒙古通辽东境西辽河南岸)到龙安(今吉林农安)的广大地区,拥众20余万。明军攻占大都后,朱元璋考虑到过去对纳哈出有不杀之恩,屡加招谕,但他皆不搭理。朱元璋经过周密的筹划与准备之后,于洪武二十年春命冯胜为征虏大将军,与傅友德、蓝玉等率领20万大军,向东北进军,征讨纳哈出。六月,进至辽河东岸,在金山西侧扎营。与此同时,朱元璋还派前已归降的纳哈出旧属乃剌吾前往松花河(今第二松花江)招谕纳哈出。纳哈出势蹙投降。辽东悉入版图,东北地区已初步实现了统一。

纳哈出的归降,使北元失去东部的屏障。朱元璋决定出动大军,扫荡漠北。洪武二十一年三月,受命为征虏大将军的蓝玉率 15 万大军由大宁进至庆州(今内蒙古巴林左旗西北)。四月至捕鱼儿海(今内蒙古贝尔湖)东南哈刺哈河岸边,蓝玉侦知脱古思帖木儿的宫帐设在捕鱼儿海东北 80 余里处,令王弼率前锋出击,自领大军继后。王弼率轻骑衔枚疾进,到达哈刺哈河的北曲点,逼近脱古思帖木儿的宫帐,乘大风扬沙之机发动突袭。北元太尉蛮子慌忙应战,兵败被杀,余众悉降。脱古思帖木儿和太子天保奴等数十人上马逃窜,蓝玉追奔千余里,不及而还。脱古思帖木儿在西逃途中,为部将所杀。

脱古思帖木儿的败亡,在蒙古草原引起很大的震动。北元部将纷纷归附明朝。洪武二十一年十一月,北元辽王阿札失里、惠宁王塔宾帖木儿来降,翌年五月朱元璋"诏于潢水北兀良哈地分三卫居之"①,分别设置了泰宁、福余、朵颜三个羁縻卫所,总称兀良哈三卫,又称朵颜三卫。朱元璋还借助胜利之余威,继续加紧对西北的经营。不仅陆续增置一批卫所,并将陕西行都司的治所从庄浪移至甘州,而且令刘真、宋晟率兵攻破拒不归明的哈密,打通了中西交往的丝绸之路。

随着军事上的节节胜利,除蒙古和新疆的部分地区外,全国已基本上实现了统一。

在开展统一全国战争的同时,朱元璋着手制定其民族政策。历代王朝的民族政策,都是在其民族观的指导下制定出来的。朱元璋的民族观比较庞杂,举其大要有如下数端。一、"定天下于一"。朱元璋继承儒家治国的大一统思想,早在元末与群雄逐鹿中原之时,就与群臣讨论如何"定于一"的问题,此后他即以"廓清四海,以同吾一家之安"②为己任。登基称帝后,仍念念不忘"天下一统"的大业。洪武十五

① [明]陈仁锡:《皇明世法录》卷八二,《兀良哈》,台北:学生书局 1965 年影印本。
② 《明太祖实录》卷九六,洪武八年正月壬申。

年（1382）明军消灭云南元梁王后，傅友德遣使招谕大理总管段世，段世三下战书，声称云南为"遐荒"之地，"历代所不能臣"①，要求让其享有独立的地位，朱元璋严加驳斥，指出"云南自汉以来服属中国，惟宋不然，故元则未有中国已下云南"，必须"当即进讨"，以统一之②。二、"内中国而外夷狄"。朱元璋沿袭历代汉族王朝"内中国而外夷狄"的观念，把少数民族视为"豺狼"③，认为"非我族类，其心必异"④。根据"内中国而外夷狄"之说，他认为少数民族只能"以小事大"，接受汉族王朝的统治，"自古帝王临御天下，中国居内以御夷狄，夷狄居外以奉中国"⑤，否则，让少数民族入主中原，就会酿成风俗礼制的"祸乱"。三、"华夷无间"，"一视同仁"。朱元璋目睹元朝统治者实行的民族歧视与民族压迫政策，曾愤慨地抨击说："元时任官，但贵本族，轻中国之士，南人至不得入风宪，岂是公道？"⑥北伐之前，为了争取北方汉族地主的支持，他曾提出"驱逐胡虏，恢复中华"的口号。即帝位后，却又继承"修文德以来之"的思想，认为"蛮夷之人，性习虽殊，然其好生恶死之心未尝不同"，同样是能"遵声教"⑦，可以教化的，反复申明："朕既为天下主，华夷无间，姓氏虽异，抚字如一。"⑧"圣人之治天下，四海之内，皆为赤子，所以广一视同仁之心。朕君主华夷，抚御之道，无间远迩。"⑨

在上述民族观的指导下，朱元璋制定了"威德兼施"的民族政策，强调"治夷之道，必威德兼施，使其畏感，不如此不可也。"⑩"蛮夷非威不畏，非惠不怀，然一于威则不能感其心，一于惠则不能慑其暴，惟威惠并行，此御夷之道也。"⑪"威"是指军

---

① 《弇山堂别集》卷八五，《诏令杂考一·大理战书附》，第1624—1631页。
② 《明太祖实录》卷一四三，洪武十五年二月戊戌。
③ 《明太祖集》卷一五，《解夷狄之有君章说》，第342页；《明太祖实录》卷八〇，洪武六年三月壬子。
④ 《明太祖实录》卷四一，洪武二年四月丁丑。
⑤ 《宋濂全集》卷二，《谕中原檄》，第70页。
⑥ 《明太祖宝训》卷三，《任官》。
⑦ 《明太祖实录》卷三四，洪武元年八月丙子。
⑧ 《明太祖实录》卷五三，洪武三年六月丁丑。
⑨ 《明太祖实录》卷一三四，洪武十三年十月丁丑。
⑩ 《明太祖实录》卷一四九，洪武十五年十月丙申。
⑪ 《明太祖宝训》卷六，《怀远人》。

事上的征服、镇压,即所谓"以威服之";"德"是指政治上的恩怀、德惠,即所谓"以德怀之"。在威与德的两手之中,朱元璋更强调德的作用,说:"自古人君之得天下,不在地之大小,而在德之修否。"①因此,朱元璋在进行统一战争和处理境内民族问题的过程中,侧重于政治上的德怀和恩抚,力求以德怀之,不滥用武力或尽可能避免使用武力,只有当某些少数民族的上层分子拒绝归附或发动叛乱时,才临之以兵,以威服之,一旦他们放下武器,表示归服,又施以德怀和恩抚。所以,从总的倾向来看,朱元璋处理民族问题的政策,基本上是一种威德兼施、德怀为主的政策。

朱元璋这个威德兼施、德怀为主的政策,主要内容包括"克诘戎兵""怀之以恩""以夷治夷""因俗而治"几个方面。

"克诘戎兵"。朱元璋认为,"上世帝王创业之际,用武以安天下,守成之时,讲武以威天下"②,反复强调:"当平康之时,克诘戎兵,内以安国家,外以制四夷。"③为此,明王朝一建立,即在朱元璋原有武装的基础上,进一步加强军队和边防的建设,在全国各地广泛设立卫所,组建一支强大的军队,按照"居重御轻"的原则,这支军队六分之一的兵力驻扎京师,平时宿卫京城,战时担任出征的主力。其余兵力则分驻各地的都司卫所。由于以蒙古贵族为首的北元势力是明朝最大的劲敌,北方长城沿线成为明朝的边防重点,明廷便从辽东到甘肃一线的长城内外遍置卫所,并设立辽东都司、北平行都司、山西行都司、陕西行都司,部署了数量仅次于京师的重兵,分地守御,构筑一道防御蒙古的防线。此外,在其他少数民族聚居地及其周围也普遍设立卫所,对其进行监视和防范,一旦少数民族的上层分子发动叛乱,立即出兵加以镇压,以维护国家的统一。

"怀之以恩"。对归附的北元宗戚、降官降将及少数民族首领厚加赏赐,量材录用。如元顺帝之孙买的里八剌被俘后,朱元璋没有采用唐太宗对待王世充的办法将其献俘于庙,而是封其为崇礼侯,优给廪饩,后又遣归漠北。元惠王伯都不花、储

---

① 《明太祖实录》卷七六,洪武五年正月辛未。
② [明]宋濂:《洪武圣政记·新旧俗》,《国朝典故》卷九,第184页。
③ 《明太祖实录》卷六七,洪武四年七月辛亥。

王伯颜不花、宗王子蛮伯帖木儿等归降后，被送至京，都"命赐第宅、袭衣、什器等物，仍月给钱米有差"①。不少故元官吏归附后还在地方担任知府、知县，在中央做到侍郎、尚书。至于在军队任职的，数量就更多了。史载，"明兴，诸番部怀太祖功德，多乐内附，赐姓名授职者不可胜记"②。

对于边疆的少数民族，朱元璋的"怀之以恩"，则体现在恩赐、互市、发展当地社会经济和文化教育等方面。凡是边疆地区少数民族的僧俗诸王、羁縻卫所长官和土司头目来京朝觐入贡，明廷都根据"厚往而薄来"的原则，给予高出贡物数倍的赏赐。朱元璋明示礼部大臣，"诸蛮夷酋长来朝，涉履山海，动经数千里……赍予之物宜厚，以示朝廷怀柔之意。"③朝贡者有"敬上爱下"、效忠朝廷的突出表现，赏赐尤为优厚。少数民族首领入京朝贡，除了可以获得大量赏赐，还可以将随身携带的方物在京师的会同馆进行交易。由于有利可图，许多少数民族首领及僧俗官员都"修贡惟谨"，并常常突破朝廷的规定，增加入贡的次数和人数。

考虑到边疆少数民族聚居地区生产方式较为落后，生产力水平低下，"民未熟化"，朱元璋还强调要"严明以驭吏，宽裕以待民"④。所谓"严明以驭吏"，就是要慎重选择出征的将领或守边的官吏，对他们严加约束，令其抚辑百姓，以防滋扰。所谓"宽裕以待民"，就是要体恤民情，减轻边疆少数民族的负担。洪武二十一年，户部上奏贵州租税连年逋赋，朱元璋认为"逋负之故，必由水旱之灾，宜行蠲免"，下令"自今定其数以为常，从宽减焉"⑤。根据朱元璋的诏旨，洪武年间西南少数民族地区的赋役一般都定得较轻，遇有自然灾害，则尽行蠲免。而且，这些地区的赋役一般都让缴纳当地的土特产。

此外，朱元璋还在边疆少数民族地区大力发展交通，兴修水利，开设学校，发展

---

① 《明史纪事本末》卷一〇，《故元遗兵》，第133页。
② 《明史》卷一五六，《吴允诚传》赞，第4284页。
③ 《明太祖实录》卷一五四，洪武十六年五月戊申。
④ 《明太祖实录》卷五四，洪武三年七月己亥。
⑤ 《明史》卷三一六，《贵州土司传》，第8168页。

教育。

"以夷治夷"。以往的历代王朝治理边疆地区,往往任命当地的少数民族首领为官,或赐予封号,令其治理本地或本部,叫作"以夷治夷"。朱元璋沿用这种做法,并为其后继者所继承,成为明朝治理边疆民族地区的"经久之图"。洪武年间,当西北撒里畏兀儿地区先后归附后,朱元璋先后下令设置了安定、阿端、曲先、罕东四个羁縻卫所(永乐年间又建立沙州、赤斤、哈密等卫,总称关西七卫);东北蒙古兀良哈部归附后,又在西辽河一带建立泰宁、朵颜、福余三个羁縻卫所,总称兀良哈三卫。这些羁縻卫所,皆"因其部族,官其酋长为都督、都指挥、指挥、千百户、镇抚等官职,给与印信,俾各仍旧俗,统其属以时朝贡"①。当地少数民族的首领接受明廷的诰命、印信及官服而成为朝廷的命官,"各统其官军及其部落,以听征调、守卫、朝贡、保塞之令"②。明廷在这些羁縻卫所不派官,不驻军,对其内政概不干涉,让其享受高度的自治权力。但朝廷掌管着卫所官员的任命、升降、承袭的决定权及对卫所辖地范围、变动和迁徙的批准权力,卫所之间的纠纷也必须听从朝廷的处理。

明军在统一南方和西南一些少数民族聚居区的过程中,当地少数民族酋长前来归附,往往以元朝授予的官衔授之,建立众多的土司。这种土司制度袭自元代,但又作了进一步的改进与完善。第一,确定土司的职称和品秩,除将元代置于边境的宣慰使、宣抚使、安抚使、招讨使和长官等的职称变为武职土司的职称外,又在少数民族地区的卫所参用土人为官,形成卫所土司的职称。同时,还将唐宋以来封授少数民族头目为府州县土官的做法变为定制,在少数民族聚居区设置土府、土州、土县,形成文职土司的职称。所有文武职土司,皆制定品秩,形成一套完备的土司职衔。第二,确定土司的隶属关系。洪武初年,各地土司均归吏部管辖。洪武末年规定武职土司归都司管辖,上隶兵部;文职土司归布政司管辖,上隶户部。这样,"文武相维,机权所寓,细大相关,股掌易运"③。不过,当时这个规定并未得到认真

---

①　[明]李贤等撰:《大明一统志》卷八一,《女真》,三秦出版社 1990 年影印明天顺刻本。

②　《明史》卷七二,《职官志》一,第 1752—1753 页。

③　[清]毛奇龄:《蛮司合志》序,《西河合集》本。

的执行,有些地方的宣慰、宣抚、招讨、长官司直到明中期以后仍然归吏部管辖。而且所有的土司,不管是文职还是武职,又都尽可能地组织和保持一支士兵,文武职实难作出绝对的划分。第三,严格土司的承袭、贡赋、征调、升迁和奖惩制度。土司皆由朝廷颁给诰命、印信和官服,作为朝廷命官的凭信,允其世袭。但其承袭,必须履行严格的手续,"务要(吏部)验封司委官体勘,别无争袭之人,明白取具宗支图本,并官吏人等结状,呈部具奏"①,方许承袭;而且"承袭必奉朝命",中小土司"虽在万里外,皆赴阙受职"②,只有一些大土司是由天子下诏就地袭职的。土司必须担负"附辑诸蛮,谨守疆土,修职贡,供征调"③的义务,朝廷则对他们的进贡给予优厚的回赐。土司"积年有劳",或"从征有功"者,可提升官职,功劳大的还可授予流官的职衔,或加授散阶、勋级虚衔。土司犯法,则改变元代"罚而不废"④的做法,严加惩处。第四,在条件具备的地方,实行土流合治。一般在僻远和交通不便的地方,以土官为主,流官为辅;平坝地方和交通要道,则以流官为主,土官为辅,以流官监控土官。

　　洪武年间在西藏和青海、甘肃、四川、云南一些藏族聚居区,遣使招谕之后,设立了乌斯藏、朵甘、俺不罗行都司和俄力思军民元帅府以及所属的各级机构。各级官员,包括都指挥使在内,皆册封归附的当地僧俗首领担任,并保留他们内部的上下级关系。但官员的品秩和任免升降,则由朝廷直接掌握,使之服从朝廷的统一管辖。这些机构,有的属于土官、土司,有的则属于羁縻性质的卫所。藏族地区盛行藏传佛教,教派众多,朱元璋沿用元代赠给僧徒封号的办法,册封藏传佛教各派首领为国师、大国师,"俾转相化导,以共尊中国"。明廷规定,藏区的各级僧俗首领和官员,均可入京朝贡,并给予贡物数倍的优厚回赐。藏区的僧俗首领和官员,因而

---

① 《诸司职掌·吏户部职掌·司封部·封爵》,《皇明制书》第二册,第383页。
② 《明史》卷三一〇,《土司传》序,第7982页。
③ 《明史》卷七六,《职官志》五,第1876页。
④ 《元典章》卷三,《圣政·霆恩宥》,台北:"故宫博物院"1976年影印元刻本。

争相入贡,"修贡惟谨"①。

当然,明廷实行"以夷治夷"的最终目的,是为了强化对边疆少数民族的统治。因此,朱元璋在册封少数民族的首领为官时,都极力利用各族各部之间的矛盾,区别对待,使之互相掣肘,便于朝廷的控制。此外,明廷还推行"以夷攻夷"的策略,利用少数民族的军兵或土兵来攻打敢于反抗明朝统治的本民族或其他民族的人民。因此,这种"以夷治夷"之策,也被称为"以夷制夷"之策。

"因俗而治"。指因袭、保留少数民族原有的政治制度、生产与生活方式、风俗习惯与宗教信仰。明初羁縻卫所、土司制度建立之后,其内部原先的统治体制都保留不变,只是由原先的效忠元廷改为效忠明廷而已。朱元璋还尽量保留边疆少数民族的生产和生活方式。对归附的蒙古部落,一般都安置在边地水草肥美之处游牧。朱元璋还强调,要尊重少数民族的风俗习惯和宗教信仰。许多蒙古、色目人入仕后,纷纷改用汉姓汉名,朱元璋"虑岁久,其子孙相传,昧其本源",下诏"禁蒙古、色目人更易姓氏"②。对穆斯林信奉的伊斯兰教、藏族信奉的藏传佛教,朱元璋采取宽待和扶持的政策。他除御书《至圣百字赞》,赞扬伊斯兰教"协助天运,保庇国民"的功用,还在南京、西安、滇南、闽粤等地为穆斯林敕建礼拜寺,并允许各省建造礼拜寺,赐敕如例。朱元璋还亲自为西宁番僧三剌在南川建造的寺庙赐名曰"瞿昙寺",为西宁卫镇抚李喃哥建造的佛刹赐名曰"宁番寺",并赐敕护持。

作为封建王朝的最高统治者,朱元璋没有也不可能真正摆脱"内中国而外夷狄"的大汉族主义的羁绊。他不仅有"非我族类,其心必异"之类的思想,并且采取了不少歧视和防范少数民族的措施。但就当时的历史条件来说,朱元璋的民族政策还是比较开明的。他不仅针对元末民族矛盾极其尖锐的状况,提出"华夷无间""抚字如一"的主张,而且非常重视怀柔手段的运用,能够根据不同的情况,因时制宜,因俗而治,并辅之以其他恩怀措施,从而使民族矛盾得到缓和,把众多的民族基

---

① 《明史》卷三三一,《西域传》二,第8599、8588页。
② 《明太祖实录》卷五一,洪武三年四月甲子;《明史》卷三三一,《西域传》二,第8588页。

本统一起来,置于一个强有力的中央政府的管辖之下。这不仅有利于明朝统治的巩固,而且有助于各民族之间的经济、文化交流,推动各民族自身的发展,起到加强和巩固国家统一的积极作用。

第五讲　君主专制中央集权的高度发展

一、"躬览庶政"，强化专制集权

朱元璋登基后，每天"昧爽临朝，日晏忘餐"，兢兢业业，勤奋理政。元末农民战争结束后，民心思治。朱元璋原想，既然全国范围内大规模的战争已经结束，依靠刚刚建立的一套政权机构和相应的各种制度，采用宽猛适中的统治策略，很快便可稳定全国的形势，出现天下大治的局面。然而，他所盼望的这种局面却迟迟没有出现，洪武初年的社会一直处于动荡不安的状态。面对动荡不安的政治形势，朱元璋更是"如履薄冰""忧危积心"。投奔起义之前，三年多的流浪生活，使他多少沾染上一点游民习气，形成猜忌、残忍的阴暗心理。战争期间，个别将领的背叛，又加重了他的猜忌心理。明朝建立后，农民的纷起反抗，臣僚的越礼非分，加上北元势力的骚扰等，更使朱元璋的神经处于一种高度紧张的状态，越发变得多疑和残暴。他时刻担心有人谋夺他的宝座，自己的子孙不能永坐江山，以致每晚睡觉，经常"夜起窃听,四处无人声,方就安寝"①。为了朱明王朝的长治久安,他决心采用一切手段,不惜一切代价,扩充自己手中的权力,进一步强化君主专制的中央集权制度。

朱元璋强化君主专制中央集权的关键步骤,是改革国家的政权体制,集地方大权于中央,再集朝廷的军、政、司法大权于一身,使皇权得到高度的扩张。

洪武初年的政权体制袭自小明王,而小明王的宋政权是按照元朝的体制建立起来的。元朝的政权体制,在中央设立中书省总理全国政务,在地方设立行中书省,作为中书省的分出机构。中书省统军政、民政、财政,行中书省也照样管军政、民政、财政,"凡钱粮、兵甲、屯种、漕运、军国重事,无不领之"②,号称"外政府",职权极重。后期四处兵起,地方军政首脑各自为政,往往擅权自专,不听朝廷指挥,形成分裂割据的局面。朱元璋是从宋政权的行中书丞相起家的,他文檄用龙凤年号,但做事从来不奏请小明王批准,他的江南等处行中书省俨然是个独立王国。这正好为朱元璋借小明王的旗号暗中发展自己的势力提供了便利,所以他对这种制度表示赞赏。但是,随着军事上的不断胜利,他担心部下效而仿之,闹起独立。果然,在朱元璋称吴王后,臣僚越礼非分之事即时有发生,甚至出现个别部将叛变投敌的事件。这不能不引起他的警惕和忧虑,同时也使他认识到这种体制的弊端,说:"元氏昏乱,纪纲不立,主荒臣专,威福下移,由是法度不行,人心涣散,遂致天下骚乱。"③不过,当时战事频繁,无暇进行改革。跻登宝位之后,臣僚越礼非分、违法逾制的现象层出不穷,朱元璋越来越感到改革的紧迫性。洪武三年(1370)十二月,儒士严礼等上言治道,提出臣民不得越过中书省直接向皇帝奏事,朱元璋即指出:"夫元氏之有天下,固由世祖之雄武,而其亡也,由委任权臣,上下蒙蔽故也。今所言不得隔越中书奏事,此正元之大弊。人君不能躬览庶政,故大臣得以专权自恣。"④强调君主必须"躬览庶政",认为这是实现天下大治的一个前提条件。所谓"躬览庶

---

① 《明经世文编》卷八六,《林贞肃公集·庆幸讨戮宦贼永绥福祚疏》。
② 《元史》卷九一,《百官志》七,第2305页。
③ 《明太祖实录》卷一四,甲辰年正月戊辰。
④ 《明太祖实录》卷五九,洪武三年十二月戊辰。

政"，当然是指君主必须亲预朝政，但更重要的是要求进一步扩大皇权，加强君主专制的中央集权，以确保君主能完全按照自己的意志行事。洪武九年，他便着手对国家机构进行大刀阔斧的改革。

改革首先从地方机构入手。洪武九年六月，朱元璋下令改行中书省为承宣布政使司，简称布政司，废除行省平章政事、左右丞等官职，改参知政事为布政使，秩正二品，以"掌一省之事"①，主要是民政和财政。十三年，改布政使秩三品。十四年，增设左、右布政使各一人，二十二年定为俱秩从二品。布政使是朝廷派驻地方的使臣，朝廷的政策、法令和派给地方的多种任务，就是通过他们下达给各府、州、县的地方官执行的。全国除南京直辖区之外，分为浙江、江西、福建、北平、广西、四川、山东、广东、河南、陕西、湖广、山西 12 布政司，洪武十五年增设云南布政司，共有 13 布政司②。各布政司的管辖范围，大致同元朝的行中书省差不多，但不包括分散于其中的卫地。由于行中书省的名称已经叫惯，朝廷和民间仍把布政司叫作行省，简称为省。布政司不仅职权比过去的行中书省大大缩小，而且性质也发生了变化。行中书省是中书省在地方的分出机构，是中央分权于地方，而布政司则是朝廷的派出机构，凡事都要秉承朝廷的旨意，是地方集权于中央。

布政司之外，各行省保留原设的提刑按察司，统称为提刑按察使司，简称按察司，仍以按察使为长官，秩正三品，"掌一省刑名按劾之事"③；还保留都指挥使司，简称都司，仍以都指挥使为长官，秩正二品，管辖所属的卫地，"掌一方之军政"④。从东北到西北直到西南的少数民族聚居区，不设布政司，只设都司，实行军政与民政合一的统治。都司、按察司同布政司一样，都是朝廷的派出机构，合称"三司"。三司互不统辖，均由中央的部院管辖，最后听从皇帝的指挥。凡遇重大政事，都要由

① 《明史》卷七五，《职官志》四，第 1840 页。

② 后来，明朝的地方行政区有所变化，永乐元年(1403)改北平布政司为北京，十一年又设贵州布政司。宣德三年(1428)除北京和南京及南北直隶外，正式定为 13 布政司。

③ 《明史》卷七五，《职官志》四，第 1840 页。

④ 《明史》卷七六，《职官志》五，第 1872 页。

三司会议,上报中央的部院。这样,不仅地方机构的权力大大削弱,强化了中央集权,而且地方机构职权专一,又互相牵制,便于皇帝的操控。布政司之下的地方机构也作了简化,仍保留府(直隶州)、县(府属州)的二级建制不动。

稍晚又进行中央机构的改革。朱元璋认为丞相制度是妨碍君主"躬览庶政"的一大障碍,说:"昔秦皇去封建,异三公,以天下诸国合为郡县,朝廷设上、次二相,出纳君命,总理百僚。当是时,设法制度,皆非先圣先贤之道。为此,设相之后,臣张君之威福,乱自秦起,宰相权重,指鹿为马。自秦以下,人人君天下者,皆不鉴秦设相之失,相继而命之,往往病及于国君者,其故在擅专威福而致是欤?"①取消行中书省后,加强了中央对地方行政、财政、司法的控制,丞相的职权增大,和皇权的冲突更加严重,朱元璋于是决心废除丞相制度。洪武十三年正月,左丞相胡惟庸因谋反而被诛杀,朱元璋对文武大臣宣布:"朕欲革去中书省,升六部,仿古六卿之制,俾之各司所事,更置五军都督府,以分领军卫,如此则权不专于一司,事不留于壅蔽。"②随即下令废除中书省和中书省的丞相,仿照周官六卿执政之制,把中书省的权力分隶吏、户、礼、兵、刑、工六部。各部长官尚书由原先的正三品升为正二品,副长官侍郎由正四品升为正三品③。这样,六部便成为替皇帝总理政务的全国最高一级的行政机构。中国历史上延续1700多年的丞相制度从此废除,丞相职权由皇帝兼使,皇权空前地加强。

丞相制度废除后,全国的重大政务都由皇帝亲自处理,臣下唯面奏取旨而已。朱元璋尽管起早睡晚,克勤不怠,但还是忙不过来,遇到重大问题也无人商量。于是,他除命翰林和左右春坊帮看诸司奏章并兼司平驳之外,又于洪武十三年九月设置四辅官以"协赞政事"④,但所用的四辅官都是来自乡间的老儒,淳朴无他长,起不到作用,到十五年七月便下令废除。接着,在十五年十一月又仿照宋朝制度,以"辅

---

① 《明太祖集》卷一〇,《敕问文学之士》,第202页。

② 《明太祖实录》卷一二九,洪武十三年正月己亥。

③ 《明史》卷七二,《职官志》一,第1734—1762页。

④ 《明史》卷一三七,《安然传》,第3944页。

导太子"的名义,设置殿阁大学士,随侍皇帝左右,以备顾问。这些大学士秩仅正五品,其职责实际上并未超出翰林官"以论思为职"的范围,对军国大事鲜所参决。后来,经过建文、永乐、洪熙、宣德诸朝(1399—1435)的发展,殿阁大学士的品秩不断提高,职权日益扩大,逐渐形成独具特色的内阁制度。不过,有明一代,内阁始终不是法定的中央一级的行政机构或决策机构,而仅是为皇帝提供顾问的内侍机构而已。

在废除中书省的同时,朱元璋又撤销大都督府,改设左、右、中、前、后五军都督府。每个都督府皆以左、右都督为长官,秩正一品,各领所属都司和卫所的军队,以分散中央军事机构的权力。并规定五军都督府管兵籍,掌军政,但无调动军队之权,兵部掌军官铨选和军令,但无直接指挥军队之权,"征伐则(皇帝)命将充总兵官,调卫所军领之;既旋则将上所佩印,官军各回卫所"①。"兵部有出兵之令,而无统兵之权,五军有统兵之权,而无出兵之令……合之则呼吸相通,分之则犬牙相制。"②这样,既可防备将领擅调兵力发动叛乱,又使军权集中到皇帝手中。

洪武十三年五月,朱元璋还下令罢除御史台。洪武十五年十月,设立新的中央监察机构都察院,置监察御史为长官,秩正七品。十六年,改设左、右都御史为长官,秩正四品,翌年升为正二品,与六部尚书品秩相同。都御史代表皇帝对行政和军事系统实行监督,"职专纠劾百司,辨明冤枉,提督各道",至凡"大小奸邪,小人构党,作威作福者","百官猥茸贪冒,坏官纪者","学术不正,上书陈言变乱成宪,希进用者",均可举发弹劾,遇有朝觐、考察,还可"同吏部司贤否陟黜"③,职权极大。朱元璋称其"以六部为朕总理庶务,都察院为朕耳目"④。台权与部权并重,故都御史与六部尚书合称"七卿"。都察院与六科彼此分权,又互相制约。都察院之下,设13道监察御史。一布政司为一道,浙江、江西、河南、山东各10人,福建、广东、广西、

① 《明史》卷八九,《兵志》一,第2175页。
② [清]孙承泽:《春明梦余录》卷三〇,《五军都督府》,《四库全书》本。
③ 《明史》卷七三,《职官志》二,第1767—1768页。
④ [明]余继登撰,顾思点校:《典故纪闻》卷四,中华书局1981年版,第65页。

四川、贵州各7人,陕西、湖广、山西各8人,云南11人,共计110人。这些监察御史与外任知县品秩相同,只有七品,但权力不小,"主纠察内外诸司之官邪,或露章面劾,或封章奏劾",在京巡视京营,监临乡、会试及武举,巡视仓场、内库、皇城等,在外则巡按,清军,提督学校,巡盐,茶马,巡漕,巡关,攒运,印马,屯田,出征则监军记功等。而巡按则"代天子巡狩",凡政事得失、军民利病皆可直言无避,"所按藩服大臣,府、州、县官诸考察,举劾尤专,大事奏裁,小事立断"①,更是威权赫赫。必须指出的是,13道监察御史并非都察院都御史的属官,不仅彼此不相统辖,而且还可互相纠举。

另外,在洪武十四年还设置大理寺,以大理寺卿为长官,秩正三品,"掌审谳平反刑狱之政令"②。刑部、都察院、五军断事官所推问的狱讼,均需经过大理寺的复审。大理寺与刑部、都察院合称"三法司"。三个司法部门互相牵制,便于皇帝的操控。

中国古代的监察机构,原先是既控下又监上的,上至最高君主,下至百官臣僚,都在监控的范围之内。到宋代,随着君主专制的加强,台谏的职权趋于合一,御史台与谏院合称"台谏",但其监控的范围仍包括君主在内,规定谏官"凡朝政阙失,大臣百官任非其人,三省至百司事有违失,皆得谏正",给事中"若政令有失当,除授非其人,则论奏而驳正之"③。吴元年(1367)设立的御史台,基本上是继承宋代的台谏合一体制。洪武十三年(1380)五月罢除御史台后,六月曾置谏院官左、右司谏各一人,秩正七品,左、右正言各二人,秩从七品,书吏四人,但当年就废除了。十五年十月设立都察院后,十一月又设立谏院,以兵部尚书唐铎为谏议大夫,但未几唐铎又左迁监察御史,谏院大概也随之撤销,最后还是恢复台谏合一的体制。由于没有专职的谏官,由监察御史一身兼掌言事与察事,职权混一,逐渐导致台权对谏权的吞并,使都察院变成纯粹的天子耳目之司了。所以,在洪武年间还有周观政、韩宜

---

① 《明史》卷七三,《职官志》二,第1768页。

② 《明史》卷七三,《职官志》二,第1781页。

③ [元]脱脱等:《宋史》卷一六一,《职官志》一,中华书局1977年版,第3778—3779页。

可、王朴等监察御史对天子犯颜谏诤的现象。有一次,周观政受命监守奉天门,"以防邪僻"。宦官领着一班女乐要进宫,他出面阻拦,宦官说是奉皇上之命而来,他还是不让进。宦官非常恼火,跨步冲入宫门,过一会儿又走出宫门对周观政说:"御史且休,女乐已罢不用。"周观政仍气鼓鼓地说:"必奉面诏!"这话传进宫里,又过一会儿,朱元璋竟走出宫门,对周观政说:"宫中音乐废缺,欲使内家肆习耳。朕已悔之,御史言是也。"左右大臣见皇上居然屈尊向臣下当面道歉,"无不惊异之"①。监察御史韩宜可,有一天见丞相胡惟庸、御史大夫陈宁、中丞涂节在朱元璋跟前侍坐交谈,他从袖中取出一份奏章,"劾三人险恶似忠,奸佞似直,恃功怙宠,内怀反侧,擢置台端,擅作威福,乞斩其首,以谢天下"。当时,这三人正得朱元璋宠信,朱元璋说他"排陷大臣",把他关进了大牢。王朴在洪武十八年考中进士后,起为吏科给事中,不久因直谏忤旨被罢官。后起为御史,又陈时务数千言,对诸多弊政提出批评,未被采纳。他性格耿介,见谏言未被采纳,竟几次与朱元璋当面展开辩论。有一天,王朴又为一件事和朱元璋争论起来,最后被朱元璋下令处死。但随着台谏合一体制的推行,台权对谏权的吞并,后来就很少见到这种监察御史犯颜直谏之事了。与此同时,朱元璋赋予六科给事中的职权,是专门封驳六部的章奏,称作"科参",而没有封驳皇帝诏令之权。经过这番改革,监察机构完全变成皇帝监控臣僚的工具,进而强化了君主的专制。

为了了解下情,朱元璋曾于洪武三年置察言司,寻罢。十年七月,又设通政使司,以通政使为长官,秩正三品,掌受内外章疏敷奏封驳之事,并有参预大政之权,凡议大政、大狱及会推文武大臣,必参预。通政使居于七卿之下的最高位次,与六部、都察院之长和大理寺卿合称"九卿"。

在国家机构的改革过程中,朱元璋对官吏的回避制度作了相应的调整。洪武十三年正月,将洪武初年所定的南北更调法改为三大区域互调之法,"以北平、山西、陕西、河南、四川之人于浙江、江西、湖广、直隶有司用之,浙江、江西、湖广、直隶

---

① 《明史》卷一三九,《韩宜可传附周观政传》,第 3983—3984 页。

之人于北平、山东、山西、陕西、河南、四川、广东、广西、福建有司用之，广西、广东、福建之人亦于山东、山西、陕西、河南、四川有司用之"[1]。洪武二十六年还规定，户部的官员"不得用浙江、江西、苏松人"[2]，户部的吏员"不许用江浙、苏松人"[3]。对巡按御史，洪武二十六年也规定，不得到原籍及与自己有仇隙的地区出巡。

　　为了监视臣僚，朱元璋在明朝建立之前，常派手下的亲信采用特务手段搞侦察活动。他的亲随伴当从行小先锋张焕，在龙凤十二年（1366）以后即常被派作特使，到前线军中传达政令和察事。明朝建立后，朱元璋又起用许多心腹充当检校，察听在京大小衙门不公不法及风闻之事，"无不奏闻太祖知之"[4]。这些检校，既有文官，如高见贤、夏煜、杨宪、凌说等，也有禁卫军官，如兵马司指挥丁光眼、金吾后卫知事靳谦、毛骐之子管军千户毛骧、耿忠等，还有和尚，如吴印、华克勤等。检校的足迹遍及大街小巷，勋臣小吏都在其伺察之中。有一次，检校察听将官家属，发现有女僧引诱华高、胡大海妻敬奉藏僧，行"金天教法"，朱元璋下令将两家的妇人及女僧统统投水淹死。京城各部皂隶原先都戴漆巾，诸司衙门原先都挂牌额，检校派巡卒阴伺诸司得失，发现礼部皂隶白天睡觉，兵部晚上不设巡警，就把礼部皂隶的漆巾和兵部衙门的牌额偷偷拿走，以示惩罚。礼部皂隶从此不戴漆巾，兵部衙门亦无牌额，成了明代的典故。老儒钱宰奉命编《孟子节文》，朝罢低吟："四鼓冬冬起著衣，午门朝见尚嫌迟。何时得遂田园乐，睡到人间饭熟时？"检校偷听后，向朱元璋报告。第二天，在文华殿宴毕，朱元璋召见诸儒，对钱宰说："昨日好诗，然何尝嫌汝，何不用忧字？"[5]钱宰吓出一身冷汗，忙磕头谢罪。不久，朱元璋便让他退休，送他返回老家去过田园生活。有时，朱元璋甚至换上普通百姓的衣服，亲自伺察大臣的活动。就连为人谦虚谨慎、安分守己，并为明王朝的建立立下盖世之功的徐达，也受

①　《明太祖实录》卷一二九，洪武十三年正月乙巳。

②　万历《明会典》卷五，《吏部·选官》。

③　万历《明会典》卷八，《吏部·吏役参拨》。

④　《国初事迹》。

⑤　[明]叶盛撰，魏中平标点：《水东日记》卷四，《钱子予》，中华书局1980年版，第39页。

到朱元璋的猜忌。他在为徐达撰写的神道碑中，就承认自己曾因所谓"太阴数犯上将"的星象而"恶之"，谓："（洪武十七年甲子）太阴数犯上将，朕恶之，召罢北镇，劳于家。"①洪武十八年初，徐达后背生疽而卧床，朱元璋仍不放心，又微服私访其家。徐达从枕下抽出一把宝剑，对他说："戒之戒之，若他人得，以戮汝也。"②此后，朱元璋再也不敢到勋臣之家微服私访。

检校不隶属于专门的机构，只能察听而不能直接施行逮捕判刑。洪武十五年，朱元璋又特设既能察听又有逮捕判刑权力的专门机构锦衣卫。它的前身是龙凤十年（1364）三月仿元拱卫直而设的拱卫司，领校尉，上隶于都督府。不久，改名为拱卫指挥使司，再改为都尉府。洪武二年（1369）定名为亲军都尉府，管领左、右、中、前、后五卫亲军，下设仪鸾司。十五年四月，罢府及司，设锦衣卫亲军指挥使司，以卫指挥为长官，秩从三品，十七年改为正三品。所隶有大汉将军、力士、校尉，"掌直驾侍卫，巡察缉捕"。凡遇朝会或皇帝出巡，锦衣卫官得具卤簿仪仗，率领大汉将军1507人侍从扈行。平时，得派员轮流宿卫，保护皇帝的安全。还负责巡逻京城的街涂沟洫，缉拿盗贼奸宄。锦衣卫下设镇抚司，掌本卫刑名，兼管军匠，民间称之为"诏狱"。洪武十五年增设北镇抚司，专理军匠。"天下重罪逮至京者，收系（锦衣卫）狱中，数更大狱，多使断治，所诛杀为多。"③二十年正月，朱元璋得知诏狱"非法凌虐"囚犯的情况，说："讯鞫者，法司事也。凡负重罪来者，或令锦衣卫审之，欲先付其情耳，岂令其锻炼耶？而乃非法如是！"这时，胡惟庸早已被族诛，受牵连的案犯多已被杀，而三法司机构也已渐次健全，他便"命取其刑具悉焚之，以所系囚送刑部审理"④。二十六年二月，蓝玉又被族诛，可能对皇权构成威胁的勋臣宿将已被屠戮殆尽，六月他下令禁止再设诏狱，规定锦衣卫不得刑审囚犯，"凡所逮者俱属法司

---

① 《献征录》卷五，朱元璋御制《徐公达神道碑》。
② 《翦胜野闻》。
③ 《明史》卷九五，《刑法志》三，第2335页。
④ 《明太祖实录》卷一八〇，洪武二十年正月壬子。

理之"①。不过,到了永乐年间,明成祖朱棣因自己称帝有篡夺之嫌,为侦伺臣民的反应,又恢复锦衣卫诏狱,令其亲信纪纲领锦衣卫亲兵,负责诏狱的工作。纪纲遂用其党羽庄敬、张江、王谦、李春等,缘情作奸数百千起,臣民怨声载道。永乐十八年(1420),明成祖又下令设立由宦官掌理的专门刺探外事的东厂,从此东厂与锦衣卫合称厂卫,成为明史上臭名昭著、恶贯满盈的特务机构。

随着国家机构的改革,权力高度集中,皇权极大膨胀,朱元璋又对中央决策机构中的廷议制度加以完善。为了集思广益,避免或减少决策的失误,历代王朝凡遇军国大事,都要召集大臣进行廷议,提出意见,供君主定夺。明朝建立后,朱元璋除早朝和午朝(又称晚朝),由百官就军政事务面奏讨论之外,还沿袭往昔惯例,常就一些军国大事召集群臣进行廷议。到洪武二十四年,由于中央机构的改革已大体完成,朱元璋进一步规定:"今后在京衙门,有奉旨发放为格(指皇帝临时颁布的各种单行敕令、指示的汇编)、为例(判案的成例,用以补充法律条文之不足)及要紧之事,须会多官计议停当,然后施行。"②此后,朱元璋的几代后继者又陆续加以改进,廷议制度得到进一步的完善,不仅扩大廷议的内容,举凡国家的典章制度、军国大事,均在集议之列,而且廷议的程序也更为规范,在宣德以前由皇帝亲自主持,正统以后,凡所议之事属于某部,则由某部尚书主持,参加廷议者包括阁臣、九卿、科道官以及与所议内容有关的文武官员,人数自三四十人至百人不等。廷议之后,主持者应将会议上的各种意见上奏,由皇帝定夺。如皇帝认为所议不合,可以发回重议,甚至加以否决,而径自按己意发布谕旨,交付实施。

此外,朱元璋还对洪武三年实行的分封制度做了某些改革。分封制度是与中央集权原则相违背的,洪武九年山西平遥训导叶伯巨上书,即对此提出尖锐的批评,认为"分封太侈","恐万世之后,尾大不掉,然后削其地而夺之权,则必生觖望,甚者缘间而起,防之无及矣"③,朱元璋拒不接受,把叶伯巨抓起来,囚死狱中。洪武

① 《明太祖实录》卷二二八,洪武二十六年六月丁酉。
② 万历《明会典》卷八〇,《礼部·会议》。
③ 《明史》卷一三九,《叶伯巨传》,第3990页。

十一年和二十四年,他又两次将其他儿子分封为王。这样,朱元璋的 26 个儿子,除长子朱标立为皇太子,第 26 子朱楠早殇未及封王,第 9 子朱杞死于受封的次年,因无子嗣而除封之外,实际分封了 23 个儿子和 1 个从孙,共 24 个亲王。不过,朱元璋尽管坚持分封制度,但他还是根据强化中央集权的原则,对诸王的政治权力作了某些限制和削弱。洪武九年取消了王傅府,只保留了王相府,后又规定王相府官员的职责只限于王府之内,"毋出位以干有司"①,不得干预地方事务。十三年又撤销王相府,只保留王相府下属的长史司,左、右长史的职权也只限于"掌王府之政令,辅相规讽以匡王失,率府僚各供乃事,而总其庶务焉"②。十四年还规定,王府官员任满黜陟,"俱取自上裁"③,从而将亲王的行动置于皇帝亲信的直接监视之下。

但是,为了使诸王能起到镇抚地方、藩屏王室的作用,朱元璋继续加强诸王的军事权力。洪武初年分封诸王时,护卫军士人数并不很多,仅供侍从护卫而已。至洪武末年,各王府三护卫的建制已渐次健全,少者 3000 人,多者 19000 人。封在内地的亲王,有的拥有护卫精卒 16000 余人,牧马数千匹。封在北方的塞王,兵力更为雄厚,如封在大宁的宁王朱权,就拥有"带甲八万,革车六千"④的护卫军。不仅如此,朱元璋还赋予诸王以监督地方守镇兵的权力。《皇明祖训》明确规定:"凡王国有守镇兵,有护卫兵。其守镇兵有常选指挥掌之,其护卫兵从王调遣。如本国是险要之地,遇有警急,其守镇兵、护卫兵并从王调遣。"还规定:"凡朝廷调兵,须有御宝文书与王,并有御宝文书与守镇官。守镇官既得御宝文书,又得王令旨,方许发兵;无王令旨,不得发兵。"并规定,诸王有起兵帮助朝廷讨伐奸臣的权力:"如朝无正臣,内有奸恶,则亲王训兵待命,天子密诏诸王统领镇兵讨平之。"⑤这样,诸王也就由皇帝在地方的政治代表演变为军事代表。

---

① 《明太祖实录》卷一一七,洪武十一年三月己丑。
② 《明史》卷七五,《职官志》四,第 1838 页。
③ 《明太祖实录》卷一三九,洪武十四年十月壬申。
④ 《明史》卷一一七,《宁王传》,第 3591 页。
⑤ 《皇明祖训》,《皇明制书》第三册,第 804、796 页。

经过改革和整顿,君主专制的中央集权制度在唐、宋的基础上大大发展了一步。行政、军事、司法监察三大系统的机构互相独立,三权分治而又彼此牵制,最后均直接归属皇帝操控,全国最高决策权力完全集中于君主一人之手。朱元璋对此非常满意,洪武二十八年九月,命礼部颁行《皇明祖训》时,特地规定:"后世敢有言改更祖法者,即以奸臣论,无赦。"①

二、加强对户口和土地的控制

在改革国家机构和分封制度,以强化君主专制中央集权的同时,朱元璋还开展户口和土地的清查,编制黄册和鱼鳞图册,加强对人口和土地的控制,以稳定统治秩序,保证国家机器赖以存在的赋役收入。

早在明朝建立之前,朱元璋于龙凤四年(1358)十一月亲征婺州时即"命籍户口",并实行"给民户由"的制度。明朝建立之初,他就决定采用元代按照职业编制户籍的制度,命令出征将领和地方官吏注意收集元朝的户口版籍,令全国百姓世袭承担劳役,下令:"凡军、民、医、匠、阴阳诸色户,许以原报抄籍为定,不许妄行变乱;违者治罪,仍从原籍。"并令户部榜谕全国:"凡有未占籍而不应役者,许自首,军发卫所,民归有司,匠隶工部。"②洪武三年(1370)十一月,更令户部清查全国户口,编制户籍和"由帖"即"户帖",各书其户之乡贯、丁口、名岁。合籍与帖,以字号编为勘合,钤盖户部大印。户籍存于户部,作为征派赋役的依据;户帖发给户主,作为人户的户籍证明。

此后,洪武三年、四年,江南的湖州府吴兴、乌程、长兴、德清、安吉等县,嘉兴府

---

① 《明太祖实录》卷二四一,洪武二十八年九月庚戌。
② 万历《明会典》卷一九,《户部·户口》。

海盐县,徽州府歙县等地开始出现一种以里甲编制为官府催办税粮的黄册制度。江南地区基层的税粮,宋代由户长、催头等负责催办。南宋绍兴年间(1131—1162)改行"甲首之法","以十户为一甲,一甲之中,择管额多者为首,承帖拘催"①,即将十户编为一甲,以所交税粮最多的一户充当甲首,负责催办一甲的税粮。这种绍兴甲首之法,至洪武初年演变为里甲正役的小黄册制度。其具体办法,据《永乐大典》卷二二七七引《吴兴续志》所记的吴兴役法为:"黄册、里长、甲首,洪武三年为始。编置小黄册,每百家画为一图,内推丁力田粮近上者十名为里长,余十名为甲首。每岁轮流,里长一名,管甲首十名,甲首一名,管人户九名,催办税粮,以十年一周。"②不过,《吴兴续志》记述湖州府所辖乌程、长兴、德清、安吉诸县的役法时,却说每百家设里长1名,而洪武三年敕撰成书的《大明集礼》和洪武七年已经成文的《大明律》也都记为每百户设里长1名,可见说每百户设里长10名应为1名之误。根据这些记载,可知这种小黄册制度是将每百家编为一图,推举丁力田粮最多的1户为里长,另推10户为甲首,每年由里长带领1户甲首及其所管领的9户人手,负责催办1里的税粮。挨甲轮值,10年轮流当差1次。这就是明代徭役的一种,叫作里甲正役。

洪武十三年,朱元璋决定在小黄册制度的基础上,建立更加严密的黄册制度。翌年正月,"命天下郡县编赋役黄册"③,黄册制度正式在全国推行。所有编入里甲的人户,均以一家一户为单位,填报《清册供单》,供单内容包括户主的乡贯、姓名、年岁和全家的丁口、事产(田地山塘面积、应交夏税秋粮数额、住宅、牲畜),其中的丁口和事产须按"旧管"(上次登记的数额)、"新收"(上次登记后增加的数额)、"开除"(上次登记后减少的数额)、"实在"(现有的数额)四个项目分别填写,以便了解变动的情况④。供单由各户填好后交给甲首,甲首审核无误后交给里长,里长审核

---

① [明]李诩撰,魏连科点校:《戒庵老人漫笔》卷一,《半印勘合户帖》,中华书局1980年版,第34页。
② 《永乐大典》卷二二七七,《湖州府·田赋》引《吴兴续志》,中华书局影印本。
③ 《明太祖实录》卷一三五,洪武十四年正月。
④ 参看韦庆远:《明代黄册制度》,中华书局1961年版,第24—25页。

无误后将全里的户籍编成里册,一式四份,呈送本县。各县、府、布政司各留下一份,另一份里册连同本县、本府、本布政司的丁口、事产统计总册一并上报户部。户部再类编全国人丁、事产的户籍总册,进呈皇帝御览。黄册是明政府向民户征派赋税和徭役的依据,时人又称之为"赋役黄册",也叫民黄册。《明史·食货志》说:"上户部者,册面黄纸,故谓之黄册。"认为这是由于递交户部的册籍皆以黄纸封面,故称为黄册。但明人张萱却说:"今制,丁口税粮,十岁一籍其数,曰黄册,自刘宋时已有之。齐高帝继位,尝敕虞玩之与傅坚意检定,诏曰:'黄籍,人之大纲,国之政端'云云。时亦称人籍。今世多不解黄字之义。余偶阅唐开元制,凡男女始生为黄,四岁为小,十六为中,二十有一为丁,六十为老。每岁一造计帖,三年一造户籍,即今之黄册也。谓之曰黄,亦自男女之始生登籍而名之耳。"①实际上,从隋朝开始,"黄"字已正式应用于户籍制度之中,隋制"男女三岁已下为黄"②,唐制"凡民始生为黄"③,宋制"诸男女三岁以下为黄"④,金制"男女二岁以下为黄"⑤。明代的"黄册之称即承此而来,含有版籍与户口之意。故明人丘濬曰:'所谓版者,即前代之黄籍,今世之黄册也。'"⑥

黄册每 10 年重编 1 次。洪武二十四年颁布的《攒造黄册格式》规定:"其各州县每里造册二本,进呈册用黄纸面,布政司、府、州、县册用青纸面。"⑦并在南京后湖(今玄武湖)四面环水的岛上建造东、西黄册库,贮存各处布政司及直隶府、州、县,并各土官衙门报送户部的黄册。

在中国古代,"有身则有役"。元代更实行职业户籍制度,全国的百姓均按所从事的职业划分为不同的户籍,为官府服役。明朝沿袭这种做法,《大明律》规定:"凡

---

① [明]张萱:《疑耀》卷二,《黄册》,《丛书集成初编》本。
② [唐]魏徵等撰:《隋书》卷二四,《食货志》,中华书局 1973 年版,第 680 页。
③ [宋]欧阳修、宋祁等撰:《新唐书》卷五一,《食货志》一,中华书局 1975 年版,第 1342 页。
④ [宋]窦仪等撰:《宋刑统》卷一二,《户婚律·脱漏增减户口》,中国书店影印本。
⑤ [元]脱脱等撰:《金史》卷四六,《食货志》一,中华书局 1975 年版,第 1031 页。
⑥ [明]丘濬:《大学衍义补》卷三一,《制国用·傅算之籍》,《四库全书》本。
⑦ 正德《明会典》卷二一,《户部·攒造黄册》,《四库全书》本。

军、民、驿、灶、医、卜、工、乐诸色人户,并以原报册籍为定"①,以确保其所管辖的编户齐民,世代为官府服役。除一般民户编造民黄册之外,其他各类人户也都分别编造各种专职役户册籍,如匠籍册、灶籍册、军籍册等,交给有关的主管部门如工部、内官监、盐运司及兵部保管。明初编造的黄册,奠定了明朝的户籍制度的基础。

明廷对户口户籍的管理极为严格,规定全国编入里甲的人户,一律要在黄册上逐一登记。男为丁,女为口。男子一生下来,即"籍其名曰不成丁,年十六曰成丁"②。成丁之后,必须为国家服徭役,直到60岁才能免除。男子在10岁以上就要被编入黄册正图,10岁以下的男孩和妇人、女子以及鳏、寡、孤、独,则编入畸零项内。就连寺院庵观的僧、道,只要是有田地财产的,不论是寺观或僧道本人的产业,都要编入黄册正图(特许者除外,没有产业者才编入畸零项内)。民人一旦被编入户籍,就不许随便改变籍属,也不许随便迁徙,外出百里之外需持有官府发给的路引。民户因灾荒重役等被迫逃往外乡的,官府无不严厉"督令还本籍复业,赐复一年"。只有老弱不能归或不愿归者,才许"令在所著籍,授田输赋"③。《大明律》规定,诸色人户,"若诈冒脱免,避重就轻者,杖八十。其有司妄准脱户,及变乱板籍者,罪同。若诈称各卫军人,不当军民差役者,杖一百,发边远充军"④。凡一户全不附籍,将他人亲属隐蔽在户不报,及相冒合户附籍,隐漏自己或他人成丁人口不附籍,民户逃往邻境州县躲避差役,丁夫杂匠在役及工乐杂户逃亡者,均严加惩治。

在实行黄册制度的同时,朱元璋还把始行于江南地区的里甲制度推向全国,以便加强对人民的控制。洪武十三年,当朱元璋下令编造黄册时,户部尚书范敏建议以"百一十户为里,丁多者十人为里长,鸠一里之事以供岁役,十年一周,余百户为十甲"⑤。朱元璋采纳他的意见,第二年即在全国普遍推行。令各府、州、县在编造

---

①　《大明律》卷四,《户律·户役》,第44页。

②　《明史》卷七八,《食货志》二,第1893页。

③　《明史》卷七八,《食货志》二,第1879页。

④　《大明律》卷四,《户律·户役》,第44页。

⑤　《明史》卷一三八,《杨思义传附范敏传》,第3966页。

赋役黄册时,把所有人户都编入里甲之中。城中曰坊,近城曰厢,乡都曰里。"每里编为一册,册之首总为一图"①。每里由原先的 100 户增至 110 户,里长由 1 户增至 10 户。每里分为 10 甲,甲首也由 10 户增至 100 户。对此,章潢《图书编》有着明确的记载:"洪武十四年创赋役黄册,以一百一十户为一图,选其粮多者十户为里长,余百户为甲首。十年轮役,催办钱粮,追摄公事。"②永乐《温州府乐清县志》亦有类似的记载:"每隔都以一百一十户为图,编成十甲,内选十户丁粮多者充当里长,其余人户,每十户为一甲,轮流充当甲首。"③里甲的职责非常广泛,除了负责催征钱粮,还要负责勾摄公事,祭祀鬼神,接应宾旅及应付官府的各种征求,此外还要督促生产,并对全里人户进行管束,民间发生纠纷,里甲也要负责决断。里甲除了里长、甲首,还设有里正,甲正,掌管鱼鳞图即土地总册。并设老人一职,又称里老、耆宿,由"年高有德""公正可任事者"(实际多为"殷实户")的老人担任,与里长共同主持一里之事。里甲之内,所有民户都须"互相知丁,互知务业",并且互相作保,实行连坐。"民间一里之中,若有强劫、盗贼、逃军、逃囚及生事恶人,一人不敢缉捕,里甲、老人即须会集多人擒拿赴官。违者,以罪罪之"④。"若一里之内、百户之内,见《诰》(指《大诰续编》)仍有逸夫(游民),里甲坐视,邻里亲戚不拿……逸夫处死,里甲四邻化外之迁"⑤。这种里甲编制,不仅是封建国家征派赋税和徭役的基本单位,而且也是州县以下最广泛的基层组织单位,兼具农村政权的性质。

除了清查户口,编造赋役黄册,朱元璋还进行田地的丈量,编制鱼鳞图册。明朝建立之前,朱元璋即在一些地区进行土地经理,编制图籍。如龙凤四年(1358)在徽州令民"自实田",九年又在徽州"令民自实田,集为图籍"。"集为图籍"的"籍",是南宋以来流行于江南地区的一种土地簿籍。它记载每块土地的亩数、土质、方圆

①　《明太祖实录》卷一三五,洪武十四年正月。
②　[明]章潢:《图书编》卷九〇,《江西差役事宜》,《四库全书》本。
③　永乐《温州府乐清县志》卷三,《坊郭乡镇》,《天一阁藏明代地方志选刊》本。
④　[明]朱元璋钦定:《教民榜文》,《皇明制书》第二册,第 271 页。
⑤　[明]朱元璋:《御制大诰续编·互知丁业第三》,《皇明制书》第一册,第 99 页。

四至、田主姓名,并绘制成图,因图上的田地一块挨着一块,状若鱼鳞,故称为鱼鳞图籍或鱼鳞册。明朝建立后,朱元璋继续实行土地经理,丈量土地,攒造鱼鳞图册,以定赋税。洪武元年正月十三日,朱元璋登基仅及十日,即"诏遣周铸等一百六十四人往浙西核实田亩"①。此后,土地的丈量与图册的编制,在南北各地陆续展开。不过,关于这次丈地、编造鱼鳞图册的详细过程,史无明载。根据一些零散资料的记载,直到洪武十九年,尚有一些地方没有完成土地丈量和鱼鳞图册编制的工作,有的地方虽已完成,但仍存在许多问题,如"两浙富民畏避徭役,往往以田诡寄亲邻佃仆,谓之'铁脚诡寄'。久之相习成风,乡里欺州县,州县欺府,谓之'通天诡寄'。于是富者愈富,贫者愈贫"。朱元璋于是又命户部核实田亩。他派国子监生武淳等分赴各地,"随其税粮多寡,定为几区,每区设粮长四人,使集里甲耆民,躬履田亩以量之,图其田之方圆,次其字号,悉书主名及田之丈尺四至,编类为册,其法甚备"②。到洪武二十年,全国的土地丈量和鱼鳞图册编造的工作宣告完成。此后,土地买卖过割,父子兄弟分家,都要到官府登记,并写明鱼鳞图册上的编号。

　　赋役黄册和鱼鳞图册编制完成后,两者互相补充,彼此配合。黄册"以户为主,详具旧管、新收、开除、实在之数为四柱式","赋役之法定焉",税不可逃;"鱼鳞图册以土田为主,诸原(平原)、坂(山地)、坟(水涯之地)、衍(下平之地)、下(低下之地)、湿(新垦田地)、沃(肥沃田地)、瘠(贫瘠田地)、沙(沙荒地)、卤(盐碱地)之别毕具","土田之讼质焉",业不可隐③。这样,明廷就掌握了全国的人口、田地数量,既限制豪强富户隐瞒丁口田户,逃避皇朝之赋役,缓解贫富之冲突,同时又直接控制了全国千百万分散的个体农民,把他们束缚在固定的土域之上,从而大大加强君主专制中央集权的统治。

---

① 《明太祖实录》卷二五,洪武元年正月甲申。

② 《明太祖实录》卷一八〇,洪武二十年二月戊子。

③ 《明史》卷七七,《食货志》一,第1882页。

三、《大明律》与御制《大诰》的颁行

朱元璋在加强封建统治的过程中,非常重视利用法律工具来协调社会关系,稳定社会秩序,强化君主专制的中央集权制度。朱元璋在他亲撰的御制《大明律序》中说:"朕有天下,仿古为治,明礼以导民,定律以绳顽。"①在登基前后,他一面制礼作乐,一面则着手开展律法刑政的建设工作。

朱元璋主张,刑罚应当根据社会条件的变化而"世轻世重"②。元朝未曾编成像唐律那样的刑法典,只"取所行一时之例为条格而已"。条格不仅内容繁杂重出,往往罪同罚异,官吏容易上下其手,而且也不适应元末明初已经变化的形势。称帝之前,朱元璋忙于调动、指挥其部队攻城略地,未及制定律令,在其辖区只能以军律用刑,将管理军队的军规用以处理社会上的刑事案件,这对一般百姓来说,刑罚过于严酷。龙凤四年(1358)三月,朱元璋命提刑按察司佥事分巡郡县录囚,令"凡笞罪者释之,杖者减半,重囚杖七十,其有赃者免征"。有的官员提出异议,认为"用法太宽","法纵弛,无以为治"。朱元璋开导他们说:"百姓自兵乱以来,初离创残,今归于我,正当抚绥之,况其间有一时误犯者,宁可尽法乎? 大抵治狱以宽厚为本,少失宽厚,则流入苛刻矣。所谓治新国用轻典,刑得其当,则民自无冤抑,若执而不通,非合时宜也。"③吴元年(1367)十月,明朝建立前夕,朱元璋即命左丞相李善长为总裁官,参知政事杨宪、傅瓛,御史中丞刘基,翰林学士陶安等28人为议律官,议订律令,并谕示他们:"立法贵在简当,使言直理明,人人易晓。……务求适中,以去烦

---

①　《大明律》,第1页。

②　《明史》卷九三,《刑法志》一,第2283页。

③　《明太祖实录》卷六,戊戌年三月己酉。

弊。夫网密则水无大鱼,法密则国无全民。"①李善长等人提出:"历代之律,皆以汉《九章》为宗,至唐始集其成,今宜遵唐旧。"②朱元璋赞同这个意见,并经常与议律官一起探讨律义,审定律令的条文。十二月,律令编纂完毕,正式颁布执行。它包括律和令两个部分,律"准唐之旧而增损之",共285条,为判刑的法律依据;令145条,以记载诸司制度为主,没有具体的处刑规定。整部律令贯彻"治新国用轻典""宽厚""适中"的精神,去繁就简,减重就轻者居多。不过,这部律令的编制仅历时两个月,过于匆促,定罪量刑尚有轻重失宜、不合中典之处。明朝建立之后,朱元璋决定重新修订。洪武元年(1368)八月,即命四名儒臣会同刑部大臣讲解唐律,将吴元年律令"日写二十条取进,止择其可者从之。其或轻重失宜,则亲为损益,务求至当"③。经过几年的修订,于洪武六年重新刊著《律令宪纲》,颁之诸司。闰十一月,又命刑部尚书刘惟谦详加审定,并亲自审阅,细加裁定。洪武七年二月,正式编成《大明律》606条,分为30卷,颁行全国。九年十月,朱元璋仍然觉得律条"犹有拟议未当者",令中书省右丞相胡惟庸、御史大夫汪广洋等大臣"详议更定,务合中正"④。胡惟庸、汪广洋等大臣于是厘正13条,编成一部446条的《大明律》。这部洪武九年律,成为洪武年间定罪量刑最轻的一部法律。

就在洪武九年律编成的时候,明朝统治阶级内部的斗争日趋激化,农民的反抗斗争也不时发生。在朱元璋看来,这是"乱世"的重现,决定实行重典政策,对所谓"情犯深重、灼然无疑"的"奸顽刁诈之徒"实行"法外加刑"⑤。于是,从洪武十八年起,便亲自汇集一批法外加刑的案例,加上一些峻令和自己的训话,编成御制《大诰》《大诰续编》《大诰三编》和《大诰武臣》,相继颁行于洪武十八年十月、十九年三月和十二月、二十年十二月。四篇《大诰》的量刑均较《大明律》大大加重,是《大明

① 《明太祖实录》卷二六,吴元年十月甲寅。

② 《明史》卷九三,《刑法志》一,第2279页。

③ 《明太祖实录》卷三四,洪武元年八月戊寅。

④ 《明太祖实录》卷一一〇,洪武九年十月辛酉。

⑤ 《明太祖实录》卷二三九,洪武二十八年六月己丑。

律》外的"法外之法"。二十二年八月，又下令重新修订《大明律》，增加以镇压反对皇权和封建专制统治为核心的死罪条款，加重对"谋反""谋大逆""强盗""官吏犯赃"等直接危害封建统治行为的惩处。直到二十六年蓝玉党案基本结束后，明朝的君主专制中央集权统治已经得到巩固，朱元璋才又逐步减轻刑罚。二十八年六月，他宣布，过去对"奸顽刁诈之徒"的法外加刑，是出于形势需要的"权宜处置"，"非守成之君所用常法"[①]。翌年，皇太孙朱允炆建议修改过于苛重的律条，朱元璋即命改定畸重者73条，曰："吾治乱世，刑不得不重，汝治平世，刑自当轻，所谓刑罚世轻世重也。"[②]三十年五月，朱元璋将改定后的《大明律》重新颁布，并择取《大诰》有关条目，与有关律文一起编成《钦定律诰》，附于《大明律》之后，规定"其递年一切榜文禁例，尽行革去。今后法司只依律与大诰议罪"[③]。这个重颁的《大明律》便成为明律的最后定型本，终明之世未再修订。

《大明律》以唐律为模本，吸收了唐代以来特别是明初的统治经验，无论体例结构和内容都比唐律有了进一步的发展，富于革新精神和时代特色。在体例结构上，唐律继承和发展隋律的篇章结构，分为12篇30卷。洪武七年编成的《大明律》，沿用唐律篇目，但将唐律的末篇《名例》列为首篇，作为全律的总则，其下依次曰《禁忌》《职制》《户婚》《厩库》《擅兴》《贼盗》《斗讼》《诈伪》《杂律》《捕亡》《断狱》。二十二年修订时，考虑到中书省和丞相已于十三年废除，由六部分掌中书省的职权，除首篇《名例律》，其他11篇归并为6篇，依六部官制分为《吏律》《户律》《礼律》《兵律》《刑律》《工律》，合共7篇30卷。隋唐以来沿袭800多年的法律体制结构，至此面目一新，不仅分类更加合理，而且内容更为集中，条理更为分明，也更接近于近代按部门的分科立法。明律的这种体例结构，后来为清律所沿袭。在内容上，为了强化君主专制的中央集权统治，《大明律》不仅扩大了朝廷特别是君主的权力，而且设立"奸党"条，增加有关惩处思想言论犯罪的条款；并设《受赃》的专卷，加

---

① 《明太祖实录》卷二三九，洪武二十八年六月己丑。
② 《明史》卷九三，《刑法志》一，第2283页。
③ ［明］朱元璋：《御制大明律序》，《大明律》第1页。

强对官吏贪贿的惩治。适应明初社会经济发展的实际情况,《大明律》又增加经济立法的比重,设立《户律》和《工律》两个专篇和《课程》《钱债》《市廛》等几个专卷,新添了"匿税""船商匿货""违禁取利""费用受寄财产""私充牙行埠头""市司评物价""把持行市""私造斗斛秤尺""器用布绢不如法"以及"钞法""钱法""伪造宝钞""私铸铜钱"等许多与商品货币经济有关的条款。随着封建土地所有制的进一步发展,明律还取消了"占田过限"的条款。军事内容的立法,明律也有明显的增加,除在《名例律》中增添"军官有犯"等条款,还设立了《兵律》专篇。此外,有关行政管理、诉讼程序等方面的立法,明律也比唐律更加完备。明律充分反映了明代统治阶级的意志,是我国封建社会晚期高度成熟的一部法典。

明律根据封建社会晚期已经或正在发生变化的经济生活和社会现实,对各种社会关系作了相应的调整。它一面缩小贵族官僚享受减免刑罚的范围,降低了他们的法律特权地位,另一面则相应地提高劳动者的身份地位,使奴婢、雇工人和佃农的人身依附和超经济强制相对松弛。①

明律适应以父权、夫权为中心的封建宗法关系以及传统伦理道德规范相对松弛的社会现实,相对减轻了触犯封建宗法关系和伦理道德的惩处。如子孙告发祖父母、父母,唐律定为绞罪,《大明律》定为徒罪;闻父母及夫丧匿不举哀,唐律定为流罪,《大明律》定为徒罪;家长为奴娶良人为妻及奴自娶,奴婢妄称良人而与良人为夫妻,唐律定为徒、流罪,《大明律》定为杖罪;立嫡违法,祖父母、父母在子孙别立户籍而分割财产,子孙违反祖父母、父母教令及奉养有缺,居父母及夫丧而身自嫁娶,祖父母、父母犯死罪被囚禁而子孙嫁娶,监临官娶为事人妻妾及女为妻妾,妻无应出及义绝之状而出之或犯义绝应离而不离,男女和奸,唐律定为徒罪,《大明律》定为杖罪;奴奸良人妇女,唐律加凡奸罪二等,《大明律》加一等;祖父母、父母年高或笃疾而弃之赴任,悔婚及子弟在外自娶,以妻为妾或以妾为妻或有妻更娶妻,《大

---

① 参看第六讲第一节。

明律》的处刑也均较唐律为轻①。

此外,明律还适当放松对间接触犯封建统治行为的惩处。比之唐律,明律对一般性侵犯皇帝尊严和在祭祀、仪制上亏礼废节的不敬行为的惩处,都有所减轻。如和合御药误不按配方,造御膳误犯食禁,制造御舟误不坚固,唐律定为绞罪,《大明律》定为杖罪;宫禁应值而私自替代,唐律定为徒、流、绞罪,《大明律》定为笞、杖罪;大祀及庙享违制,失误朝贺及迎接诏书,祭祀拜谒陵园及朝会行礼差错失仪,擅入宫殿和御膳所及御在所,擅入行宫营门,无故直行御道等,《大明律》的处刑都较唐律为轻,有的甚至减轻数等②。明代之所以有许多嘲讽明太祖朱元璋和马皇后的民间传说,大概与此不无关系。

但是,明律大大加强了对直接危害封建统治行为的镇压。皇权是君主专制中央集权制度的核心,皇帝是地主阶级利益和意志的最高代表。《大明律》首先运用暴力手段严格保护皇权的无上权威和君主的绝对专制。《大明律》继承唐律,在《名例律》首列"十恶"大罪,将人民反抗封建专制统治的行为定为"谋反""谋大逆"之罪,一律按重罪加重的原则处刑,不在常赦之列。唐律规定,"谋反"或"谋大逆",不论主犯从犯皆斩,其父、子年满 16 岁以上者皆绞,16 岁以下及母、女、妻、妾、祖、孙、兄、弟、伯叔父、兄弟之子及笃疾、废疾者,可不处死。《大明律》则规定,不仅犯罪者本人不分首从均凌迟处死,其亲族凡年满 16 岁以上的男子,如祖父、父、子、孙、兄、弟、伯叔父、兄弟之子,不限籍之异同,不论笃疾、废疾,一律处斩,甚至连异姓同居之人,如外祖父、岳父、女婿、女仆也同处斩刑。唐律对谋反罪的惩处,还注意区分情节的不同,如"词理不能动众、威力不足率人者",本人处斩,父、子可不处死,祖、孙也不牵连。再如"口陈欲反之言,心无真实之计者",亦可不处死,只流 2000 里。《大明律》则完全没有这种区别,只要犯有"谋反"之罪,不论情节轻重,一律处死。往往一案株连,数族尽灭,乡里为墟。中国封建社会早期立有"诽谤之法",自汉文

---

① 参看［清］薛允升撰,怀效锋、李鸣点校:《唐明律合编》,法律出版社 1999 年版。

② 参看《唐明律合编》。

帝废除后，历代未再采用，《大明律》亦无专治"诽谤罪"的条文。但御制《大诰》却又立"诽谤之法"，用以惩处所谓"诽谤朝廷"之罪。福建沙县罗辅等 13 人私下议论，说"如今朝廷法度好生厉害，我每各断了手指，便没用了"，结果被指为"捏词上谤于朝廷"，枭令于市，家中成丁男子全部被杀，妇女被迁置边疆的不毛之地①。江宁知县高炳也因"妄出谤言"，被杀身亡②。

　　为了保证皇权的高度集中，明律规定国家文武官员的任用权专属皇帝。《大明律》明文规定，凡除授官员，须从朝廷选用。若大臣专擅选用者，斩。若大臣亲戚，非特奉旨，不许除授官职，违者也处斩。大臣滥设官吏、擅勾属官等，也严加惩处。守御官军的千户、百户、镇抚有缺，"若先行委人权管，希望实授者，当该官吏，各杖一百，罢职役充军"③。臣工无条件地服从皇帝的旨意，听从朝廷的指挥，是确保皇帝实行专制集权的一个前提。《大明律》规定，在朝官员受皇帝差遣及调动职务而托词不行，无故擅离职守，赴任无故过限，均治重罪。一切军国大事均须奏请皇帝裁决，"凡军官犯罪，应请旨而不请旨及应论功上议而不上议，当该官吏处绞。若文职有犯，应奏请而不奏请者，杖一百。有所规避，从重论。若军务、钱粮、选法、制度、刑名、死罪、灾异及事应奏而不奏者，杖八十。应申上而不申上者，笞四十。若已奏已申，不待回报而辄施行者，并同不奏不申之罪。"④

　　明律还进一步强化皇帝的审判权，加强朝廷对司法的控制。《大明律》规定，各府、州、县只能判决徒、流刑以下的案件，死刑的案件在京需经监察御史，在各布政司要经按察司审核，提出处刑意见后，呈报朝廷。刑部、大理寺、都察院对案件做出判决后，需报请皇帝做最后的裁决。朱元璋还下令："凡有大狱，当面讯，防构陷锻炼之弊。"洪武年间的重大案件，大多由他亲自审讯，"不委法司"⑤。就是一些本来

---

①　《御制大诰续编·断指诽谤第七十九》，《皇明制书》第一册，第 159—160 页。

②　《御制大诰三编·作诗诽谤第十一》，《皇明制书》第一册，第 217 页。

③　《大明律》卷二，《吏律·职制》，第 29 页。

④　《大明律》卷三，《吏律·公式》，第 37 页。

⑤　《明史》卷九四，《刑法志》二，第 2305 页。

应该由府、州、县司法部门审理的民事、刑事案件。朱元璋也常越俎代庖，亲自审讯，而且量刑往往比《大明律》的规定要重，出现轻罪重罚的现象。有的按《大明律》的规定并不构成犯罪，也被判处酷刑。比如浙江会稽县河泊所官吏张让上交征收的渔课钞，将 6067 贯 200 文写作"六百六万七千二百文"，这只是使用了不同的计量单位，将 1 贯换算为 1000 文，就被朱元璋说成是"故生刁诈，广衍数目，意在昏乱掌钞者"，将其"治以重罪"，并警告说："今后敢有如此者，同其罪而罪之。"①朱元璋还捡起东汉光武帝、明帝，隋文帝，唐玄宗等人以及元朝使用过的廷杖之刑，在殿廷之上对大臣施行体罚，用暴力强迫臣子服从自己的意志。

鉴于唐宋两朝臣工结党和内外官员互相勾结危害皇权的教训，朱元璋不仅实行官吏任用的回避制度，还在《大明律》中特设惩治"奸党"的条款，以禁"党比之私"，并严禁各衙门官吏及近侍人员互相交结，违者犯人处斩，妻子流放到 2000 里之外安置。御制《大诰》对朋党和内外官交结的处刑，比《大明律》的规定还要重。如李茂实、林贤被定为"胡惟庸同党"，不仅本人被杀，而且连家属中的幼小儿童也全被杀光②。江浦知县杨立因追征李茂实盐货，交结近侍官员，也被凌迟示众。官吏阿谀奉承、溜须拍马，是搞宗派、结朋党的重要手段，明律也严加禁止。《大明律》规定："凡诸衙门官吏及士庶人等，若有上言宰执大臣美政才德者，即是奸党。务要鞫问，穷究来历明白，犯人处斩，妻子为奴，财产入官。若宰执大臣知情，与同罪。不知者，不坐。"③就连衙门官吏出城迎送上司官员或使客，也在禁止之列，违者治罪。

官吏贪污受贿，直接危害皇权的利益，涉及社稷的安危，明律的惩处更为严厉。朱元璋曾下令，"官吏犯赃者罪毋贷"④，并敕谕刑部："官吏受赃者，并罪通贿之人，

① 《御制大诰续编·钱钞贯文第五十八》，《皇明制书》第一册，第 145 页。
② 《御制大诰三编·李茂实胡党第七》，《御制大诰三编·林贤胡党第九》，《皇明制书》第一册，第 212、214—215 页。
③ 《大明律》卷二，《吏律·职制》，第 34 页。
④ 《明史》卷二，《太祖纪》二，第 26 页。

徙其家于边,著为令。"①明廷还规定:"凡官吏犯枉法赃者,不分南北,俱发北方边卫充军。"②当时"官赃至十六两以上(按:据赵翼《廿二史札记》卷三三《重惩贪吏》的记载,为六十两以上),剥皮实草,府州县、卫所之左,特立一庙,祀土地,为剥皮场,名曰剥皮庙,于公座旁置一剥皮实草之袋"③,以警戒继任的官员。《大明律》还规定:凡官吏受财者,计赃科断。受财不枉法者,1贯以下杖60,每10贯加1等,至120贯,罪止杖100,流3000里;监守自盗仓库钱、粮等物,不分首从,并赃论罪,在右小臂上刺'盗官钱(粮、物)'三字,1贯以下杖80,每2贯500文加1等,至25贯杖100,流3000里,40贯绞④。至于私借官府钱粮和私借官物、挪移出纳、冒支官粮、多收税粮斛两、隐瞒入官家产等,也规定了很重的刑罚。就连因公乘坐官畜、车、船附载物超过规定重量,也要处罚。对监察官员的贪污受贿,处刑更重。《大明律》规定,"凡风宪官受财,及于所按治去处求索借贷人财物,若卖买多取价利及受馈送之类,各加其余官吏二等。"⑤御制《大诰》还规定,所有贪污案件,都要层层追查,顺藤摸瓜,直到全部弄清案情,将贪污分子一网打尽为止。此外,朱元璋还谕示中书省臣,遇到大赦令,"凡犯赃罪者,罪虽已赦,仍征其赃"。刑部据此立下法令:"官吏受赃遇赦免,罪赃并追纳;其在赦前犯赃事发,惧罪逃避及革后发落,依律追究。"⑥

对于封建专制中央集权制度赖以建立的经济基础,明律极力加以保护。封建国家和皇室、贵族、勋戚、官僚、地主的财产,都是神圣不可侵犯的。《大明律》规定,凡盗卖、换易、冒认及侵占他人田宅者,田1亩、屋1间以下,笞50;每田5亩、屋3间,加1等;属于官府的田宅,各加2等。强占官民山场、湖泊、茶园、芦荡及金银铜场、铁冶者,杖100,流3000里。盗耕种官民的田地,也要受到严厉的惩罚。对官僚、地主兼并土地,明律也适当加以限制。《大明律》无占田数量的限制,但严厉禁

① 《明史》卷九三,《刑法志》一,第2288页。
② 《明史》卷九三,《刑法志》一,第2289页。
③ [明]屠叔方:《建文朝野汇编》卷一一,《大理寺少卿胡闰》附录,《北京图书馆古籍珍本丛刊》本。
④ 《大明律》卷二三,《刑律·受赃》,第181—182页;卷十八,《刑律·贼盗》,第136—137页。
⑤ 《大明律》卷二三,《刑律·受赃》,第186页。
⑥ 《明太祖实录》卷七六,洪武五年九月癸亥。

止脱漏版籍、移丘换段、挪移等则、以高作下、诡寄影射等欺隐田粮的行为,禁止接受朦胧投献,禁止官员在现任处所置买田宅。对于惩治窃盗和强盗行为,更为治国之急务。《大明律》规定:"凡强盗已行而不得财者,皆杖一百,流三千里。但得财者,不分首从,皆斩。"①

　　清末法制史专家薛允升曾经指出,明律贯穿着"重其重罪,轻其轻罪"的判刑原则,"大抵事关典礼及风俗教化等事,唐律均较明律为重,盗贼及有关帑项钱粮等事,明律则又较唐律为重"②。明律适当减轻对间接触犯封建统治行为的惩处有利于协调社会关系,又大大加重对直接危害封建统治行为的镇压,使保护与镇压的对象更加集中,以便更好地发挥其强化君主专制中央集权的作用。

---

① 《大明律》卷五,《户律·田宅》,第53、54页。
② 《唐明律合编》卷九,第170页。

第六讲 "锄强扶弱",安定民心

一、"安民为本""锄强扶弱"

明朝建立后,面对动荡不安的局势,朱元璋在重建封建政权、强化君主专制中央集权统治的同时,也从地主阶级的长远利益出发,不断地思考如何协调阶级关系、缓和地主和农民的矛盾、稳定社会秩序的问题。朱元璋不时反思与总结历代王朝特别是元末农民战争的历史教训,认识到起义农民的强大力量,惊呼:"所畏者天,所惧者民。苟所为一有不当,上违天意,下失民心,驯致其极而天怒人怨,未有不危亡者矣。"①他一再引述儒家的名言说:"民犹水也,君犹舟也,水能载舟,亦能覆舟。"②强调民对君既有依存的一面,也有制约的另一面,君主不仅不能"轻民",而且要"畏民""敬民",说:"朕则上畏天,下畏地,中畏人。"③又说:"朕每观《尚书》至

---

① 《明太祖实录》卷三二,洪武元年七月己卯。
② 《明太祖实录》卷五一,洪武三年四月戊辰。
③ 《明太祖实录》卷八〇,洪武六年三月癸卯。

敬授人时,尝叹敬天之事,后世中主犹能知之,敬民之事,则鲜有知之者。盖彼自谓崇高,谓民皆事我者,分所当然,故威严日重,而恩礼寝薄。所以然者,只为视民轻也。视民轻,则与己不相干,而畔涣离散不难矣。惟能知民与己相资,则必无慢视之弊,故曰:'可爱非君,可畏非民。众非元后何戴,后非众罔与守邦。'古之帝王视民何尝敢轻? 故致天下长久者,以此而已。"①基于这种认识,朱元璋提出"安民为本"的主张,认为"凡为治以安民为本,民安则国安"②,要求得天下大治,防止"覆舟"之患,最根本的一条,就是要安定民心。

　　那么,如何才能安民呢? 古代中国以农立国,封建社会存在富者即地主与"贫者"即农民两大对立的阶级。在朱元璋的心目中,理想的社会,是"富者自安,贫者自存","富者得以保其富,贫者得以全其生"③,也就是说,地主阶级能够保有他们的财富,过着富裕的生活,而农民也具备进行简单再生产的条件,能够维持一家人的温饱,可以继续生存下去。要实现这个目标,他认为除了加强君主专制的统治,恢复和发展百孔千疮的经济,更重要的是要协调地主与农民两大对立阶级的关系,使富与贫、强与弱双方都能循分守法,和谐共存,不致激化矛盾,形成对抗,导致社会的分裂与动乱的发生。在农民战争结束后,富者即地主富豪和强者即维护地主阶级利益的各级官吏,掌握着主要的生产资料和国家的权力,处于强势的地位,是矛盾的主要方面。如无适当的限制和约束,听任他们恣意妄为,肆意榨取和欺压贫者和弱者,农民必然无法存活,从而激起强烈的反抗。因此,为大明王朝的长治久安着想,他极力主张"锄强扶弱",一再告谕百官:"天生烝民,有欲无主乃乱。所以乱者,正谓人皆贪心不已,动辄互相兼并,以致强凌弱,众暴寡。"他作为最高君主,必须采取必要的手段和措施,来"锄强扶弱","使有力大的不敢杀了力小的,人多的不敢杀了人少的。纵有无眼的,聋哑的,他有好财宝、妻妾,人也不敢动他的。若强

---

① 《明太祖实录》卷一四六,洪武十五年七月庚戌。
② 《明太祖实录》卷一一三,洪武十年七月。
③ 《明太祖实录》卷四九,洪武三年二月庚午。

将了，以强盗论；暗将了，以窃盗论。因此这般，百姓方安"①。明朝建立前夕，朱元璋在接见各郡新任的县官时，即谕之曰："自古生民之众，必立之君长以统治之。不然，则强者愈强，弱者愈弱，纷纭吞噬，乱无宁日矣。然天下之大，人君不能独治，必设置百官有司以分理之，锄强扶弱，奖善去奸，使民遂其所安，然后可以尽力田亩，足其衣食，输租赋以资国用。"要求他们认真贯彻"锄强扶弱"政策，"勤于政事，尽心于民，民有词讼，当为辨理曲直"②。清代官修《明史》，将朱元璋这个"锄强扶弱"政策称作"右贫抑富"，说："（明太祖）惩元末豪强侮贫弱，立法多右贫抑富"③。

根据"锄强扶弱"的政策，朱元璋以法律的形式提高了劳动者的身份地位。明初制定的《大明律》与御制《大诰》四编，对农民的反抗活动作出严厉的惩治规定，同时也适当地肯定元末农民战争的部分成果，相应地提高农民的身份地位。在唐律中，奴婢、部曲、杂户、官户的地位均低于良人，明代已不存在与良人不同的部曲、杂户、官户的等级，故明律未见有与此相应的条文。关于奴婢，《大明律》明确禁止庶民之家存养奴婢，禁止官民之家阉割、役使"火者"，禁止将他人迷失子女卖为奴婢，禁止冒认良人为奴。洪武二十四年（1391），明廷还规定："役使奴婢，公侯家不过二十人，一品不过十二人，二品不过十人，三品不过八人。"④唐律中有关部曲的某些规定，《大明律》改为"雇工人"，但其法律地位高于部曲，介于良人与奴婢之间。佃农的身份地位，也比元代大大提高。元律规定，地主与佃户之间行主仆之礼，地主打死佃客，仅科以"杖一百七，征烧埋银五十两"⑤，便告了事。洪武五年五月，朱元璋的《正礼仪风俗诏》规定："佃户见田主，不论齿序，并以少事长之礼。若在亲属，不拘主佃，止行亲属礼。"⑥明制父辈曰"尊"，兄辈叫"长"。佃户与地主的关系，由此前的仆主升为少长，佃户虽仍被置于地主的宗法统治之下，但比之宋元，其身份地

① 《皇明诏令》卷二，《戒谕诸司敕》。
② 《明太祖实录》卷二四，吴元年七月丁丑。
③ 《明史》卷七七，《食货志》一，第1880页。
④ ［清］龙文彬纂：《明会要》卷五二，《民政三·奴婢》，中华书局1956年版，第969页。
⑤ 《元典章》卷五七，《刑部四·诸杀·主户打死佃客》，沈刻本。
⑥ 《皇明诏令》卷二。

位毕竟有了提高。因此，《大明律》不仅取消了元律关于地主殴死佃户仅科以杖170，征烧埋钱了事的条款，而且在重新厘定的乡饮酒礼中规定，举行乡饮酒礼时，"除乞丐外，其余但系年老者，虽至贫，亦须上坐，（年）少者虽至富，必序齿下坐，不许搀越"①。农民的人身依附关系有所松弛，对他们的超经济强制也就相对削弱了。

与此同时，明律则相对降低了贵族官僚的特权地位。在中国的封建社会，不同等级的人在法律面前地位是不平等的，所谓"刑不上大夫，礼不下庶人"，就是这种法律现象的概括和反映。周代有所谓"八辟"的专门规定，唐律将"八辟"发展为"八议"，规定皇族、贵戚、达官均享有"八议"即八种减免刑罚的特权，除"谋反""谋大逆"等十恶重罪之外，贵族官僚及其荫亲犯罪，几乎都可免受审判和刑罚。《大明律》则不然，只规定："凡八议者犯罪，实封奏闻取旨，不许擅自勾问。若奉旨推问者，开具所犯及应议之状，先奏请议，议定奏闻，取自上裁。其犯十恶者，不用此律。"②还规定，文武官员犯公罪，只有笞刑以下可以听赎。凡文官犯私罪，"笞四十以下，附过还职；五十，解现任别叙；杖六十，降一等；七十，降二等；八十，降三等；九十，降四等；俱解现任。流官于杂职内叙用，杂职于边远叙用。杖一百者，罢职不叙。若军官有犯，该笞者，附过收赎；杖罪，解现任，降等叙用；该罢职不叙者，降充总旗；该徒、流者，照依地里远近，发各卫充军。"③其余所有法律特权，一概取消。明律还严禁公侯之家侵占官民田地财产、接受投献、隐蔽赋役，禁止藩王侵占民田。并严禁官豪势要侵占他人田宅以及欺隐自己田地粮差的行为，禁止官员在现任处所置买田宅。如有违反，处罚都极严厉。

也正是基于"锄强扶弱"的政策，"太祖之好用峻法，于约束勋贵官吏极严，实未尝滥及平民，且多惟恐虐民"④。洪武年间朱元璋兴起的几起大狱，打击的对象都是勋贵官吏，没有一起是针对平民百姓的。

---

① 万历《明会典》卷七九，《礼部·乡饮酒礼》。

② 《大明律》卷一，《名例律·应议者犯罪》，第 5 页。

③ 《大明律》卷一，《名例律·文武官犯私罪》，第 6—7 页。

④ 孟森：《明清史讲义》上册，中华书局 1981 年版，第 70 页。

　　根据"锄强扶弱"的政策，朱元璋还调整土地关系，推行垦荒屯田。贫苦农民出身的朱元璋，深知广大农民之所以处于贫弱无告的困境，就是由于他们很少甚至没有最主要的生产资料土地。要"扶弱""右贫"，就必须解决他们无地少地的问题。元代土地高度集中，除官府控制着大量官田外，蒙汉地主也大量兼并土地，特别是江南一带，豪右之家更是连阡亘陌。经过长期的战乱，不少地主或死或逃，原先为元朝官府控制的官田和蒙汉地主霸占的民田，部分为农民所耕垦，更多的则成为无主的荒地。洪武元年，朱元璋下诏规定："各处人民，昔因兵燹抛下田土，已被有力之家开垦成熟者，听为己业。"并鼓励百姓积极开垦无主的荒地。三年六月，又采纳济南知府陈修及司农官的建议，将北方郡县近城荒地授予乡民无田者耕种，"户率十五亩，又给地二亩，与之种蔬，有余力者不限顷亩，皆免三年租税"[①]。从一些文献资料的记载来看，这个计丁授田的政策不仅在北方而且也在南方一些地方实行过，只是授田的亩数视各地人口的稠稀、荒地的多寡而有所不同。宣德八年(1433)，江南巡抚周忱曾在一封书信中说："忱尝以太仓一城之户口考之，洪武年间见丁授田十六亩。"[②]说明在江南地区也曾计丁授田，每丁授田 16 亩，略少于北方的每丁授田17 亩。洪武十三年，又诏陕西、河南、山东、北平等布政司及凤阳、淮安、扬州、庐州等府，"民间田土，许尽力开垦，有司毋得起科"[③]。洪武二十八年重新规定，"凡民间开垦荒田，从其首实，首实一年后官为收科"[④]。虽然取消了原先永不起科的规定，但农民通过向政府纳税服役，取得了土地的所有权。明初土地关系的调整，使广大农民获得了土地，自耕农的数量因此大增，占到农村人口的多数，成为明初农业生产迅速恢复和发展、乡村社会秩序迅速趋于稳定的一个关键因素。

　　由于我国幅员辽阔，各地自然条件千差万别，经济发展状况也参差不齐，人口的分布极不均匀。元末农民战争期间，各地遭受战火的破坏又程度不一，特别是中

① 《明太祖实录》卷五三，洪武三年六月丁丑。
② 《明经世文编》卷二二，《王周二公疏·与行在户部诸公疏》。
③ 万历《明会典》卷一七，《户部·田土》。
④ 万历《明会典》卷一七，《户部·田土》。

原诸州，遭到的破坏最为严重，积骸成丘，居民鲜少，大多变成丁少田多的"宽乡"，按照规定数额分配土地，并鼓励农民尽力垦辟之后，还闲置着大量荒地，而其他未曾遭受战火破坏或破坏较少的地方，人口较多，荒地较少，又成为田少丁多的"狭乡"，土地不够分配。朱元璋于是又下令"移民就宽乡"，将无地或少地的农民从狭乡迁至宽乡，由官府授予土地，"给牛、种、车、粮以资遣之，三年不征其税"①。这些移民，后来也多成为拥有小块土地的自耕农。

　　朱元璋还根据"锄强扶弱"的政策，实行轻徭薄赋，减轻百姓负担。朱元璋认为，"保国之道，藏富于民。"②"大抵百姓足而后国富，百姓逸而后国安。未有民穷，而后国独富安者"③。"善治者，视民犹己，爱而勿伤。不善者，征敛诛求，惟日不足。殊不知君民一体，民既不能安其生，君亦岂能独安厥位乎？"④他对军官的一番训话，把这个意思表达得更为直截了当："且如人家养个鸡狗及猪羊，也等长成然后用。未长成，怎么说道不喂食，不放？必要喂食看放有条理，这等禽兽畜生方可用。"⑤因此，他反复告诫臣下："夫步急则踬，弦急则绝，民急则乱。居上之道，正当用宽。"⑥强调要把眼前利益和长远利益结合起来，对百姓"取之有制，用之有节"⑦，实行轻徭薄赋的政策。明初的赋役法规定："凡官田亩税五升三合五勺，民田减二升。"⑧民田一般亩税 3 升 3 合 5 勺，按当时亩产量最低 1 石而论，为三十税一。不论是官田还是民田，税率均较元末大为减轻。官田是地租和赋税合并征收，所以税率较民田为重，苏、松、嘉、湖四府是官田集中的地方，农民负担不了，朱元璋曾在洪武七年五月令户部减租，"如亩税七斗五升者除其半，以苏民力"⑨。十三年三月，又令户部再减

　　① 《明史》卷七七，《食货志》一，第 1879 页。
　　② 《明太祖实录》卷一七六，洪武十八年十一月甲子。
　　③ 《明太祖实录》卷二五〇，洪武三十年二月壬辰。
　　④ 《明太祖实录》卷七六，洪武五年十月丁酉。
　　⑤ ［明］朱元璋：《大诰武臣序》，《皇明制书》第一册，第 257 页。
　　⑥ 《明太祖实录》卷三八，洪武二年正月庚子。
　　⑦ 《明太祖实录》卷二七，吴元年十一月甲午。
　　⑧ 《明史》卷七七，《食货志》一，第 1896 页。
　　⑨ 《明太祖实录》卷八九，洪武七年五月癸巳。

一次,"旧额田亩科七斗五升至四斗四升者,减十之二,四斗三升至三斗六升者,俱止征三斗五升,以下仍旧"①。

历代人民负担最重的是徭役,朱元璋也作了较大的改革。洪武初年的徭役分为三类。一类是均工夫役,按"验田出夫"的原则金派。这一金派原则的产生,可以追溯到洪武建国之前。早在元代中叶之后,有些元朝的地方官鉴于"赋役屡不均"之弊,曾经试行"令民自实田,随其高下为定"②的办法,按田亩数额金派徭役。朱元璋占领江南地区后,他的一些部属也曾采用这种办法来征派徭役。洪武元年(1368)二月,正式议定役法,朱元璋以立国之初,经营兴作,必资民力,恐役及贫民,乃命中书省验田出夫。于是省臣奏议,直隶、应天等18府州及江西饶州、九江、南康3府,田一顷出丁夫一人,不及顷者以别田足之,名曰均工夫。"遇有兴作,于农隙用之"③。三年七月,令直隶、应天等18府及江西九江、饶州、南康等3府编制《均工夫图册》,计田出夫,在每年农闲赴京服役30天④。八年三月重申此令,并"复命户部计田多寡之数,工部定其役,每岁冬农隙至京,应役一月遣归"⑤。洪武初年,全国尚未统一,这种均工夫役只施行于江南地区,是组织当地百姓到南京应役的办法。不过,其他地区金派徭役,也都贯彻均工夫役的"验田出夫"原则。如洪武四年二月晋王相曹兴请于太原古城营建晋王府,朱元璋指示中书省曰:"筑城之役,宜令民计田,每顷出一夫,参以太原、平阳、潞州诸卫军士。"⑥

另一类徭役是杂役,也叫杂泛,名目极其繁多。金派原则是"验田金差",即根据田粮的多寡点当,同"验田出夫"差不多。如洪武元年正月,置水、陆驿站及递运所、急递铺,所需马、驴、车、人夫等,皆"验民田粮出备"⑦。个别杂役,也有按丁粮多

---

① 《明太祖实录》卷一三〇,洪武十三年正月壬辰。
② 《宋濂全集》卷五六,《元故翰林待制朝散大夫致仕雷府君墓志铭》,第1319页。
③ 《明太祖实录》卷三〇,洪武元年二月乙丑。
④ 《明太祖实录》卷五四,洪武三年七月辛卯。
⑤ 《明太祖实录》卷九八,洪武八年三月壬戌。
⑥ 《明太祖实录》卷六一,洪武四年二月戊午。
⑦ 《明太祖实录》卷二九,洪武元年正月庚子。

寡金派的，如洪武五年十月朱元璋曾下令，"马夫必从粮富丁多者充之"①。

第三类是里甲正役。它最初在江南地区实行，至洪武十四年黄册与里甲制度推向全国后，便在全国普遍施行。明代的里甲制度，规定以 110 户为 1 里，编为 10 甲。推丁粮多者 10 户为里长，余 100 户为甲首。每年由 1 名里长，带领 1 名甲首及其所辖的 10 户人家，负责催办税粮，勾摄公事。十年一轮值，周而复始。

这三大类徭役施行之后，朱元璋觉得仍存在负担不均的问题。洪武十八年正月，明廷命全国府州县官，将民户分为上、中、下等编制赋役黄册，贮于厅事，"凡遇徭役，则发册验其轻重而役之"②。三等人户的划分标准是："其如父子三丁以上，田粮十石以上，或虽止一二丁，田种不多，而别有生理，衣食丰裕，以仆马出入者，定为上丁。其有三丁以上，田粮五石上下，父子躬耕足食，及虽止有二丁，田种不多，颇有生理，足勾衣食者，为中丁。其有一二丁，田种不多，力耕衣食不缺，辛苦度日，或虽止单丁，勤于生理，亦勾衣食者，为下丁。其若贫门单丁，或病弱不堪生理，或佣工借贷于人者，为下下丁。"③洪武二十六年定制："凡各处有司，十年一造黄册，分豁上、中、下三等人户，仍开军、民、灶、匠等籍，除排年里甲依次充当外，其大小杂泛差役，各照所分上、中、下三等人户点差。"④这样，原先金派均工夫役和杂役"验田出夫""验田金差"的原则也就失效了，均工夫役便废而不行。除里甲正役外，所有的徭役都统称为杂役或杂泛，按丁粮的多寡金派。上述诸种徭役，均工夫役的"验田出夫"，里甲正役与杂泛差役的"验田金差"或"验民之丁粮多寡"金派，都是有利于少地或无地的农民的。

为了减少田赋征收中的舞弊现象，减轻百姓的负担，并保证国家的田赋收入，朱元璋还建立粮长制度。原先各地的田赋都由郡县官吏直接征收，令纳粮户亲赴指定的粮仓交纳。郡县官吏往往乘机舞弊，侵渔于民。有的纳粮户因为路途遥远，

---

① 《明太祖实录》卷一六，洪武五年十月丁酉。
② 《明太祖实录》卷一七〇，洪武十八年正月己卯。
③ 《明经世文编》卷一三四，《胡端敏公奏议·为定册籍以均徭役疏》。
④ 万历《明会典》卷二〇，《户部·赋役》。

就花一笔钱将税粮委托揽纳户代为交纳。揽纳户便和府、州、县官吏互相勾结,从中贪污,共同分赃。朱元璋召集大臣,讨论解决办法。大臣们认为地方官都是外地人,不了解本地情况,容易被黠胥宿豪所蒙蔽,而民受其害,不如由有声望的本地富豪充当粮长,由他们负责向纳粮户征收田赋,解送官仓。朱元璋采纳这个建议,于洪武四年九月令户部统计民田赋税,大致以纳粮1万石划为1区,选用占地最多的地主担任粮长,负责督征税粮,说:"此以良民治良民,必无侵渔之患矣。"①这个制度主要实行于税粮数额较多的浙江、直隶、江西、湖广、福建等地。起初每区只设粮长一名,常常忙不过来,洪武十年增设副粮长一名。三十年七月又改为每区设正副粮长三名,"以区内丁粮多者为之,编定次序,轮流应役,周而复始"②。粮长只是尽义务的杂役,没有薪俸报酬。为了鼓励粮长的工作,明廷规定他们如有杂犯、死罪和徒、流罪,可以纳铜赎罪,以示优待。粮长如按期将税粮如数解运京师,朱元璋还亲自召见,提拔他们做官。

朱元璋深知"四民之业,莫劳于农"③,因此较能体恤民情,撙节用度,惜用民力。他注意躬行俭朴,不建台榭园囿,宫室的营建也尽可能朴素,但求坚固实用,大规模的营建工程也尽量加以限制,必度时量力顺民情而后为之。洪武元年十一月,工部拟征调苏、松、嘉、湖四府的服均工夫役的百姓到京师修建城池,户部侍郎杭棋表示反对,说各郡秋租尚未交纳,农民正在种麦,时不可违,况且现今北征军士的战袄尚未备齐,也需要百姓制作,建议推迟京师城池的修建,以纾民力。朱元璋马上采纳,下令免除四府百姓的均工夫役,只令他们制办战袄。二年十一月,中书省奏请营建后堂,朱元璋说:"土木工程,连岁不息,今又欲为此,能不病民乎?待民力稍纾,为之未晚也。"④十七年正月,应天府因京师大中、昇平、幕府、金川、百川、云集六座桥梁年久失修,请示调集民工修治,朱元璋认为正值春耕,恐妨农务,令以输作的罪徒

---

① 《明太祖实录》卷六八,洪武四年九月丁丑。
② 《明太祖实录》卷二五四,洪武三十年七月乙亥。
③ 《明太祖实录》卷二五〇,洪武三十年二月壬辰。
④ 《明太祖实录》卷四七,洪武二年十一月丁酉。

赴工,官给其费。

遇到自然灾害,朱元璋要求地方官必须及时报告,并及时进行赈济,否则将受到严厉的惩处。洪武十年,荆、蕲发生水灾,朱元璋命户部主事赵乾前往赈济。赵乾迁延半载,他怒而诛之。二十年,贵州发生旱、蝗之灾,有关部门没有及时上报。翌年正月,朱元璋下令逮治有关官吏,并规定:"灾伤州县,许耆民申诉,处以极刑。"①遇到严重的自然灾害,查勘属实,朱元璋即下诏蠲免受灾之民的税粮,并进行赈济。史载,洪武年间,"凡岁灾,尽蠲二税,且贷以米,甚者赐米布若钞。"朱元璋"在位三十余年,赐予布钞数百万,米百余万,所蠲租税无数"②。为了贮备救灾的粮食,朱元璋特于洪武二十三年五月告谕户部尚书赵勉:"务农重谷,王政所先。……朕屡敕有司劝课农桑,而储蓄之丰,未见其效,一遇水旱,民即饥困。故尝令河南等处郡县各置仓廪,于丰岁给价籴谷,就择其地民人年高而笃实者主之。或遇荒歉,即以赈给,庶使民得足食,野无饿夫。其有未备之处,宜皆举行。"当时,恰值各地老人被召入京师随朝,朱元璋便命择其可用者至户部领取钞币,回到各地籴谷备荒③。此后,各府州县皆陆续建立起东、西、南、北四个预备仓,储粮多者万余石,少者四五千石。洪武二十六年四月,朱元璋遂命户部通令全国郡县:"自今凡遇岁饥,则先发仓廪以贷民,然后奏闻,著为令。"④

除了赈灾,明廷还对一些生活有困难的贫民实行救济。洪武八年正月,朱元璋即命中书省,令全国郡县官吏探访民贫无告者,月给以衣食;无依者,给以房舍。明廷还多次对贫民实行救济,如洪武二十二年四月,赐九江、黄州、汉阳、武昌、岳州、荆州诸郡贫民,每丁1锭钞币,又赐沿江递运所水驿夫,每人5锭钞币,共赐钞912167锭;又赐钞给常德、长沙、辰州、靖州、衡州、永州、宝庆、郴州、德安、沔阳、安陆、襄阳等处贫民,计1468700余锭。考虑到许多贫苦百姓缺医少药,甚至死后无地

① 《明史》卷七八,《食货志》二,第1908页。
② 《明史》卷七八,《食货志》二,第1908页。
③ 《明太祖实录》卷二〇二,洪武二十二年五月壬子。
④ 《明太祖实录》卷二二七,洪武二十六年四月乙亥。

可以安葬,朱元璋还下令在各府州县设立惠民药局,置官医,给贫病之军民提供医药;贫病死亡无地可葬者,则由官府在京城或地方设置的漏泽园(又名露泽园),或由官府、私人在各府州县设立的义冢,给予安葬。朱元璋还注意存恤孤寡老人。洪武元年八月的《大赦天下诏》宣布:"民七十以上者,许令一子侍养,免其差役。"①并令各地建立养济院,又称孤老院,收养孤贫残疾、无依无靠的老人,由官府提供衣食及丧葬费用。

朱元璋"锄强扶弱"的种种措施实行二三十年后,收到了良好的效果,加上他严惩贪官污吏,打击不法豪强(这也是"锄强扶弱"的重要举措),使社会矛盾得到很大的缓和。特别是土地关系的调整,垦荒屯田的推行,使许多无地少地的农民获得土地,自耕农的数量大量增加,加上轻徭薄赋的施行,推进农业生产的恢复和发展,使广大农民的生活得到改善,更是有力地缓解了当时主要的社会矛盾即阶级矛盾,农村的社会秩序便逐渐趋于稳定。"山市晴,山鸟鸣,商旅行,农夫耕,老瓦盆中冽酒盈,呼器齅突不闻声"②,呈现一派国泰民安的景象。民间甚至还流传着"道不拾遗"的传说,谓"闻之故老言,洪武纪年之末,庚辰(建文二年,1400)前后,人间道不拾遗,有见遗钞于涂,拾起一视,恐污贱,更置阶圻高洁处,直不取也"③。

二、整肃吏治,严惩贪腐

明朝建立之初,许多官吏承袭元朝官场的腐败风气,贪污行贿,欺凌小民。朱元璋登基不久,就敏锐地察觉到,"所任之人,不才者众,往往蹈袭胡元之弊"④。他

---

① 《明太祖实录》卷三四,洪武元年八月己卯。
② [清]朱彝尊辑:《明诗综》卷一〇〇,《南丰歌》,《四库全书》本。
③ 《野记》卷二。
④ 《御制大诰·胡元制治第三》,《皇明制书》第二册,第47页。

们擅权枉法,蠹政害民,"掌钱谷者盗钱谷,掌刑名者出入刑名"①。这种行为,不仅侵犯朝廷的经济利益,妨碍国家机器的正常运转,而且额外加重百姓的负担,激起农民的强烈不满和反抗。朱元璋认识到"不禁贪暴,则民无以遂其生"②,决心整肃吏治,严惩贪腐。登基次年,即对百官宣布:"但遇官吏贪污、蠹害吾民者,罪之不恕,卿等当体朕言。若守己廉而奉法公,犹人行坦途,从容自适。苟贪贿罹法,犹行荆棘中,寸步不可移;纵得出,体无完肤矣。"③并采取一些措施,开始整肃吏治。但经过一段时间的整顿,官场的腐败不仅未能抑制,而且愈演愈烈。于是,朱元璋决定采取更为严厉的手段,来打击贪腐,刷新吏治。洪武十八年(1385)七月,他宣布:"朕握乾符,抚蒸黎,于今十有八年矣。孜孜求贤,期于致治。然职任方隅者,无牧民之政,而有殃民之患,于是欲尽革其人而更张之,以措生民于治安。"④大约从这一年起,严惩贪腐、整肃吏治的斗争进入高潮。

朱元璋严惩贪腐、整肃吏治的第一步,是建立严格的官吏考核制度。对官吏的考核,主要采取考满和考察两种办法,二者相辅而行,考核其品行与政绩,以凭黜陟。

考满是对任职达到规定年限的单个官吏包括京官(指南京各衙门及应天府的官员)、外官(指布政司、府、州县等行政机构以及行太仆寺、苑马寺、都转运司、盐课提举司等专务机构的官员)、教官(指地方各级学校中负责教学与管理的官员)、杂职官(指仓库、税课司局、河泊所、茶盐批验所、抽分竹木局、巡检司、驿递所等各种低级专务机构的官员)和吏员(指政府机构中的低级办事人员)等政绩的考核。洪武二年九月,朱元璋就"诏府州县正官(指各机构中的主要负责官员)三年一考课于吏部"⑤,明确规定三周年为一个任期。九年十二月,又命中书吏部:"自今诸司正、

① 《御制大诰·谕官毋作非为第四十三》,《皇明制书》第二册,第68页。
② 《明太祖实录》卷二九,洪武元年正月乙酉。
③ 《明太祖实录》卷三九,洪武二年二月甲午。
④ 《明太祖实录》卷一七四,洪武十八年七月乙丑。
⑤ 《明太祖实录》卷四五,洪武二年九月癸酉。

佐(正,指各机构中的正职官员;佐,指各机构中的副职,为正官的副手和辅佐官员)、首领(指各机构中负责文移和本署内部庶务的官员,凡是设有首领官的机构,其正官又称堂上官)杂职官俱以九年为满","各处有司知府以实历俸月日为始,每年一朝觐,其佐贰官及知州、知县每三年一朝觐"①,后来逐渐形成一种考满制度,规定内外官在九年任职期间,每三年考核一次,任职满 36 或 37 个月(遇有闰月即为37 个月)为一考(或曰初考),满六年为再考,满九年为通考。其具体程序屡经调整、变动,至洪武二十六年基本定型。

按照这种考满制度,在京六部四品以上官员和近侍机构通政司、光禄司、翰林院、尚宝司的官员及给事中、中书舍人、东宫官,耳目风纪之司监察御史及不系常选的太医院、钦天监、王府官,九年任满,毋需考核,黜陟俱由皇帝裁夺②。六部五品以下官员,太常寺、光禄司、通政司、大理寺、国子监、太仆寺、钦天监、翰林院、太医院、仪礼司属官(指各机构正官之下分理庶务的属员及其下辖机构的官员),历任三年,听于本衙门正官察其行能,验其勤惰,开写"称职""平常""不称职"的评语,送监察御史考核,吏部复考。在京军职文官,俱从监察御史考核,各以九年通考。应天府五品以下官员,从都御史考核。布政司四品以上、按察司五品以上官员,俱系正官、佐贰官,三年考满,给由("由"指考核证明文件)进牌,别无考核部门,从都察院考核,吏部复考,具奏黜陟,"取自上裁"。盐运司首领官,任满俱从本处布政司考核,仍送本处按察司复考,盐运司五品以上正佐官,别无考核部门,从都察院考核,吏部复考。府州县官考满,府正官从布、按二司考核。府、州佐贰、首领官,及所属州县大小官,卫所首领官,从府、州正官考核。县佐贰、首领官及属官,从县正官考核。俱经布、按二司考核,吏部考功清吏司复考③。每次考核之后,都要对官员的政绩和才干作出评定,评语分为"称职""平常""不称职"三种,为上、中、下三等。最后根据三次考核的评语进行综合评判,"二考称职,一考平常,从称职;二考称职,一考不

---

① 《明太祖实录》卷一一〇,洪武九年十二月乙未。
② 《诸司职掌·吏户部职掌·考功部》,《皇明制书》第二册,第 404 页。
③ 万历《明会典》卷一二,《吏部·考核·官员》。

称职,或二考平常,一考称职,或称职、平常、不称职各一考者,俱从平常;二考平常,一考不称职,从不称职"①。称职者升,平常者复职,不称职者降。对吏员、承差、知印等政府机构中的低级办事人员的考满及其黜陟,洪武二十六年也作出具体的规定。

考察是对官员群体的定期或不定期的考核,以查处其中的不胜任职务者,带有监察的性质。考察的对象,只限于官员而不包括吏员。洪武四年十二月,朱元璋命工部尚书朱守仁廉察山东莱州诸郡官员,六年二月令御史台御史及各道按察司察举有司有无过犯,奏报黜陟,这是一种不定期的巡视考察。除了巡视考察,还有对地方官定期的朝觐考察,称为"外察"。定期考察始于洪武十一年,至十七年形成一种正式的制度。起初,规定外官每年都需于十二月二十五日前携带功业文册入京朝觐,唯路途遥远的云南官员可免朝觐。十八年改为三年一朝,并以辰、戌、丑、未为朝觐之期,评语分"称职""平常""不称职""贪污""阘茸"五等,"称职者升,平常者复其职,不称职者降,贪污者付法司罪之,阘茸者(驽弱无能者)免为民"②。后来,从正德十年(1515)起,又逐步建立起对京官的考察制度③,称为"京察"。京察与外察都称为"大计",凡在大计中受到处分的,不复叙用。洪武年间的考核,考满多升迁,考察则多罢黜。

官吏经过考核后,如有好的表现,朱元璋就大力加以表彰。是否具有廉洁奉公的品质,是朱元璋衡量官吏好坏的一条最重要的标准。洪武四年闰三月,刑部搜出狱中囚犯、御史台管勾宇文桂所藏的书信百封,送给朱元璋过目。朱元璋发现其中有一封嘉兴府布衣王升托宇文桂转交给他儿子、平凉知县王瑱的信件,信中教导王瑱:"凡事须清心洁己,以廉自守。食贫处俭,儒者之常,慎勿以富贵为念。古人云:'贫乏不能存,此是好消息。'正当以此为受用也。治民以仁慈为心,报国以忠勤为

---

① 万历《明会典》卷一二,《吏部·考核·官员》。

② 《明太祖实录》卷一七〇,洪武十八年正月癸巳。

③ 《明武宗实录》卷一二三,正德十年四月甲午,台北:"中央研究院历史语言研究所"1962年影印校勘本。

本,处己当以谦敬,学业更须勉力。暇日即以性理之书及群经留玩,自然所思无邪。更须熟读新律,自然守法不惑。"朱元璋非常高兴,称赞道:"书中语言谆切,教以忠孝。子之贤否虽未可知,然薄俗中有善于为人父者如此,谁能出其右哉!"立即命中书省派人赍诏到王升家予以褒奖,赐以白金 100 两、附子 5 枚、川椒 5 斤、绢 10 匹,免除里长、弓兵之役,并将自己亲撰的诏书、王升的谢恩表及家书公布于众,以为全国臣民之表率①。官吏为政忠勤不贪、廉洁奉公者,朱元璋即予旌表,加以提拔。早在龙凤七年(1361),朱元璋攻占婺州后,选拔隶仆出身的王兴宗为全华知县。文武重臣李善长、李文忠等都表示反对,认为他出身微贱,难当一邑之长,但朱元璋力排众议,说王兴宗跟随我多年,勤廉能干,比谁都强。王兴宗任职三年,果然政绩卓著,名闻遐迩。朱元璋又提升他为南昌通判,后改任嵩州知州,再迁怀庆知府。大计之年,地方官入京朝觐,朱元璋逐一考问一番,轮到王兴宗,他说此人忠勤不贪,不须问,又命为苏州知府,洪武十年五月再擢为河南布政使,使之成为一员地方大吏。当时曾有不少官吏,因为政绩显著,自下僚不次擢用,如王尚贤自宁远尉擢为广西参政,邹俊自祥符县丞擢为大理寺卿,元善自静宁州判擢为佥都御史,李行素自芝阳县令擢为刑部侍郎。

对官吏的表彰,朱元璋很注意听取士民的意见。他立下一条法令:自布政司至府、州、县的官吏,如非出自朝廷的号令,私自巧立名色,害民敛财,或者清廉直干、抚民有方的,允许境内耆宿老人、遍处乡村市井士君子等,联名赴京状奏,作为官吏赏罚升降的参考,并特地指出《大明律》规定士庶人等不得上言官执大臣美政,旨在警告在京官吏不得结党营私,紊乱朝政,在外诸司不受这个律条的限制②。又规定,凡有耆民人等赴京面奏官吏品行政绩者,虽无文引,所在关津把隘去处问清缘由后,即时放行,毋得阻挡,如有阻挡按"邀截实封"罪论处,予以斩首。当时法令严酷,官吏常因一些微疵细过而被逮捕判刑,不少清官循吏也含冤下狱。但是,如果

---

① 《水东日记》卷一一,《记王轸父家书事》,第 115—117 页。按:《明太祖实录》卷六三,洪武四年闰三月条记王升子名瑱,《水东日记》则说名轸,此处采用实录的说法。

② 《御制大诰·民陈有司贤否第三十六》,《皇明制书》第一册,第 65 页。

老百姓能列举这些官吏的政绩,出面替他们申诉,朱元璋便予以释放,官复原职,甚至越级加以提拔。如汉中府同知柴庸以事下刑部狱,他的僚佐和关在一起的狱囚代为申冤,一致证明他"在官廉介",朱元璋即让其复职,并将代为申冤的同狱囚犯减罪一等。四川定远(治今四川武胜西南)知县高斗南才识精敏,在职多有善政,洪武二十九年与永州知府余彦诚、齐东(今山东邹平县西北)知县郑敏、仪真知县康彦民、岳池(今四川广安)知县王佐、安肃(今河北徐水)知县范志远、当涂知县孟廉及怀宁(今安徽安庆)县丞苏亿、休宁县丞甘铺、当涂县丞赵森并坐事,先后被捕。所在府、县的耆民奔走京师,上报他们的政绩,代为申冤,朱元璋"嘉之",即赐给这些官员袭衣、宝钞,令官复原职,并赐给耆民往返路费。这些官吏还任后,政绩益著。不久,高斗南还被举为廉吏,被列名《彰善榜》《圣政记》。九年考满,政绩为同僚之最,又擢为云南新兴(治今云南玉溪)知州。旌表与惩治相结合,收到了奖廉惩贪的效果,"由是长吏竞劝,一时多循吏之绩焉"①。

对于官吏玩忽职守,违法乱纪的行为,朱元璋则采取果断措施,严加惩处。洪武六年(1373)八月,御史大夫陈宁奉命祭奠孔子,丞相胡惟庸、诚意伯刘基、参政冯冕等不陪祭而受胙(祭祀用过的酒、肉等祭品),朱元璋很生气,说:刘基等人学圣人之道而不陪祀,对不学圣人之道者将何以示劝?既不与祭而享其胙,于礼可否?下令停发刘基、冯冕各一月俸禄,陈宁"坐不举,亦停俸半月"②。二十四年八月,礼部右侍郎凌汉因不修职事,被降为都察院左金都御史。

对官吏的公务性错误,朱元璋一般大多采用罢官、贬官、调职等行政处理办法处理,即使处刑,一般也较轻,很少采用刑戮的手段。有些官吏因事被捕待判,由于不是犯贪污罪,朱元璋往往还加以赦免。如洪武二十七年九月,浙江右布政使杨允、左参政罗钟、右参政李文华,湖州知府王祯俱以事被逮,朱元璋因为他们都不是犯贪污罪,皆予赦免,官复原职。但对犯有贪赃罪的官吏,他绝不轻饶。朱元璋认

---

① 《明史》卷二八一,《史诚祖传》,第 7191 页。
② 《明太祖实录》卷八四,洪武六年八月丁丑。

为,吏治之弊莫甚于贪墨,而庸鄙者次之,说:"朕于廉能之官,虽或有过,常加宥免,若贪虐之徒,虽小罪亦不赦也。"①官吏犯赃罪者,他不仅动用刑狱严加惩处,而且往往法外加刑。罪行较轻的,处以谪戍、屯田、工役之刑,罪行重的,则处以墨面文身、挑筋、挑膝盖、剁指、断手、刖足、刷洗、称竿、抽肠、黥刺、刵、劓、阉割为奴、锡蛇游、斩趾枷令、常号枷令、枷项游历、迫令自杀、枭首、凌迟、免发广西拿象、全家发配远方为奴、族诛等各种非刑。户部尚书赵勉夫妇俩大肆贪污受贿,案发后被杀。大名府开州(治今河南濮阳)判官刘汝霖,追索该州官吏罗从礼等替贪官藏匿的赃款,逼令各乡村的百姓代为赔纳,被枭令于市。当时官吏贪赃达到 60 两以上,均处以枭首示众、剥皮实草之刑。各府、州、县和卫所衙门左首的土地庙,就是行刑的场所,叫作剥皮庙,也叫皮场庙。贪官被押到那里,砍下脑袋,挂到旗杆上示众,再剥下人皮,塞上稻草,摆到衙门公座旁边,用来警诫继任的官员。后来,朱元璋见官吏犯赃罪的很多,说:"本欲除贪赃官吏,奈何朝杀而夕犯!"甚至下令:"今后犯赃者,不分轻重皆诛之!"②

对违法犯禁的官吏,除去平常随时惩办外,朱元璋还实行几次大规模的集中清洗,如洪武四年(1371)录(甄别)全国官吏、八年空印案、十八年郭桓案、十九年逮官吏积年为民害者,声势都极浩大。其中,尤以空印案与郭桓案的规模最大,两案连坐被杀的达七八万人。

空印案发生在洪武八年(1375)③。原来按照规定,全国各布政司和府、州、县,每年都必须派计吏到户部报告地方财政的收支账目。所有钱粮、军需等款项,府报布政司,布政司报户部,层层上报,经过户部审核,户部掌握的数字必须与各布政司收支款项总和的数字完全吻合,各布政司的数字也必须与下辖各府州收支款项总和的数字完全吻合,才能结账。数字如有分毫差错,整个表册即被驳回,需要重新

---

① 《明太祖实录》卷七九,洪武六年二月壬寅。

② 《国初事迹》。

③ 空印案的发生年代,一说为洪武九年,一说为洪武十五年,实为洪武八年。详见拙作《明初空印案发生年代考》,《历史研究》1982 年第四期;《朱元璋研究》第 337—338 页。

填造。布政司和府州距离京师远的六七千里或三四千里,重造表册要加盖衙门的大印,来回跑一趟得花上个把月甚至一年的时间,那就会错过报账的期限。为了减少麻烦,节省时间,各地的计吏都带上已经盖好衙门大印的空白表册,以备部驳时重新填写造册。这种空白表册,盖的是骑缝印,除了向户部报账填用之外,并没有其他用途。各地计吏年年都这么办,谁也不认为有什么问题。洪武八年,生性多疑的朱元璋知道了这件事,大发雷霆,说:如此作弊瞒我,此盖部官容私,所以布政司敢将空印填写。尚书与布政司官尽诛之。于是,"凡主印吏及署印有名者皆逮系御史狱,狱凡数百人"①。户部尚书周肃及行省大臣二十余人,守、令署印者皆被处死,"佐贰以下榜一百,免死,为军远方"②。整个案件被杀者数百人,受杖戍边者又数千人。

洪武十八年,御史余敏、丁廷举告发北平布政司、按察司官吏李彧、赵全德与户部右侍郎郭桓、胡益、王道亨等通同舞弊,侵盗官粮。朱元璋下令将他们逮捕入狱,严加审讯,供词牵连到礼部尚书赵瑁、刑部尚书王惠迪、兵部侍郎王志、工部侍郎麦至德等。三月,将赵瑁等人弃市,六部左右侍郎以下皆处死,追缴赃粮 700 万石。供词还牵连到各布政司的官吏,入狱被杀者又数万人。御制《大诰》宣布郭桓等人的罪状说:"其所盗仓粮以军卫言之,三年所积卖空。前者榜上若欲尽写,恐民不信,但略写七百万(石)耳。若将其余仓分并十二布政司通同盗卖见在仓粮,及接受浙西四府钞五十万张(贯)、卖米一百九十万石不上仓,通算诸色课程鱼盐等项,及通同承运课官范朝宗偷盗金银,广惠库官张裕妄支钞六百万张(贯),除盗库见在宝钞、金银不算外,其卖在仓税粮及未上仓该收税粮及鱼盐诸色等项课程,共折米算,

---

① [明]方孝孺:《叶伯巨郑士利传》,[清]黄宗羲辑:《明文海》卷八三七,中华书局 1987 年影印本。
② [明]宋端仪:《立斋闲录》,《国朝典故》卷三九,第 912 页;《弇山堂别集》卷四八,《户部尚书表》,第 895 页;《明史》卷九四,《刑法志》二,第 2318—2319 页。

所废者二千四百余万(石)精粮。"①因为案件牵连的人多,打击面大,引起许多地主官僚的不满和恐慌,他们纷纷攻击告发负责审讯的御史和法官,并说朝廷罪人,玉石不分。为了防止矛盾的扩大,朱元璋一面手诏公布郭桓等人的罪状,一面又将原审法官右刑审吴庸等人处以磔刑,以平众怨,并下令:"朕诏有司除奸,顾复生奸扰吾民,今后有如此者遇赦不宥!"②

对吏治的整肃,朱元璋还注意做到不避亲故。皇亲国戚、故旧勋臣违法犯禁,他也毫不宽假,照样惩治。淮安侯华云龙在北平私据元丞相脱脱的大宅第,犹嫌不足,还役使士卒翻修大长公主府并"僭用故元宫中物",朱元璋就撤了他的职,将他调回京师,他后来死于回京的途中。驸马都尉欧阳伦是马皇后亲生女儿安庆公主的夫婿,他不顾朝廷的禁令,多次派家奴去陕西偷运私茶出境贩卖。家奴个个倚仗权势,骄横暴虐。尤其是周保,更是随意凌辱地方官吏,稍不如意,就把他们狠揍一顿,所到之处,不胜其扰。洪武三十年四月,正值春耕大忙季节,欧阳伦又强迫陕西布政司发文叫下辖府州县派车替他往河州运送私茶。家奴周保走到哪里,就叫哪里的衙门官吏给他派车,"共索车五十辆"。到了兰县(治今甘肃兰州)河桥巡检司,又肆意殴打巡检司的小吏。小吏不堪忍受,向朝廷告发。朱元璋闻讯怒不可遏,六月"以布政司官不言,并伦赐死,周保等皆伏诛,茶货没入于官",并写了一道敕书,派人送到河桥巡检司,慰问那个不畏权贵的小吏。

明初整肃吏治的斗争前后延续二三十年的时间,大约在洪武十八年至二十八年达到高潮。这场斗争,是在强化君主专制统治的历史背景下进行的,因而带有特别残暴的特征。朱元璋猜忌多疑,刚愎自用,而又求治心切,恨不得一个早上就能

---

① 《御制大诰·郭桓造罪第四十九》,《皇明制书》第一册,第72页;《明太祖实录》卷一七二,洪武十八年三月己丑。按:《御制大诰·朝臣优劣第二十六》(《皇明制书》第一册,第59页)记案发时郭桓为户部试侍郎,《明史》卷三《太祖纪》三(第42页)、卷九四《刑法志》二(第2318页)则记为户部侍郎,未明言是左侍郎还是右侍郎。查《明史》卷一一一《七卿年表》一(第2398页),郭桓于洪武十七年五月任户部试尚书,《明太祖实录》卷一七〇洪武十八年正月甲子条又记擢户部试尚书郭桓为右侍郎,则案发时他应是户部右侍郎。

② 《明史》卷九四,《刑法志》二,第2318页。

扫除官场的腐败现象。洪武建国之前，他强调"治新国用轻典"，不论是建国前夕制定的吴元年律还是建国初期制定的洪武七年、九年律，都贯穿着"刑得其当""务求适中""务合中正"的原则。后来，见官吏的违法行为层出不穷，便大搞法外用刑，相继颁布御制《大诰》四编，"施五刑而不拘常宪"①。并在洪武二十六年八月重修《大明律》，对官吏的惩处量刑大大加重，用刑手段也更加残暴。御制《大诰三编》所列的案件，处刑算是较轻的，"然所记进士监生罪名，自一犯至四犯者犹三百六十四人"②。同时，随着皇权的不断扩张，朱元璋又常越俎代庖，直接参与刑狱的审裁，并着意追求刑狱的深刻。许多司法官员在办案中便往往"务求深刻，以趋上意"，对案犯大搞逼供讯，处刑也尽可能从严从重。如刑部尚书开济，摸透了朱元璋的心理，任职期间就"好以法中伤人"，以治狱"深刻"而著称③。在这样一种氛围之下，不可避免地要出现"不分臧否"的滥杀现象，产生一些冤假错案。

空印案和南北榜案，就是两个定性错误的大冤狱。洪武八年的空印案，在案发时，湖广按察司佥事郑士元受到牵连，其弟郑士利曾上书指出："夫文移必完印乃可，令考校书策，乃合两缝印，非一印一纸比。纵得之，亦不能行，况不可得乎？……且国家立法，必先明示天下而后罪犯法者，以其故犯也。自立国至今，未尝有空印之律。有司相承，不知其罪。今一旦诛之，何以使受诛者无词？"朱元璋硬是不听，把他和郑士元都罚到江浦去做苦工，"而空印者竟多不免"④。洪武三十年春，由翰林学士、湖南茶陵人刘三吾和纪善白信蹈等主持会试，录取51名，全是南方的士子。秋天举行廷试，以闽县陈㮁为第一名，吉安尹昌隆第二名，会稽刘谔第三名，他们自然也都是南方人。落榜的北方举人纷纷上告，说刘三吾等主考官都是南方人，偏袒同乡。朱元璋很生气，命侍讲张信等官员和陈㮁、尹昌隆、刘谔等抽查落榜的考卷，每人评阅10份卷子，结果还是没有一份及格。北方举人又告状，说张

① 《明太祖实录》卷一一〇，洪武九年十月辛酉。
② 《明史》卷九四，《刑法志》二，第2318页。
③ 《明史》卷一三八，《开济传》，第3978页。
④ 《明史》卷一三九，《郑士利传》，第3997页。

信等人受刘三吾的嘱托,故意拿不及格的卷子评阅。朱元璋更为恼火,六月亲自出题重考,录取了 61 名,全部都是北方士子,而将白信蹈等原考官处死,刘三吾年已八十五,免死充军边塞,陈郯、刘谔也充军戍边,两人后来也均被杀。这就是南北榜案,或称春夏榜案。其实,当时北方经过长期战争的破坏,经济和文化教育水平都远远落后于南方,北方士子在某次会试、廷试中全部落榜并不奇怪。况且会试结束后,所有考卷都需弥封,阅卷人看的是重新誊录的卷子,根本无从得知考生的姓名和籍贯,也无从作弊。要说作弊的话,朱元璋主持重考录取的全是北方人,才是货真价实的作弊。两大冤狱之外的其他大案,即使定性正确的,也往往存在牵连过多的问题。如郭桓案,无疑是个定性准确的贪污大案,但在办案的过程中"词连直省诸官吏,系死者数万人"①,追赃又涉及各地的许多富豪巨室,搞得他们倾家荡产,显然存在牵连过多过滥的现象。

由于打击面过大,一些没有重大过失的官吏,包括不少清官循吏与有用之才,蒙受不白之冤,被贬黜罢官,甚至遭到了错杀。如方克勤自奉俭朴,一件布袍穿了10 年没有换新的,一天只吃一餐带肉的菜,但抚民有方,担任济宁知府三年,"吏不得为奸,野以日辟","户口增数倍,一郡饶足","又立社学数百区",大兴教化,老百姓歌颂他是"我民父母",最后因受空印案的牵连而"逮死"②。又如洪武十年,苏州知府金炯认为全府的税粮,官民田轻重过于悬殊,主张将两者摊平。户部尚书滕德懋支持他的主张,让他奏请朝廷施行。朱元璋接到奏书,诏下户部详议,滕德懋说:三吴民田税轻,官田税重,税则有数十百条,老百姓搞不清楚,吏胥往往从中捣鬼。应该采纳金炯的建议,把两种税粮摊平了。朱元璋担心国家收入遭受损失,坚决反对,并怀疑他们的建议另有企图,派人暗中查访金炯家,发现他家种的民田少于官田,即以"挟私自制,罔上不忠"的罪名将他处死,并将滕德懋抓进大牢,不久又以"盗用军粮一十万石"的罪名将他处死。滕德懋死后,朱元璋派人暗中侦察他的妻

---

① 《明史》卷九四,《刑法志》二,第 2318 页。
② 《明史》卷二八一,《方克勤传》,第 7187—7188 页。

子。滕德懋的妻子正在家中纺麻,来人告诉她滕德懋因偷盗军粮 10 万石,已被处死。她说:我丈夫偷盗公家那么多粮食,却从不捎些回家赡养我们妻儿老小,是该死! 朱元璋听到报告,派人检查滕德懋的肚肠,发现里面全是粗粮野菜,叹息说:他原来是个大清官呀! 下令买棺装殓他的尸首,送回老家安葬。还有不少官吏,仅仅因为被朱元璋看不惯,便被处死。如以博学著称的陶凯,洪武初年被荐参加《元史》的修纂,书成后授为翰林应奉,一时诏令、封册、颂词、碑志多出其手笔,升为礼部尚书,又参与军礼和科举等制度的制定,后任湖广参政、国子祭酒、晋王府左相,未曾有任何过失,只因起个"耐久道人"的别号,朱元璋"闻而恶之",就找个借口将其处死,并亲制《设大官卑职馆阁山林辨》,历数其"轻君爵而美山野"等罪状。由于诛戮过甚,两浙、江西、两广和福建的行政官员,从洪武元年到十九年竟然没人做到任期满的,往往未及终考便被贬黜或杀头。有些衙门,因为官吏被杀的太多,没有人办公,朱元璋不得不实行"戴斩、绞、徒、流罪还职"的办法,叫判刑后的犯罪官吏,戴着镣铐回到衙门办公。

由于打击面过大,刑罚过苛过滥,官吏人人自危,个个胆战心惊。传说京官每日清早入朝,必与妻子诀别,到晚上平安回家便阖家庆贺,庆幸又活过一天。为了保住性命,许多人做官从政,不求有功,但求无过,唯唯诺诺,无所作为。士子们更视仕途为畏途,多不乐仕进。为了避免被强征出仕,甚至不惜自残肢体。即便勉强出仕,过若干年又找各种借口辞官隐退。所有这一切,都大大挫伤了官吏的积极性和进取心,妨碍行政效率的提高。

不过还应看到,朱元璋对吏治的整顿,尽管存在许多差偏和失误,付出沉重的代价,但它仍然收到很大的成效,起到了"整顿一代之作用"[1]。在严刑酷法之前,大多数官吏还是重足而立,不敢恣肆妄为,"郡县之官虽居穷山绝塞之地,去京师万里外,皆惊心震胆,如神明临其庭,不敢少肆。或有毫发出法度,悖礼义,朝按而暮罪

---

① [清]赵翼著,王树民校证:《廿二史札记校证》卷三二,《明祖晚年去严刑》,中华书局 1984 年版,第 744 页。

之"①。经过长期的斗争,一大批腐败的官吏遭到惩处和打击,官场的风气逐渐发生变化,吏治便日趋清明。《明史》的《循吏列传》序谓:"一时守令畏法,洁己爱民,以当上指,吏治焕然丕变矣。下逮仁、宣,抚循休息,民人安乐,吏治澄清者百余年。"②后来,嘉靖、万历时期的著名清官海瑞赞扬说:"我太祖视民如伤,执《周书》'如保赤子'之义,毫发侵渔者加惨刑,数十年民得安生乐业,千载一时之盛也。"③

三、抑制与打击豪强巨族

地主阶级是封建专制政权的统治基础。朱元璋称帝之后,不仅推行"凡威取田宅者,归业主"的政策,帮助逃亡地主恢复遭到农民起义打击的经济势力,而且提拔地主富户到各级政权机构做官,或者在基层担任里长和粮长,依靠他们来维持自己的专制统治。但是,出身于贫苦农民家庭、经历过元末农民战争的朱元璋,深刻地认识到"不禁贪暴,则民无以遂其生"的道理,特在洪武三年(1370)二月召见各地富民,告谕他们:"汝等居田里,安享富税者,汝知之乎? 古人有言:'民生有欲,无主乃乱。'使天下一日无主,则强凌弱,众暴寡,富者不得自安,贫者不能自存矣。今朕为尔主,立法定制,使富者得以保其富,贫者得以全其生。"然后要求他们"循分守法","毋凌弱,毋吞贫,毋虐小,毋欺老,孝敬父兄,和睦亲族,周给贫乏,逊顺乡里,如此则为良民。若效昔之所为,非良民矣"④。地主富豪对朱元璋所建的大明王朝是支持和拥护的,但地主阶级的贪婪本性,又决定了他们必然要不顾一切地突破皇朝法

---

① [明]方孝孺:《逊志斋集》卷一四,《送祝彦芳致仕还家序》,《四部丛刊》本。
② 《明史》卷二八一,《循吏传》序,第 7185 页。
③ [明]海瑞撰,陈义钟编校:《海瑞集》下编,《赠赵三山德政序》,中华书局 1962 年版,第 354 页。参看拙作《评朱元璋整肃吏治的斗争》,《光明日报》1979 年 7 月 16 日;《朱元璋研究》第 171—194 页。
④ 《明太祖实录》卷四九,洪武三年三月庚午。

令的约束,扩占土地和劳力。各地的富豪巨族,不仅"欺凌小民,武断乡曲",残暴地欺压农民,而且"有田而不输租,有丁而不应役"①,千方百计逃避皇朝的赋税和徭役,直接侵害朝廷的利益。为了维护朱家王朝和地主阶级的根本利益,朱元璋采取各种措施,对不法的豪强巨族进行抑制和打击。

洪武年间,朱元璋在支持逃亡地主重返家园,恢复祖业的同时,又实行抑制兼并的政策。他规定,凡在元末农民战争期间,农民依靠战争暴力剥夺地主的土地和财产,一律归还原主,但"各处人民曩因兵燹抛下田土,已被有力之家开垦成熟者,听为己业。其田主回还,仰有司于附近荒田内,验数拨付耕种"②。由于经过长期的战乱,地主死的死,逃的逃,出现大片无主的荒地,明廷大力鼓励垦荒。地主往往利用他们雄厚的财力,多犁多占,兼并土地。洪武四年,当朱元璋得知他的家乡临濠出现这种现象,立即指示中书省臣:"今临濠之田连疆接壤,耕者亦宜验其丁力,计亩给之,使贫者有所资,富者不得兼并。若兼并之徒多占田以为己业,而转令贫者佃种者,罪之。"③五年五月,他又将这种"验其丁力,计亩给之"的办法推向全国,下诏规定:"兵兴以来,所在人民抛弃产业,逃避他方,天下既定,乃归乡里。其间若有丁力少而旧田多,不许依然占护,止许尽力耕种到顷亩,以为己业。若去时丁少,归则丁多而旧产少者,许令于附近荒田内,官为验其丁力,拨付耕种。敢有以旧业多余占护者,论罪如律。"④这种抑制兼并的政策,使明初大土地所有制的发展受到了一定的抑制。

朱元璋还通过清查户口和丈量土地,查出地主隐瞒的丁口和田地,编入赋役黄册和鱼鳞图册,作为征派赋役的依据。同时,陆续颁布一系列法令,严禁脱离户籍、隐瞒土地的行为,规定:"凡一户全不附籍,有赋役者,家长杖一百;无赋役者,杖八十,附籍当差。若将他人隐蔽在户不报,及相冒合户附籍,各减二等。所隐之人,并

①《明太祖实录》卷一五〇,洪武十五年十一月丁卯。
②《皇明诏令》卷一,《大赦天下诏》。
③《明太祖实录》卷六二,洪武四年三月壬寅。
④《皇明诏令》卷二,《正礼仪风俗诏》。

与同罪,改正立户,别籍当差";人户以籍为定,"若诈冒脱免,避重就轻者,杖八十。其官司妄准脱户,及变乱板籍者,罪同"①;"凡欺隐田粮脱漏板籍者,一亩至五亩,笞四十,每五亩加一等,罪止杖一百。其田入官,所隐税粮,依数征纳。苟将田土移丘换段,挪移等则,以高作下,减瞒粮额,及诡寄田粮,影射差役,并受寄者,罪亦如之。其田改正,收科当差。里长知而不举,与犯人同罪";典卖田宅必须过割,"不过割者,一亩至五亩,笞四十,每五亩加一等,罪止杖一百,其田入官"②;"诸人不得于诸王、驸马、功勋大臣及各衙门,妄献田土、山场、窑冶,遗害于民,违者治罪";"各处奸顽之徒,将田地诡寄他人名下者,许受寄之家首告,就赏为业"③。当时,全国的田赋以浙江、江西和苏、松最多,因"恐飞洒为奸",朱元璋还在洪武二十六年立下一条法令,规定浙江、江西和苏、松之人不得担任户部官员,江浙和苏、松之人不得担任户部吏员。

　　对那些未能遵守朝廷法令、肆意欺凌小民、损害皇朝利益的豪强巨族,朱元璋则进行无情的打击。当时的江南地区是地主经济最为发达的地区,豪强巨族的势力最为强大,朱元璋对他们的打击也最为严厉。他颁行的《大明律》和御制《大诰》,不仅残酷镇压敢于反抗的农民群众,打击蠹政害民的贪官污吏,同时也严厉打击违法犯禁的豪强巨族。明初派到各地的官吏有一部分酷吏,就是这种政策的坚定执行者。如薛岩镇守镇江,执法政严,"豪强为之屏迹"④,不敢恣肆妄为。苏州太守王观,因当地拖欠税粮,就把全府的富豪都叫到府衙,命令他们拿出家中的储积代为赔纳。朱元璋还借几起重大案件,牵连诛杀了许多豪强巨家。洪武年间的四大案即空印案、郭桓案、胡惟庸案和蓝玉案,都有不少江南富室巨族受到牵连。特别是胡、蓝两案,江南的豪强巨族受到株连的更多,仅吴江一县罹祸的就有张埼、莫礼、张瑾、李鼎、崔龄、徐衍等不下千家。富土镇的顾学文是元末江南首富沈万三的女

---

① 《大明律》卷四,《户律·户役》,第43—44页。
② 《大明律》卷五,《户律·田宅》,第51—53页。
③ 万历《明会典》卷一七,《户部·田土》。
④ 乾隆《江南通志》卷一一四,《职官志·名宦》,《四库全书》本。

婿,因受蓝玉案的牵连而遭灭族,"并尽洗富土之民,而夷其室庐"①。此外,洪武三十年六月发生南北榜案,第二年朱元璋又"以江南大家为'窝主',许相讦告",不少江南富豪因此罹祸。如江苏吴县徐佑之遭到告发,其女婿、当地的望族都文信冒名代为抵罪,至京下刑部狱,大病了一场,出狱即死。这些豪族巨家在政治上遭到打击,他们的土地财产往往即被抄没入官,在经济上遭到破产。由于大量的地主私田被没收,明初江南官田数额因而激增,官田既征租又征赋,朝廷的田赋收入也就迅速增长。苏州府在元末延祐四年(1317)应纳税粮米882100石,明初一跃而增至290余万石,松江府也从66万余石骤增至140万余石②。

除了诛杀,朱元璋还将许多豪强劣绅迁离故土,徙置他乡。在登基称帝前后,他即开始执行这一政策,将张士诚、方国珍、陈友谅的部将和元朝的孤臣孽子以及依附于他们的江南地主迁离故土。张士诚的臣属如余饶臣、杨基、徐贲等200家,先后被徙置临濠;方国珍的官属刘庸等200余人被徙居濠州;元朝的遗老,如松江谢伯礼、华亭洪允诚、萧山戴起之、昆山顾得辉父子等,被徙居濠梁;富民豪族,如"家素饶于财"的苏州郁瑜被迁置临淮,"家饶于赀"的朱孟闻被徙置濠梁,"以农起家致巨富"的松江上海黄黻被迁居颍上。另外,朱元璋还效法刘邦徙天下富民实关中的做法,迁徙各地的富户以实中都和南京。吴元年(1367)十月,他就下令"徙苏州富民实濠州"③。洪武二十四年(1391)七月,又谕工部大臣曰:"昔汉高祖徙天下富豪于关中,朕初不取。今思之,京师天下根本,乃知事有当然,不得不尔。朕今欲令富民入居京师,卿其令有司验丁产殷富者,分遣其来。"工部按照这个指示,将各地富民5300户迁到南京④。为了防止这些富户逃回原籍或迁徙他处,明廷还颁布禁止逃亡的法令,规定"富民私归者有重罪"⑤。朱元璋迁徙富民的目的,一方面是

---

① 同治《苏州府志》卷一四六,《杂记》,清光绪八年江苏书局刻本。

② 嘉庆《松江府志》卷二一,《田赋》,清嘉庆松江府学明伦堂刊本。

③ 《明太祖实录》卷二六,吴元年十月乙巳。

④ 《明太祖实录》卷二一〇,洪武二十四年七月庚子。

⑤ [清]顾公燮:《消夏闲记摘抄》,《涵芬楼秘笈》第二集本。

利用他们的力量来发展京师的经济,安定人心,"以壮京畿",借以巩固封建专制中央集权的统治,正如隆庆年间大学士高拱所说:"夫至尊所居,根本之地,必使百姓富庶,人心乃安,而缓急亦有可赖,祖宗取天下富室填实京师,盖为此也。"①另一方面,则是为了限制富室巨族在地方上发展势力,飞扬跋扈,欺凌百姓,侵犯皇朝的根本利益,危害其统治。

朱元璋的这些措施,使豪强巨族受到沉重的打击。洪武初年参与《元史》修纂、后任国子助教的贝琼说,当时三吴巨姓"既盈而覆,或死或徙,无一存者"②。建文帝的谋士方孝孺说:"太祖高皇帝以神武雄断治海内,疾兼并之俗,在位三十年间,大家富民以逾制失道亡其宗。"③弘治年间的礼部尚书吴宽,说他家乡长洲(治今江苏苏州)在洪武之世,"乡人多被谪徙,或死于刑,邻里殆空"④,并谈及三吴地区说:"皇明受命,政令一新,豪民巨族,划削殆尽","一时富室或徙或死,声销景灭,荡然无存"⑤。清修《明史》谈及郭桓案时也说,该案"核赃所寄遍天下,民中人之家大抵皆破"⑥。这些说法,自然有夸张之处,因为一方面,朱元璋抑制与打击的对象只限于那些违法犯禁的豪强巨族,对于遵守法纪的地主老财则是予以保护和依靠的,并非不分青红皂白地滥加打击。例如贝琼一家,即"以业农独全。岁给贡赋外,则击鲜酿酒,合族人乡党酌而相劳,荣辱得丧,举不得挠吾中矣"⑦。吴宽的先祖"每戒家人闭门,勿预外事",故历洪武之世,"独能保全无事"⑧。另一方面,还有些地主大族采取散发家财,攀附军籍或外出逃亡等手段,躲过了明廷的打击。如吴江莫处士在胡惟庸案发后,"以尝附尺籍(军籍)免"⑨;无锡华宗寿家田地很多,富甲邑中,

---

①　[明]余继登撰、顾思点校:《典故纪闻》卷一八,中华书局1981年版,第336页。

②　[明]具琼:《清江贝先生文集》卷一九,《横塘农诗序》,《四部丛刊》本。

③　《逊志斋集》卷二二,《参议郑公墓表》。

④　[明]吴宽:《匏翁家藏集》卷五七,《先世事略》,《四部丛刊》本。

⑤　《匏翁家藏集》卷五八,《莫处士传》;卷五一,《跋桃源雅集记》。

⑥　《明史》卷九四,《刑法志》二,第2318页。

⑦　《清江贝先生文集》卷一九,《横塘农诗序》。

⑧　《匏翁家藏集》卷五七,《先世事略》。

⑨　《匏翁家藏集》卷五八,《莫处士传》。

"至国初悉散所积以免祸"①;长洲朱士清入赘乌溪大姓赵惠卿为婿,"赵以富豪于一方",朱士清预料将来会出事,"出居于外以避之,后竟保其家"②。不过,在朱元璋的打击之下,一批欺凌小民、武断乡曲的豪强劣绅被消灭了,则是无可置疑的事实。在中国古代,封建帝王采取如此严厉的手段来抑制和打击豪强巨族,这是十分罕见的。正是由于这些腐朽的豪强势力遭到沉重的打击和有力的抑制,明初的土地占有比较分散,加上朱元璋施行计民授田政策,劳动者最基本的生产条件能够得到起码的保障,从而在一定程度上促进了明初社会的安定、经济的恢复和发展,其积极作用应予充分的肯定。

---

① 《匏翁家藏集》卷七三,《怡隐处士墓表》。
② 《匏翁家藏集》卷七四,《山西提刑按察司副使致仕朱公墓表》。

第七讲　统治集团内部的斗争

一、对淮西将臣的重用与抑制

　　朱元璋"龙飞淮甸",最早参加他队伍的,都是淮西人。淮西指的是皖北、豫东淮河北岸一带,就明代而言,淮西的皖北,大致包括凤阳府和滁州(洪武七年至二十二年正月曾隶属于凤阳府)所辖诸县。

　　农民出身的朱元璋,也同其他古代农民一样,有着浓厚的乡土、宗族观念。最早投奔朱元璋的这批淮西人,同他有着密切的乡土、宗族关系,朱元璋对他们十分信任,极力加以扶植,让他们充当领兵作战的将帅和幕府的臣僚,成为军中的骨干。随着朱元璋势力的发展,这些淮西将臣的地位也不断提高。到龙凤二年(1356)朱元璋渡江攻占集庆后,大宋小明王提升他为江南等处行中书省平章,同时任命李善长为左右司郎中,"以下诸将俱升元帅",淮西将臣的地位已经相当显赫。后来,尽管朱元璋的势力不断壮大,江北归附者和渡江后的归附者数量剧增,非淮西籍将臣的人数也日益增多,但淮西将臣仍然最受朱元璋的信任和倚重,是其队伍的核心骨干。在朱元璋南征北战,推翻元朝、统一全国的斗争中,这批淮西将臣立下汗马功劳,成为功绩卓著的开国元勋。

朱元璋是依靠这批淮西勋臣推翻元朝统治的,跻登大明王朝的宝座后,他当然也亟盼能同他们一起同心协力,求得大明江山的永固,共享安乐。登基践祚后,他下令在凤阳营建中都,准备将来把都城迁到那里,与淮西将臣一起"荣归故里",依靠他们来维护与巩固明朝的统治。他不仅赐给淮西将臣大量土地财产和各种经济特权,而且给他们封公拜相,加官晋爵。洪武元年(1368)正月,朱元璋刚就帝位,即任命李善长、徐达为左、右丞相,汤和、邓愈为左、右御史大夫。随后,又以李善长兼太子少师,徐达兼太子少傅,常遇春兼太子少保。洪武三年十一月大封功臣,封公者有李善长、徐达、常遇春之子常茂、李文忠、冯胜、邓愈等 6 人,其中徐、常、冯、邓等 5 人为淮西籍的渡江旧人,且以凤阳籍人数居多,李善长原籍歙县,但在蕲黄起义后已徙居滁阳,在渡江前投奔朱元璋,人们一般也将他看作是淮西老臣。此后,朱元璋又陆续分封一批公、侯、伯。终洪武之朝,封公者计 11 人,除上述 6 国公外,还有信国公汤和、凉国公蓝玉、梁国公胡显、开国公常昇,也都是淮西老将,颍国公傅友德虽是砀山人,但"其先宿州人,后徙砀山"①,也可算是淮西籍。封侯者计 57 人,仍以淮西籍居多,只有封伯者 6 人,皆非淮西籍。而所封的侯、伯,其中有些只是恩赐给战败对手的一种名誉性封爵,他们并没有什么实权和地位。此外,朱元璋还通过联姻方式,来笼络淮西将臣。昔日的淮西将臣,便由开国元勋变成新朝显贵,成为执掌明朝军政大权的最高统治阶层。

不过,朱元璋的性格具有猜忌多疑的特点,他对淮西将臣并不完全放心。特别是龙凤八年(1362)八月发生的淮西骁将、中书平章邵荣与参议赵继祖的谋逆事件,龙凤九年四月又发生的枢密院判谢再兴的叛逆事件,在朱元璋心中投下浓重的阴影,加重他的猜忌心理。随着明王朝的建立,他与淮西将臣的关系,也发生根本的变化,过去生死与共的患难伙伴就被一道君臣名分的鸿沟隔开了。

----

① 《明史》卷一二九,《傅友德传》,第 3799 页。

　　此时,如何提高皇权,保证朱家子孙能长坐江山,便成为朱元璋考虑问题的焦点。明朝建立后,朱元璋在优待、重用淮西勋臣的同时,也采取许多措施来防范他们。

　　第一,用礼制和法令来约束淮西将臣的行为。明朝建立前后,朱元璋就制定各种礼制和法令,要求所有将臣严格遵守。洪武三年十月还采纳监察御史袁凯的建议,令省台延聘儒士,于每月朔望早朝之后,在都督府衙署轮流为诸将讲论经史与君臣之礼,"庶几忠君爱国之心、全身保禄之道油然日生而不自知也"①。五年,又做铁榜申诫公侯,规定:凡内外各指挥、千户、百户、镇抚并总旗、小旗等,不得私受公侯金帛、衣服、钱物;凡公侯等官非特奉旨,不得私役官军;凡公侯之家,不得强占官民山场,湖泊,茶园,芦荡及金、银、铜场、铁冶;凡内外各卫官军,非当出征之时,不得辄于公侯门首侍立听候;凡功臣之家管庄人等,不得倚势在乡欺殴人民;凡功臣之家屯田佃户、管庄干办、火者、奴仆及其亲属人等,不得倚势凌民,侵夺人田产、财物;凡公侯之家,除赐定仪仗户及佃田人户,已有名额报籍在官,不得私托门下,影蔽差徭;凡公侯之家,不得倚恃权豪,欺压良善,虚钱买契,侵夺人田地、房屋、孳畜;凡功臣之家,不得受诸人田土及朦胧投献物业。对违反上述禁令者,榜文逐项规定了处罚和用刑的办法。洪武八年二月,又编纂御制《资世通训》,要求臣僚认真学习,"效忠君主"②。朱元璋还一再召见勋臣宿将,反复诫谕他们:"朕赖诸将佐成大业,今四方悉定,征伐休息,卿等皆爵为公侯,安享富贵。当保此禄位,传子孙,与国同休。然须安分守法,存心谨畏,则自无过举。朝廷赏罚,一以至公,朕不得而私也。"③

　　第二,在中书省和六部安插非淮西籍官员。在中书省,朱元璋任命沔阳人胡美、安仁(治今江西余江县锦江镇)人王溥、阳曲人杨宪、高邮人汪广洋、河中人丁玉、武昌人蔡哲、茶陵人陈宁等担任平章政事、左右丞和参知政事等职,汪广洋还一

　　① 《明太祖实录》卷五七,洪武三年十月丙辰。
　　② 《明太祖实录》卷九七,洪武八年二月丙午。
　　③ 《明太祖宝训》卷五,《保全功臣》。

度出任丞相。特别是六部尚书,更以非淮西籍为主。这样,既可团结地主阶级各派势力,又可以利用各派势力来监视、牵制淮西勋贵。

第三,加强对淮西将臣的监视。朱元璋除利用检校和锦衣卫的特务伺察淮西勋臣的活动,还"以公侯伯于国有大勋劳,人赐卒百十有二人为从者,曰奴军"①。这些奴军名义上是赐给勋臣宿将的奴仆随从,供其驱使,实际上负有暗中监视他们的任务,"盖防其二心,且稽察之也"②。

但是,朱元璋的这些措施,并没有收到约束淮西勋贵的实际效果。淮西勋贵虽然大部分刚由农民起义将领转化为贵族地主,但都不例外地暴露出封建社会晚期地主阶级贪婪和腐朽的特性。这些人,大部分是农民出身,没有什么文化,李善长、冯国用、冯胜等少数地主出身者,虽读过书,但文化水平也不很高,如李善长就只是"粗持文墨"③而已。他们既缺少传统文化和历史知识的熏陶,又缺少礼制和法律的教育,加以长期在农村生活,乡土和宗族观念都很重,眼界一般较为狭小,目光也较短浅,办事往往只顾眼前利益而不及其余。为了追逐更多的财富,攫取更大的政治权力,他们对朱元璋的警诫往往置若罔闻,自恃劳苦功高,又是皇上的同乡,骄纵妄为,违法乱纪的事件层出不穷。洪武三年,"武臣恃功骄纵,得罪者渐众"④。此后,尽管朱元璋不时对功臣宿将发出警告,他们仍然我行我素,毫无收敛。如徐达、李文忠出兵塞上,手下的偏裨将校,整天聚在一块喝酒,"济宁侯顾时,六安侯王志酣饮终日,不出会议军事",都督蓝玉更是"昏酣悖慢尤甚"⑤。曹兴驻守大同"多不循法度",调往福建又接受王驸马的贿赂。谢成在山西"擅夺民利"⑥。周德兴"恃帝

---

①　《明太祖实录》卷二〇二,洪武二十三年五月辛未。

②　[明]沈德符:《万历野获编》卷一七,《铁册军》,中华书局1959年版,第428页。

③　《献征录》卷一一,[明]王世贞:《中书省左丞相太师韩国公李公善长传》。

④　《明通鉴》卷三,洪武三年十月丙辰,第256页。

⑤　《明太祖实录》卷九六,洪武八年正月丁丑。

⑥　《明太祖实录》卷九八,洪武八年三月甲子。

故人,营第宅逾制"①。廖永忠"数犯罪,屡宥不悛,又复僭侈,失人臣礼甚矣"②。冯胜洪武五年率西路军出征甘肃,不仅私藏缴获的驼马,还因"恨陕西都指挥濮英搜其妾金珠",诬告濮英"守陕西省不法者数事",使之降为陕西前卫指挥使③。十一年,他因派人问陕西行都司都指挥使宁正索马未能得手,又诬告宁正,使之降为归德州守御千户④。勋臣宿将的家人、庄佃也多狐假虎威,倚势冒法,如胡惟庸的家人"为奸利事道关,榜辱关吏"⑤。

为了维护自己在政治上的垄断地位,淮西勋贵还互相勾结,抱团排斥、打击非淮西籍的大臣。淮西勋贵集团的核心人物是李善长。早在至正十四年(1354),当朱元璋攻打滁州之时,他在道旁求见,朱元璋得知其为里中长者,礼之,留掌书记,历任帅府都事、参议、参知政事、右相国、左相国、左丞相,成为辅弼朱元璋夺天下、定基业的重要助手,有萧何之褒称,又与朱元璋结为儿女亲家,在朝廷位列第一。他退休后,同其关系密切的定远人胡惟庸继任丞相。在李、胡掌控中书省的 17 年中,淮西勋贵竭力排挤打击非淮西籍臣僚,图谋独揽朝政。

最先与淮西勋贵集团发生冲突的是杨宪。杨宪初名慈,字希武,山西阳曲人,小时候随父寓居江南。龙凤二年(1356)朱元璋初据应天,他同儒士夏煜、孙炎等进见,深受器重,被留置幕府。他"美姿容,通经史,有才辨",奉命出使平江张士诚处,"还,称旨",升任江南等处行中书省都事。当时战争频繁,"征调日发,文书填委,宪裁次明敏,人服其能"⑥。后累升至中书省参议,兼任检校。他对淮西勋贵炙手可热的权势既羡慕又忌恨。吴元年(1367)年末,朱元璋准备登基称帝,正考虑丞相人选。时任左相国的李善长,自然是其考虑的人物。但李善长毕竟只是个"粗持文

---

① 《明史》卷一三二,《周德兴传》,第 3861 页。
② 《明太祖实录》卷一一六,洪武六年十一月。
③ 《纪事录笺证》卷下,第 364 页。
④ 《纪事录笺证》卷下,第 404 页。
⑤ 《献证录》卷一一,[明]王世贞:《胡惟庸》。
⑥ 《明太祖实录》卷五四,洪武三年七月丙辰。

墨"的乡间小知识分子,"有心计而无远识"①,并没有什么高明的文韬武略。除初见朱元璋时劝其仿效汉高祖"豁达大度,知人善任,不嗜杀人"以定天下之外,再未贡献过其他锦囊妙计。他为人"外宽和,内多忮刻"②。为了培养自己的势力,依靠乡土、宗族关系,拉帮结派,营建以自己为核心的淮西集团。定远人胡惟庸在和州投奔朱元璋,初为宁国知县,给李善长行贿,他力加推荐,被召为太常司少卿,不久升任太常卿,成为淮西集团的重要人物。对非淮西籍的臣僚,李善长则极力加以排斥、打击。如果说在攻占应天之前,朱元璋的队伍数量较少,控制的地区较小,战争的规模不是很大,李善长至少还起过参谋作用的话,那么在攻占应天之后,刘基、宋濂等富于谋略的大儒纷纷前来投奔,并逐渐担起谋士的职责,他主要便是扮演大管家的角色。论武功,他比不上后来被封为公、侯、伯的任何一位武将,论文治也比不上刘基、宋濂、朱升、宋讷、刘三吾等一批文臣,由他出任即将建立的大明王朝丞相,显然不是理想的人选。恰在此时,"上适以事责丞相李善长"③,杨宪便抓住这个机会,联合检校凌说、高见贤、夏煜攻击李善长"无宰相才"④。朱元璋征求刘基的意见,刘基还是认为:"李公勋旧,且能辑和诸将。"朱元璋最后表示:"善长虽无宰相才,与我同里,我自起兵,事我涉历艰难,勤劳簿书,功亦多矣。我既为家主,善长当相我,盖用勋旧也,今后勿言。"⑤洪武元年(1368)正月就帝位后,还是任命李善长为左丞相。

李善长出任大明王朝左丞相后,仍未改其"忮刻"的本性。"参议李饮冰、杨希圣稍侵善长权,即按其罪奏黜之"。而且"富贵极,意稍骄",也引起朱元璋的不满,"帝始微厌之"⑥。洪武三年上半年,李善长病倒,右丞相徐达长期在外征战,中书省无人主持政务,朱元璋又动起换相的念头,"欲相杨宪"。杨宪时任中书省右丞,朱

---

① [明]朱国祯:《开国臣传》卷三,《韩国李公》,《皇明史概》本。
② 《明史》卷一二七,《李善长传》,第3771页。
③ [明]黄柏生:《故诚意伯刘公行状》,《诚意伯刘先生文集》卷一,第15页。
④ 《国初事迹》。
⑤ 《国初事迹》。
⑥ 《明史》卷一二七,《李善长传》,第3771页。

元璋认为他有才干,想用他为相,并征求刘基的意见,刘基虽然"与宪素厚",但仍以为不可,说:"宪有相才,无相器。夫宰相者,持心如水,以义理为权衡,而己无与焉者也。今宪不然,能无败者乎?"朱元璋又问中书左丞汪广洋如何?刘基也未表赞同,认为"此褊浅,观其人可知"。朱元璋又问中书省参知政事胡惟庸如何?刘基更是坚决反对,说:"此小犊,将偾辕破犁矣。"朱元璋心目中的三个丞相人选皆被否定,生气地说:"吾之相无逾先生乎?"刘基赶忙回答:"臣嫉恶太甚,又不耐繁剧,为之且孤大恩。天下何患无才,愿明主悉心求之,如目前诸人,臣诚未见其可也。"①

　　面对杨宪的进攻,淮西勋贵极力进行反击。听说朱元璋想以杨宪为相,胡惟庸就对李善长说:"杨宪为相,我等淮人不得为大官矣。"②他们决心寻找机会出手,置杨宪于死地。杨宪在明朝建立前夕,由中书省参议出为山西省参知政事,再召为司农卿,寻改中书省参政,再改任河南行省参政。洪武二年调山西,当年九月调任中书省右丞。朱元璋欣赏他的才干,洪武三年赐其名华。他虽有办事的才干,却无容人之雅量。升任中书省右丞后,尽变中书省事,将旧吏全部调走,换上自己的亲信,"阴入市权"③。他专恣擅权,对不是自己派系的人,都加以倾陷、打击。高邮人汪广洋在洪武三年任为中书省左丞,位居杨宪之上,他对杨宪百依百顺,杨宪还是不容,唆使侍御史刘炳等人弹劾汪广洋"奉母不如礼,以为不孝",使之被革职遣还老家④。洪武三年七月,杨宪升任中书省左丞后,又"使御史刘炳奏徙之海南,上不从"。李善长看到机会来了,遂"奏宪排陷大臣,放肆为奸"。恰在此时,皇太子召见杨宪,杨宪没有及时赶到。朱元璋闻之大怒,令群臣按治。杨宪辞伏,被"锁置天界寺前,沿身刺(剌)'奸党杨希武',剥皮作交床,置省、府、台堂,令后人坐之,以示警戒",刘炳、凌说、高见贤、夏煜等人也先后被杀,"连坐者五百余人"⑤。汪广洋被召回,晋封

---

① 《故诚意伯刘公行状》,《诚意伯刘先生文集》卷一,第15页。
② 《国初事迹》。
③ [清]傅维麟:《明书》卷一五七,《杨宪传》,《畿辅丛书》本。
④ [明]雷礼:《国朝列卿记》卷三,《中书省左丞行实杨宪》,台北:明文书局影印明万历刻本。
⑤ 《纪事录笺证》卷上,第372页。

忠勤伯。

清除杨宪后，淮西勋贵的势力更加膨胀，又把矛头指向刘基。刘基和宋濂、叶琛、章溢等一批浙东籍的儒士，都有较高的文化素养，知兵识礼，富于谋略。他们在龙凤四年（1358）朱元璋进军浙东时先后归附，不仅使浙东地区迅速平定，而且此后全力辅佐朱元璋，因而也成为明朝的开国功臣，这就引起淮西勋贵的忌恨。在明朝建立之前，以武定天下，淮西将臣尚不觉得这些浙东文人对他们有什么威胁，相反甚至认为他们足智多谋，有助于弼成自己的赫赫战功。如今，明朝已经建立，战事日渐减少，要以文治天下，淮西勋贵不免感到恐慌，生怕满腹经纶的浙东儒士会取自己而代之，成为朝廷所依靠的重臣。

在这些浙东籍的功臣当中，刘基、宋濂、叶琛、章溢四人"尤为杰出"①。叶琛在龙凤八年（1362）为祝宗、康泰的叛军所执，不屈而死，章溢也于洪武二年（1369）病逝，宋濂则为人小心谨慎，凡事与世无争，淮西勋贵便把矛头集中指向刘基。刘基自出任朱元璋的谋士，朱元璋"察其至诚，任以心膂。每召基，辄屏人密语移时。基亦自谓不世遇，知无不言。遇急难，勇气奋发，计画立定，人莫能测。暇则敷陈治道，帝每恭己以听，常呼老先生而不名"。他为消灭陈友谅和张士诚贡献过很好的计策，被朱元璋誉为"吾子房（张良）也"②。这就引起某些淮西勋臣的忌恨。早在明朝建立之前，李善长就极力排挤刘基。洪武元年五月至七月，朱元璋赴汴梁，对徐达部署攻取大都之策，命刘基与左相国李善长留守应天。李善长的亲信，中书省都事李彬贪纵犯法，他为之求情，刘基没有同意，主张依法惩处。双方争执不下，刘基派人报告朱元璋，得到批准，即予处斩，"由是与善长忤"③，更加深了李善长的仇恨。闰七月，朱元璋回应天后，李善长便向他进谗，"诉其（刘基）专（权）"④，"谬人

<hr>

① 《明史》卷一二八，《刘基传》，第3792页。
② 《故诚意伯刘公行状》，《诚意伯刘先生文集》卷一，第16页。
③ 《明史》卷一二八，《刘基传》，第3780页。
④ 《国榷》卷三，洪武元年闰七月丁丑，第371页。

坛壝(祭坛四周的矮墙)下,不敬","诸怨者亦交谮之"①。到八月,因应天自夏至秋不雨,有司求神祈雨不果,朱元璋认为这是"在京法司及在外巡按御史、按察司冤枉人"所致,派人将京畿巡按御史何士弘等人捆于马坊,并令中书省、御史台及都督府发表意见。第二天,刘基上言停办三件事,"一曰出征阵亡、病故军妻数万,尽令寡妇营居住,阴气郁结;二曰工役人死,暴露尸骸不收;三曰张士诚投降头目不合充军"。刘基要求停办的三件事,有的是朱元璋出的主意,有的是由他批准施行的,这自然引起朱元璋的不快,但为求雨,他还是下令:"寡妇听其嫁人,不愿者送还乡里依亲;工役人释放宁家;投降头目免充军役。"过了几天,仍不见下雨,朱元璋非常生气,加上听了李善长等人的谗言,便令"刘基还乡为民"②。正好刘基的妻子在老家病逝,他便还乡料理其丧事。到了十一月底,朱元璋火气已消,才又将刘基召回,恢复其御史中丞的官职。洪武三年四月置弘文馆,又命刘基等人兼任弘文馆学士。

洪武三年五月,明军攻占应昌,逐走元嗣君爱猷识里答腊。六月,捷报传到京师,百官相继拜贺,朱元璋又令礼部榜示"尝仕元者不许称贺"③。当年七月,朱元璋又免去刘基的御史中丞官职,只保留弘文馆学士的虚衔。当年十一月大封功臣,只封刘基为诚意伯,岁禄240石,同李善长岁禄4000石的韩国公爵位简直无法相比。刘基看到自己在朝廷不再担任具体职事,加上洪武三年上半年朱元璋征求宰相人选时,他又得罪了胡惟庸,四年正月朱元璋下令"作圜丘、方丘、日月社稷山川坛及太庙于临濠,上以画绣,欲都之",他还从地理形势的角度提出反对意见,说"中都曼衍,非天子居也",引起亟盼衣锦还乡的淮西勋贵的不满,于是便急流勇退,多次上书请求告老还乡。洪武四年三月,朱元璋准其回乡养老,而且密旨"令察其乡有利病于民社者潜入奏"④。回到南田老家后,朱元璋派人以手书问天象,刘基详加解答

①　《明史》卷一二八,《刘基传》,第3780页。
②　《国初事迹》。
③　《明太祖实录》卷五三,洪武三年六月壬申。
④　《野记》一。

而焚烧其稿，"大要言霜雪之后，必有阳春，今国威已立，宜少济以宽大"①。但为防出事，他整天饮酒下棋，读书吟诗，口不言功，并谢绝同当地地方官的往来。

尽管刘基处处小心谨慎，但很快还是出事了。洪武四年正月，李善长病愈，朱元璋令其致仕，擢升汪广洋为右丞相，胡惟庸为左丞。六年正月，汪广洋被贬为广东行省参知政事，朱元璋一时找不到合适的宰相人选，胡惟庸遂以左丞的身份独专省事。他便以谈洋事件向刘基发起攻击。谈洋地处瓯闽交界之处，"元末顽民负贩私盐，因挟方国珍寇以致乱，累年民受其害"，至明初"遗俗犹未革"。洪武四年刘基在致仕前，建议"设巡检司守之"，得到朱元璋的采纳。但巡检司设立后，"顽民以其地系私产，且属温州界，抗拒不服。适茗洋逃军周广三反，温、处旧吏持府县事，匿不以闻"。退休后的刘基闻讯，依照朱元璋的密旨，令其长子刘琏赴京上奏，"径诣上前而不先白中书省"。臣民"不得隔越中书奏事"，是元朝遗留的体制。胡惟庸唆使刑部尚书吴云威胁利诱老吏上书诬陷刘基，说他"谋求谈洋为墓地，民弗与，则建立（巡检）司之策以逐其家"②，并说他之所以争夺谈洋之地，是因为"刘某善相地，以此地据山面海，有王气"③，怀有不可告人的政治野心。中书省随即请求逮捕刘琏严加惩处。不过，不得隔越中书奏事正是朱元璋准备革除的弊政，因此在洪武初年他是默许臣民越过中书省向他进呈密疏的。而且在刘基致仕时，朱元璋还向他下过"察其乡有利病于民社者潜入奏"的密旨。所以，朱元璋并未按中书省的要求下令逮捕刘琏。但刘基还是在六年七月入朝"引咎自责"④。不料，朱元璋却置先前的密旨于不顾，竟然表示："若明以宪章，则轻重有不可恕；若论相从之始，则国有八议。故不夺其名，而夺其禄。"⑤就在刘基入朝谢罪之时，朱元璋任命胡惟庸为右丞相，刘基悲戚长叹："使吾言不验，苍生之福也！言而验者，其如苍生何？"后忧愤成

①　《明史》卷一二八，《刘基传》，第 3781 页。

②　《故诚意伯刘公行状》，《诚意伯刘先生文集》卷一，第 15—16 页。

③　《野记》一。

④　《故诚意伯刘公行状》，《诚意伯刘先生文集》卷一，第 16 页。

⑤　［明］朱元璋：《诏书》，《诚意伯刘先生文集》卷一，第 7 页。

疾,一病不起。八年正月,朱元璋叫胡惟庸派医生诊视。刘基服下这个医生开的药,有物积腹中如拳石,病情加重。三月初,朱元璋亲制文赐之,遣使护送他回老家养病,过一个月便去世了。刘基病逝后,长子刘琏亦"为胡惟庸党所胁,堕井死"①。

刘基被毒死,浙东官僚的势力已被清除殆尽。剩下的非淮西籍官僚,权小势孤,对淮西勋贵集团已构不成威胁。淮西勋贵集团的权力达到了顶峰。

二、胡惟庸党案

随着淮西勋贵权势的不断膨胀,朱元璋与他们之间的矛盾也日益加深,特别是胡惟庸晋升相位、专恣擅权之后,相权对皇权构成严重威胁,便使双方的矛盾发展到不可调和的地步。

胡惟庸是淮西勋贵集团的重要人物。他是定远人,"为人雄爽有大略,而阴刻险鸷,众多畏之"②。早年曾做过元朝的小官,龙凤元年(1355)在和州投奔朱元璋,任元帅府奏差,寻转宣使。三年除宁国主簿,寻升知县,七年迁吉安府通判,十二年擢湖广按察佥事,整整做了 10 年的地方官。吴元年(1367),经大同乡李善长的推荐,升为太常司少卿,寻转为太常司卿,成为一名中央大员。据后来李善长家奴卢仲谦等人的揭发,为了报答李善长的推荐,"惟庸以黄金三百两谢之"③,而"依《昭示奸党录》所载招辞,有云龙凤年间,举荐惟庸为太常司丞,以银一千两、金三百两为谢者。此太师(指李善长)火者不花之招也"④。洪武三年(1370),他升任中书省

---

① 《明史》卷一二八,《刘基传附刘琏传》,第 3782 页,参看拙作《刘基死因考》,《江南大学学报》2011 年第 4 期。

② 《献征录》卷一一,[明]王世贞:《胡惟庸》。

③ 《明太祖实录》卷二〇二,洪武二十三年五月庚子。

④ [清]钱谦益著,[清]钱曾笺注、钱仲联标校:《牧斋初学集》卷一〇四,《太祖实录辨证》四,《钱牧斋全集》第三册,上海古籍出版社 2003 年版,第 2133 页。

参知政事，跨入权力中枢的门槛。四年正月，左丞相李善长休致，右丞相徐达长期在外征战，不与省事，朱元璋命汪广洋为右丞相，胡惟庸接替他为右丞。十二月，徐达从北平还京，不再兼任右丞相之职。六年正月，汪广洋因整天喝酒，"浮沉守位""无所建明"，以"怠职"左迁为广东行省参知政事①，朱元璋一时找不到合适的丞相人选，胡惟庸便以左丞的身份独专省事。他使尽浑身解数，极力逢迎巴结朱元璋，"晨昏举止便辟（逢迎谄媚），即上所问，能强记专对，少所遗，上遂大幸爱之"②，于当年七月被擢任右丞相，十年九月又升为左丞相。在胡惟庸升为左丞相的同时，汪广洋虽然也被召回京，恢复右丞相的官职，但位居胡惟庸之下，惟浮沉守位而已。

随着权势的扩张，胡惟庸结党营私，排斥异己。胡惟庸的乡土观念极重，他本来是利用乡土关系给李善长行贿而由外放调任京官的，独专省事乃至任相后，更利用乡土关系巴结拉拢淮西将臣。他不仅将自己的侄女嫁给李善长的侄子李佑，同李善长结成亲戚。还力图与另一同乡徐达结好，徐达鄙视他的为人，未予理睬。有些淮西武将违法乱纪，受到朱元璋的惩处，胡惟庸便乘机拉拢，结为死党，如濠州人吉安侯陆仲亨、五河人平凉侯费聚。对非淮西籍的臣僚，胡惟庸也设法加以拉拢。高邮人汪广洋与胡惟庸在中书省同事多年，后又同居相位，即受到胡惟庸的拉拢而成为他的同党。钱谦益的《太祖实录辨证》即指出，"据《昭示奸党录》诸招，广洋实与惟庸合谋为逆"③，但由于《昭示奸党录》今已不存，其结党细节今已无法弄清。湖广茶陵人陈宁，元末做过镇江小吏，后投奔朱元璋，累官至中书省参知政事。洪武二年出知苏州，未行，经胡惟庸推荐，召为御史中丞。后升任右御史大夫、左御史大夫。及居宪台，益尚严酷，"上切责之，不改。其子孟麟，亦数以谏，宁怒，杖之数百至死。上深恶其不情，尝曰：'宁于其子如此，奚有于君父耶！'宁闻之惧，遂与惟庸通谋"④。陈宁从此成为胡惟庸帮派的一名核心骨干，并拉了同在御史台共事的

① 《明太祖实录》卷一二八，洪武十二年十二月。
② 《献征录》卷一一，[明]王世贞：《胡惟庸》。
③ 《牧斋初学集》卷一〇三，《太祖实录辨证》三，《钱牧斋全集》第三册，第2126页。
④ 《明太祖实录》卷一二九，洪武十三年正月戊戌。

中丞涂节入伙。

胡惟庸性"恬而贪"①，大搞贪污受贿。吴元年之前，他在地方任职，先是做了七年的正七品知县，再做两年的正六品通判，而后做了一年的正五品按察金事。当时由于战事频繁，经济凋敝，财政十分困难，国家根本发不出官俸。在攻占应天后，文官拨付职田，召佃耕种，收取田租作为俸禄。估计胡惟庸从职田上收取的租米除维持一家人的温饱外，仅有不多的盈余。他能一下子拿出"银一千两、金三百两"或"黄金三百两"这样一笔巨款向李善长行贿，表明他为官并不清廉。独专中书省事后，各地想升官发财的官吏和失职的功臣武夫，纷纷投靠胡惟庸，争相给他送去金帛、名马及各种珍宝玩物，多至"不可胜数"②。

胡惟庸独相数年，利用乡土关系拉拢淮西勋旧，和他的门下故旧结成一个小帮派，仗恃李善长的支持，骄横跋扈，专恣擅权，"生杀黜陟，或不奏径行。内外诸司上封事，必先取阅，害己者辄匿不以闻"③。甚至"僭用黄罗帐幔，饰以金龙凤文"④。在明代，龙凤纹饰属皇帝专用，玄、黄、紫三色也为皇家专用，官吏军民的衣服帐幔均不得使用。"凡帐幔，洪武元年，令(臣民)并不许用赭黄龙凤文"⑤。胡惟庸的这一举措，表明其政治野心已膨胀到了极点。

胡惟庸的所作所为，直接损害到皇权的利益，这是任何一个封建君主都不能容忍的。他的末日，很快也就到来了。

朱元璋原先也有浓厚的乡土、宗族观念，但在洪武八年中都营建工匠的"厌镇"事件发生后，他即决定抛弃乡土观念，从倚重乡党逐渐转向任用五湖四海之能士。与此同时，随着自己逐渐坐稳龙椅，朱元璋开始谋划改革国家机构，以扩张皇权，强化专制集权，"躬览庶政"。

---

① [明]李贽:《续藏书》卷三,《中山武宁王魏国徐公达》,中华书局1959年版,第44页。
② 《明史》卷三〇八,《胡惟庸传》,第7906页。
③ 《明史》卷三〇八,《胡惟庸传》,第7906页。
④ 《明太祖实录》卷二四三,洪武二十八年十一月乙亥。
⑤ 万历《明会典》卷六二,《礼部·房屋器用等第》。

　　洪武九年六月,朱元璋下令撤销行中书省,改置布政使司、都指挥使司和提刑按察使司,将地方的行政、军事和司法监察大权集中到中央,中书省的权限扩大,相权和皇权的矛盾更加突出。接着,朱元璋又采取一系列措施来限制和削弱中书省的权力。当年闰九月,他一面确定中书省的左、右丞相为正一品官,另一面又取消中书省的平章政事和参知政事,"惟李伯昇、王溥等以平章政事奉朝请者(只参加朝会而不署事,因为李是投降的张士诚部将,王是投降的陈友谅部将,奉朝请是给他们的一种荣誉性待遇)仍其旧"①。这样,中书省就只剩下左丞胡惟庸和右丞丁玉,而丁玉已于当年正月率兵至延安备边,到七月才返回京师,中书省实际上只留胡惟庸在唱独角戏。第二年五月,朱元璋令李善长与朱元璋的亲外甥李文忠共议军国重事,"凡中书省、都督府、御史台悉总之,议事允当,然后奏请行之"②。六月,又"命政事启皇太子裁决奏闻"。九月,擢升胡惟庸为左丞相,命汪广洋为右丞相,又将丁玉调任御史大夫,将中书省的佐理官员全部调空。十一月三日,更下令"奏事毋关白中书省"③,彻底切断中书省与中央六部和地方诸司的联系,使中书省变成一个空架子。

　　如果中书省被撤销,丞相的官职也将被废除,胡惟庸苦心经营的一切都将尽付东流。于是,他便与御史大夫陈宁、中丞涂节等密谋造反。胡惟庸不仅令陆仲亨、费聚"在外收辑军马以俟",叫毛骧"取卫士刘遇宝及亡命魏文进等为心膂",还与陈宁在中书省偷阅"天下军马籍"④。明初的军队册籍是归大都督府(洪武十三年正月析为五军都督府)掌握,其他衙门包括中书省都不能过问。史载:"祖制五军府,外人不得预闻,惟掌印都督司其籍。前兵部尚书邝埜,向恭顺侯吴某(即吴克忠)索名册稽考,吴按例上闻。邝惶恐疏谢。"⑤邝埜是在明英宗正统年间担任兵部尚书

---

① 《明太祖实录》卷一〇九,洪武九年闰九月癸巳。

② 《明太祖实录》卷一一二,洪武十年五月庚子。

③ 《明史》卷二,《太祖纪》二,第32—33页。

④ 《明太祖实录》卷一二九,洪武十三年正月甲午。

⑤ ［明］陈衍:《槎上老舌》,《丛书集成初编》本。

的。可见在明前期,连主管军政的兵部尚书都不许查阅军队册籍。胡惟庸却不顾禁令,将大都督府掌管的军队册籍弄到中书省,与陈宁一起查阅,为调动军队做准备。

不仅如此,胡惟庸还想劝说李善长同他一道谋反。朱元璋虽然不满意李善长的丞相工作,洪武四年令其退休,但并未完全失去对他的信任。翌年,李善长病愈,仍命他督建中都宫殿。七年复命督迁江南 14 万人至凤阳屯田,并推恩提拔其弟李存义为太仆寺丞,李存义的两个儿子李伸和李佑为群牧所官。九年七月,还将临安公主嫁给李善长的长子李祺。临安公主下嫁仅一个月,有人告发"善长狃宠自恣,陛下病不视朝几及旬,不问候。驸马都尉祺六日不朝,宣至殿前,又不引罪,大不敬"①。但朱元璋只削减李善长岁禄 1800 石,寻又命与李文忠总中书省、大都督府、御史台,同议军国重事,督建圜丘。由于李善长在明初政坛的重要地位和影响,胡惟庸久"谋善长为己用",于洪武十年九月将反谋报告其婿父李存义,让他阴说李善长参与,"善长中坐默然而不答"。过了十天,胡惟庸命其故旧杨文裕再去劝说李善长,"许以淮西地封王",李善长说"这事九族皆灭",没有答应。到十一月,胡惟庸又亲自劝说李善长,李善长"犹趑趄未许"。十二年八月,经李存义再三劝说,李善长乃云:"我老了,你每等我死时自去做。"②

不久,胡惟庸的儿子在市街上策马狂奔,撞到一辆大车,身受重伤,不治而亡。胡惟庸一怒之下,叫人杀了马车夫。朱元璋大怒,要他偿命。胡惟庸看到大祸临头,即刻派人"阴告四方及武臣从己者"③,准备起事谋反。

胡惟庸的密谋正在紧锣密鼓地进行。不料,洪武十二年九月,占城使臣阳须文旦入明朝贺,中书省未及时引见,被值门内使告发,胡惟庸与汪广洋等叩头谢罪,而微委其咎于礼部,礼部臣又委过于中书省。朱元璋益怒,下令逮捕中书省和礼部大臣,"穷诘主者"。胡惟庸、汪广洋等皆下狱,严加追查。十二月,御史中丞涂节和已

---

① 《明史》卷一二七,《李善长传》,第 3771 页。
② 《牧斋初学集》卷一〇四,《太祖实录辨证》四,《钱牧斋全集》第三册,第 2131 页。
③ 《明太祖实录》卷一二九,洪武十三年正月甲午。

谪为中书省吏的原御史中丞商暠都告发胡惟庸的反谋。涂节揭发胡惟庸毒死刘基之事，并说"广洋宜知其状"。朱元璋审问汪广洋，汪广洋回答说没有此事，被贬海南。舟次太平，朱元璋又派人追究其往昔担任江西行省参政时曲庇朱文正，后又未曾献一谋划进一贤才，未能揭发杨宪的罪责，给他加上"怠政坐视兴废"的罪名，"特赐敕以刑之"，"以归冥冥"①。汪广洋被杀后，他的小妾跟着自杀，朱元璋查明此妾是籍没入官的陈姓知县的女儿，大怒曰："凡没官妇人女子，止配功臣为奴，不曾与文官。"因勒法司取勘，遂"出胡惟庸并六部官擅自分给，皆处以重罪"②。翌年即洪武十三年正月初六日，朱元璋下令处死胡惟庸、陈宁，两人家财全部没收入官，"妻子分配军士，子弟悉斩之"③。廷臣认为"涂节本为惟庸谋主，见事不成，始上告发，不诛无以戒人臣之奸宄者"，于是"乃并诛节，余党皆连坐"。大都督府左都督丁玉即"坐党论死"④。翌日，朱元璋召集文武百官，宣布胡惟庸的罪状是："窃取国柄，枉法诬贤，操不轨之心，肆奸欺之蔽，嘉言结于众舌，朋比逞于群邪，蠹害政治，谋危社稷，譬堤防之将决，烈火之将燃，有滔天燎原之势。"接着，朱元璋下令撤销中书省，废除丞相，由自己直接掌管国家大事。从此，"勋臣不预政事"⑤，淮西勋贵除继续领兵作战之外，一般就不再担任行政职务。

　　胡惟庸被杀后，朱元璋又进一步扩大与开国武将的联姻，以"因结肺腑"⑥。此前，朱元璋在洪武三年五月明令规定，"天子并诸王后妃宫嫔等，必慎选良家子而聘

---

　　①　《明太祖集》卷七，《废丞相汪广洋》，第 123 页。按：钱谦益曾指出（《牧斋初学集》卷一〇三，《太祖实录辨证》三，《钱牧斋全集》第三册，第 2126 页）："据《昭示奸党录》诸招，广洋实与惟庸合谋为逆，而上但以坐视废兴诛之。盖此时胡党初发，其同谋诸人，尚未一一著明也。"潘柽章也指出（《国史考异》卷二之一一，《〈明史〉订补文献汇编》第 503—504 页。）："余考(洪武十三年)正月癸卯诏云：'丞相汪广洋、御史大夫陈宁昼夜淫昏，酣歌肆乐，各不率职，坐视废兴，以致胡惟庸私构群小，夤缘为奸，因是发露，人各伏诛。以广洋与陈宁并称，则太祖之罪状广洋者深切矣。而手敕但摘其佐朱文正、杨宪以往之过，绝不及惟庸事，岂狱词未具，不欲讼言耶？'"

　　②　《国初事迹》。

　　③　《纪事录笺证》卷下，第 414 页。

　　④　《皇明开国功臣录》卷一七，《丁玉》。

　　⑤　《明史》卷一三〇，《郭英传》，第 3824 页。

　　⑥　《万历野获编》补遗卷一，《公主下嫁贵族》，第 808 页。

焉,戒勿受大臣所进"①。但他自己却置此于不顾,在这项命令公布后,就多次聘淮西勋臣之女为诸王妃。从洪武十五年起,又亲自决定,聘中山王徐达次女为代王妃、三女为安王妃,信国公汤和长女与次女为鲁王妃,安陆侯吴复之女为齐王妃,宁河王邓愈之女为秦王妃,前军都督佥事于显之女为潭王妃,靖海侯吴忠(吴祯之子)之女为湘王妃,永昌侯蓝玉之女为蜀王妃,颍国公傅友德之女为晋世子妃,并将第五女汝宁公主嫁给吉安侯陆仲亨之子陆贤,第八女福清公主嫁给凤翔侯张龙之子张麟,第九女寿春公主嫁给傅友德之子傅忠,第十一女南康公主嫁给东川侯胡海之子胡观,第十二女永嘉公主嫁给武定侯郭英之子郭镇。这样,通过血缘与裙带关系,把为明王朝的建立立下汗马功劳的一批武臣联结成一个以皇帝为中心的姻娅集团,以图达到拱卫皇权的目的。

此后,朱元璋以胡案为武器,抓住一些淮西勋臣的违法事件,搞扩大化,对淮西勋贵及其子弟展开大规模的诛杀。他采取捕风捉影的手段,不断扩大胡惟庸的罪名。当时由于倭寇问题与日本交涉未果,明廷断绝与日本的外交关系。洪武十九年十月,便借林贤事件②,将其罪名升级为私通日本,先后将一批心怀怨望、骄横跋扈、可能对皇权构成威胁的文武官员都牵连进胡案,处以死刑。洪武年间,蒙古为明朝劲敌。二十三年五月,朱元璋再将胡惟庸的罪名升级为私通蒙古,说胡惟庸当初准备谋反时,曾私派封绩前往漠北,带信给北元,"着发兵扰边"③。后来,胡惟庸案发,封绩不敢回来,二十一年蓝玉出征,在捕鱼儿海将其俘获,押解回京,李善长又不以奏。至二十三年五月,"事发,捕绩下吏,讯得其状,谋逆益大著"④。最后,朱元璋还给胡惟庸加上勾结李善长谋反的罪名。洪武十三年胡案初发时,有人揭发李善长与此案有牵连,朱元璋看在勋旧的面上,未予深究。当年五月,御史台左中

① 《明太祖实录》卷五二,洪武三年五月乙未。
② 详看第十讲第二节。
③ 《昭示奸党录》,转引自《牧斋初学集》卷一〇四,《太祖实录辨证》四,《钱牧斋全集》第 2136 页。
④ 《明史》卷三〇八,《胡惟庸传》,第 7908 页。

丞安然告老还乡,还命李善长"理台事"①。十八年有人告发李善长之弟李存义及李伸、李佑父子"实惟庸党者",朱元璋诏免其死,安置崇明岛。李善长对此十分不满,未向皇上致谢,这又惹恼了朱元璋。二十三年,李善长已届 77 岁的高龄,耆不检下,为营建私宅,竟不顾朝廷严禁私自调动军队的禁令,向汤和借用卫卒 300 人,被汤和告发。四月,京民有罪应徙边者,李善长又多次出面请免其两个姐姐及私亲丁斌等人。朱元璋大怒,审问丁斌。丁斌原先在胡惟庸家当过差,供出李存义等人往时交结胡惟庸之事。朱元璋下令逮捕李存义父子,严加审讯,供词又牵连到李善长,说胡惟庸几次派人或亲自劝说李善长助其谋反,李善长虽"惊不许,然颇心动",最后表示:"吾老矣。吾死,汝等自为之。"还有人告发胡惟庸私通蒙古,李善长"匿不以闻"。朱元璋便给李善长加上"知谋逆不举发,狐疑观望怀两端,大逆不道"的罪名,借口有星变,需杀大臣应灾,下令将李善长及其妻女弟侄家口 70 余人通通诛杀,其子李祺徙置江浦,"祺子芳、茂以公主恩得不坐"②。李善长家产悉被抄没,"籍入六万金"③。陆仲亨、唐胜宗及费聚等,同时坐胡党被杀。京师应天府所辖上元、江宁二县,许多豪强地主被指为胡党,也遭到屠戮。

　　胡惟庸党案前后延续十几年,仅公、侯一级被列入胡党名单的就有 22 人。其中淮西籍的公侯就多达 12 人,占到一多半,先后诛杀了 3 万多人。一案株连如此之广,自然要引起臣民的怀疑和议论。为了让人们知道胡惟庸等人的"罪状",朱元璋特命刑部尚书杨靖将刑讯逼供所得的口供辑为《昭示奸党录》,冠以朱元璋将近 4000 言的手诏,陆续予以公布,算是为胡案画上了一个句号。

　　李善长死后的第二年,工部的虞部郎中王国用,冒死呈上由御史解缙代为起草的奏疏,为其鸣冤叫屈,说李善长"为勋臣第一,生封公,死封王,男尚公主,亲戚皆

　　① 《明太祖实录》卷一三一,洪武十三年五月丙申。

　　② 《明史》卷一二七,《李善长传》,第 3772 页。按:李善长之死,《明史》卷三《太祖纪》三(第 47 页)、《罪惟录》帝纪一《太祖》,(第 45 页)记为赐死,《明太祖实录》卷二〇二洪武二十三年五月乙卯条云:"善长遂自缢,上命以礼葬之,厚恤其家。"《国榷》卷九洪武二十三年五月乙卯条(第 708—710 页)亦云"李善长自杀",但认为"所谓礼恤,或史笔曲为之饰也耳"。

　　③ 《国榷》卷九,洪武二十三年五月乙卯,第 709 页。

被宠荣,此人臣之分极矣,志愿亦已足矣,天下之富贵无以复加矣。若谓其自图不轨尚未知,而今谓其欲佐胡惟庸者,揆之事理,大谬不然矣。""若谓天象,大臣当灾,则杀人以应天象,夫岂上天之所欲哉?"[1]朱元璋读了这个奏疏,"虽不能用,亦不罪也"[2]。但是,后来潘柽章却批评解缙没有认真研读《昭示奸党录》[3],说他一味为李善长的被杀鸣冤叫屈,忽略了李善长虽未参与胡惟庸的谋反却也没有检举揭发的事实,而这则是作为一名朝廷重臣所不许可的行为。潘柽章的批评,应该说是有道理的。李善长自投奔朱元璋后,一直忠心耿耿,很受朱元璋的器重。朱元璋就任江南行中书省平章政事时,就以李善长为参议,称吴王后直到称帝,一直让他担任丞相之职,吴元年虽曾以事责李善长,有换相的想法,洪武三年大封功臣,又授予最高一级的爵位,其子得尚公主,其弟李存义父子也都做了官。但李善长"有心计而无远识","富贵极,意稍骄",又引起朱元璋的不满与猜忌,翌年便令其病退。此后,他同朱元璋的关系总是磕磕绊绊,不时遭到朱元璋的敲打,甚至被削减岁禄1800石。对朱元璋的这种积怨,就促使他对胡惟庸的谋反采取默许的态度,既不贸然参与,也不检举揭发,而其弟李存义父子都卷入了胡案之中。朱元璋正是抓住他的这个把柄,牵连进胡案加以诛杀的。因此,李善长之被诛杀,固然是朱元璋强化君主专制的必然产物,也是李善长自酿的一杯苦酒。

由于朱元璋严酷的封建专制统治,胡案爆发后,时人大多不敢加以记载,而辑录案犯供状的《昭示奸党录》后来又佚失不存,只在个别史著如钱谦益的《太祖实录辨证》中录存了个别段落,难以窥其全貌。时过境迁之后,史实的真相已经模糊不清,许多史书只能根据某些史籍一鳞半爪的记载,加上自己的揣测,来加以叙述。于是便出现了歧疑迭出、真假混淆的诸多记述,令人莫衷一是。比如,雷礼在《国朝列卿记》卷一《胡惟庸传》中引《国琛录》的记载云:"太监云奇,南粤人,守西华门,迩胡惟庸第,刺知其逆谋。胡诳言所居井涌醴泉,请太祖往视。銮舆西出,云虑必

---

① 《解文毅公集》卷一,《代王国用论韩国公冤事状》。

② 《献征录》卷一一,[明]王世贞:《中书省左丞相太师韩国公李公善长传》。

③ 《国史考异》卷二之一二,《〈明史〉订补文献汇编》,第505页。

与祸,急走冲跸,勒马衔言状。气方勃窣,舌駃不能达。太祖怒其犯跸,左右挝捶乱下,云垂毙,犹奋指贼臣第。太祖乃悟,见其壮士披甲伏屏帷间数匝,亟返棕殿,罪人就擒。"将胡惟庸罪行的揭发归功于所谓云奇告变,与《明史》所载涂节、商暠告发迥异。类似彼此相左的记载,不胜枚举。因此,明清以来不少史学家不断搜集史料,排比考订,力图弄清历史的真相。明末清初的钱谦益、潘柽章分别撰有《太祖实录辨证》《国史考异》,对胡案作过深入的考辨,指出云奇告变是"凿空说鬼"、《明太祖实录》所载李善长的罪状"不胜舛误"。1934 年 6 月,吴晗发表在《燕京学报》第15 期的《胡惟庸党案考》一文,在前人研究的基础上,进一步指出所谓云奇告变、如瑶贡舶、封绩使元以及胡惟庸勾结李善长通倭款虏诸事纯系向壁虚构,可谓确论。但吴晗的翻案有点过头,他连胡惟庸毒死刘基、贪污受贿、朋比为奸特别是谋反的罪行也一并推翻,把整个胡案都说成彻头彻尾的大冤案。此后不少学者沿袭这种说法,进而认定胡惟庸谋反的故事是编造的。

吴晗的《胡惟庸党案考》一文,否定胡惟庸谋反的动机。文中援引史籍关于胡惟庸决心谋反的两种不同记载,一是《明史·胡惟庸传》:"会惟庸子驰马于市,坠死车下,惟庸杀挽车者。帝怒,命偿其死。惟庸请以金帛给其家,不许。惟庸惧,与御史大夫陈宁、中丞涂节谋起事,阴告四方及武臣从己者。"一是《献征录》卷一一所录王世贞撰《胡惟庸》:"会其家人为奸利事,道关榜辱关吏。吏奏之,上怒,杀家人,切责,丞相谢不知乃已。又以中书违慢,数诘问所由。惟庸惧,乃计曰:'主上鱼肉勋臣,何有我耶!死等耳。宁先发,毋为人束,死寂寂。'"然后写道:"同样地叙述同一案件,并且用同一笔法,但所叙的事却全不相符,一个说是胡惟庸子死,一个说是惟庸家人被诛。"吴晗未明言何种说法对,何种说法错,或者二说皆错,但言外之意非常明确,那就是二说既然不相符合,就都不可信,因为紧接着,他这样写道:"根据当时的公私记载……在胡案初起时胡氏的罪状只是擅权植党","我们找不出有'谋反'和'通倭''款虏'的具体记载。……到了洪武二十三年后胡惟庸的谋反便成铁案"。意思是说,在洪武十二年九月胡惟庸被捕入狱直到十三年正月被杀,朱元璋并没有给他加上谋反的罪名,后来编造"通倭""款虏"的罪状,直到洪武二十三年后才将胡惟庸的谋反弄成铁案。这种说法,与史实并不相符。因为洪武十三年正月胡惟庸被杀后,第二天朱元璋对文武大臣宣布胡惟庸的诸多罪状,其中就有"谋危社稷"的罪状,"谋危社稷"指的就是谋反,属于不可赦免的十恶大罪之首。《大明律》的《名例律》及《刑律》,对十恶大罪中的谋反罪,都明确注明,"谓谋危社稷"①。吴晗的论文虽然也征引了朱元璋对文武大臣宣布的胡惟庸罪状的这段谕词,遗憾的是他没有弄清"谋危社稷"一词在明代法律中的真正含义,却说找不出当时有说胡惟庸谋反的具体记载。

胡惟庸党案是明初皇权与相权矛盾冲突的产物。胡惟庸独专省事,继而任相之后,不仅在经济上贪污受贿,而且在政治上拉帮结派,打击异己,飞扬跋扈,擅专黜陟,藏匿于己不利的奏疏,侵犯了皇权,最后发展到策划谋反,他的被杀是罪有应得,咎由自取。而朱元璋大兴党狱,是为了扩大皇权,加强君主专制的中央集权。胡案一发生,他就借机搞扩大化,"余党皆连坐",这些被株连的"余党"有的是冤死鬼。此后,他将其罪名步步升级,用以打击一部分恃功骄纵、飞扬跋扈的功臣,这些则纯粹是冤假错案了。因此,就整个案件来说,是真真假假,真假混淆。对此我们必须进行细致的辨析,分清其中的真假,看看哪部分属于真案,哪部分属于假案,只有这样,我们才能对整个案件做出正确的评论,既看到朱元璋通过此案清除了部分骄横跋扈的功臣,有促进社会安定、经济恢复与发展的作用,又看到朱元璋搞扩大化,冤杀了一些不该诛杀的无辜之臣,造成政治恐怖,人人自危,"多不乐仕进"②的消极影响③。

---

① 《大明律》卷一,《名例律》,第 3 页;卷一八,《刑律·贼盗》,第 133 页。
② 《廿二史札记校证》卷三二,《明初文人多不仕》,第 241 页。
③ 参看拙作《胡惟庸党案再考》,《明清论丛》第 10 辑。

三、蓝玉党案

胡惟庸党案结束后,相权与皇权的矛盾消除了,但军权与皇权的矛盾又突出地显露出来。

经过胡惟庸党案的诛杀,淮西勋员的核心人物已被基本铲除,只剩下为数不多的开国武将仍在边防要地担任军事职务。朱元璋除通过分封在各地的藩王,对这些武将进行严密的监视和节制,还在洪武二十年(1387)颁布御制《大诰武臣》,要求这些武将知守法纪、善待军士、建立勋业,保持爵位。翌年,又相继颁布《御制谕武臣敕》《武臣保身敕》,以诫谕武臣。二十二年二月,还下令禁止武臣干预民事,规定民间词讼,虽事涉军务,"均归有司申理,(武臣)毋得干预"①。二十三年诛杀李善长之前,还以"诸将老矣,令其还乡"为名,诏遣武臣中 6 公 10 侯还乡,诛杀李善长后,又于当年六月把遣送还乡的武臣名单扩大到 7 公 24 侯,并为原先赐给他们作为侍从的奴军"各设百户一人,统率其军以护之,给屯戍之印,俾其自耕食,复赐铁册"②,叫作铁册军,名义上是保护武臣之家,实际上是专责对其进行监视。

但是,开国武臣违法乱纪的事件仍不时发生,如会宁侯张温"居室器用僭上"③,而表现最为严重的要数淮西勋贵凉国公蓝玉。

蓝玉,定远人,是开平王常遇春的妻弟。投奔朱元璋的起义队伍后,初隶常遇春帐下,临敌勇敢,所向克捷,由管军镇抚累升至大都督府佥事。洪武四年从颍川侯傅友德入川讨伐明昇夏政权,克绵州。翌年,从徐达北征,先出雁门,败元兵于野马川,再败之于土剌河。七年,率师攻拔兴和,俘获北元国公帖里密赤。十一年,同

---

① 《明通鉴》卷九,洪武二十二年二月壬戌,第 470 页。

② 《明太祖实录》卷二〇二,洪武二十三年六月辛未。

③ 《明史》卷一三二,《蓝玉传附张温传》,第 3868 页。

西平侯沐英一起征讨西番洮州等处的叛乱,擒获叛酋三副使,翌年班师后被封为永昌侯,岁禄 2500 石,子孙世袭,成为淮西勋贵集团的重要人物。十四年,从傅友德出征云南,在曲靖擒获北元平章达里麻,进而包围昆明,北元梁王投滇池自尽。旋复西进,迭克大理、鹤庆、丽江、金齿、车里、平缅等地。"滇地悉平,玉功为多"①,朱元璋下令增其岁禄 500 石,并册其女为蜀王妃。蓝玉从此跨入了皇亲国戚的行列,备受朱元璋的器重。

　　洪武二十年,蓝玉以征虏右副将军之衔,从大将军冯胜出征东北北元太尉纳哈出,驻屯金山西侧。纳哈出迫于大军压境,亲率数百骑至蓝玉军营约降。蓝玉设盛宴款待,亲自向他敬酒。纳哈出一饮而尽,又斟酒回敬蓝玉,蓝玉却脱下身上的汉族服装,对他说:"请服此而后饮!"纳哈出认为这是对他的侮辱,拒不接受,蓝玉也不饮他敬的酒。双方僵持一会儿,纳哈出将酒泼到地上,用蒙古语嘱咐随行部下,准备脱身离去。在座的郑国公常茂,抽刀砍伤纳哈出的臂膀。都督耿忠一看大事不妙,忙招呼身边的士卒,簇拥着纳哈出去见冯胜。纳哈出的部众,纷纷溃散。冯胜"以礼遇纳哈出,复加慰谕,令耿忠与同寝食"②,并派人招抚其溃散的部众,然后下令班师。此役冯胜虽收降有功,但有人告发他"窃取虏骑","娶虏有丧之女"③,失降附心,加上指挥失当,班师途中丢失殿后的都督濮英 3000 人马,被收夺大将军印。蓝玉尽管违反朱元璋因俗而治的民族政策,但朱元璋还是"命玉行总兵官事,寻即军中拜玉为大将军,移屯蓟州"④。二十一年三月,受命为征虏大将军,统率 15 万大军北征,"以清沙漠",四月,进抵捕鱼儿海东北,大获全胜。朱元璋得到捷报大喜,"赐敕褒劳,比之卫青、李靖"⑤。接着,蓝玉又攻破北元丞相哈剌章的营盘,获人畜 6 万。班师还朝,朱元璋晋其为凉国公。蓝玉一生的事业,至此达到辉煌的顶

① 《明史》卷一三二,《蓝玉传》,第 3864 页。
② 《明太祖实录》卷一八二,洪武二十年五月丁未。
③ 《明太祖实录》卷一八四,洪武二十年八月壬子。
④ 《明史》卷一三二,《蓝玉传》,第 3864 页。
⑤ 《明史》卷一三二,《蓝玉传》,第 3865 页。

点。

洪武二十二年,蓝玉奉命至四川督修城池。翌年,率师赴湖广、贵州平定几个少数民族土司的叛乱,朱元璋增其岁禄 500 石,诏令还乡。二十五年三月,又令其赴西北督理兰州、凉州、庄浪、西宁、甘州、肃州诸卫军务。四月,为追捕逃寇祁者孙,未经朝廷准许,蓝玉擅自率兵往征罕东(一说在今甘肃敦煌,一说在今甘肃酒泉西南,一说在今青海西宁西北)的西番(藏族)诸部。就在这一个月,建昌卫(治今四川西昌)指挥使、故元降将月鲁帖木儿发动叛乱,朱元璋命蓝玉移师往讨,但考虑到他远在甘肃,路途遥远,又命都督佥事聂纬权代总兵官,朱元璋义子、中军佥都督徐司马和四川都指挥使瞿能为左、右副手,率所部及陕西步骑兵先行征讨,待蓝玉到达后,聂纬、徐司马与瞿能皆为之副。五月初,蓝玉抵达罕东,部将建议:“莫若待以缓之,遣将招谕,宣上威德,令彼以马来献,因抚其部落,全师而归。”蓝玉不听,派都督宋晟等率兵徇阿真川,番酋哈昝等逃遁,追袭祁者孙,也不及而还。不久,接到朱元璋命其移师讨伐月鲁帖木儿的诏令,他还想深入西番之地,取道松叠前往建昌。“会霖雨积旬,河水汛急,玉悉驱将士渡河,麾下知非上意,多相率道亡”[①]。蓝玉不得已,才由陇右前往建昌。六月,待他抵达建昌,月鲁帖木儿已被瞿能击败,逃往柏兴州(治今四川盐源县卫城)。十一月,蓝玉进攻柏兴州,遣百户毛海以计擒月鲁帖木儿及其子,尽降其众。蓝玉派人将月鲁帖木儿解送京师伏诛,因奏“四川之境,地旷山险,控扼西番,连岁蛮夷梗化,盖由军卫少而备御寡也”,建议增置屯卫,籍民为军守之,并请求移师讨伐长河西朵甘百夷。朱元璋没有同意,认为“其民连年供输烦扰,又以其壮者为兵,其何以堪”;蓝玉所率部队“兵久在外,不可重劳”,况且往征长河西朵甘百夷,“此非四十万众不行”。他命令蓝玉:“今尔所统之兵,选留守御,余令回卫。尔即还京。”[②]蓝玉只得下令班师。

蓝玉为明王朝的建立和巩固立下了赫赫战功,但是这个粗鄙的武夫也因此逐

① 《明太祖实录》卷二一七,洪武二十五年五月辛巳。
② 《明太祖实录》卷二二二,洪武二十五年十一月甲午。

渐滋长居功自傲的思想，贪财嗜利，骄淫奢靡，违法乱纪，无所不为。史载："（洪武二十一年八月）丁卯，征虏大将军、永昌侯蓝玉等还朝，上谓玉曰：'尔率将士北征，功最大。然虏主妃来降，不能遇之以礼，乃纵欲污乱。又尝恃劳遣人入朝，觇伺动静，此岂人臣之道哉？'"①史籍还记载："玉素不学，性复狠愎，见上待之厚，又自恃功伐，专恣暴横。畜庄奴假子数千人，出入乘势渔猎。尝占东昌民田，民讼之，御史按问，玉捶逐御史。及征北还，私其驼马珍宝无算。夜度喜峰关，关吏以夜不即纳，玉大怒，纵兵毁关而入，上闻之不乐。会有发其私元主妃者，上切责之。玉漫不省，尝见上命坐，或侍宴饮，玉动止傲悖，无人臣礼。及总兵在外，擅升降将校，黥刺军士，甚至违诏出师，恣作威福，以胁制其下。"②为了满足自己的贪欲，蓝玉不仅"令家人中到云南盐一万引，倚势兑支"，贩卖牟利③，还"于本家墙垣内起盖房舍，招集百工技艺之人，与民交易"④，最后竟发展到不惜越礼犯分，僭用皇帝专用的金龙纹饰、九五间数。洪武二十八年十一月，朱元璋就曾气愤地对翰林学士刘三吾等说："迩者逆贼蓝玉越礼犯分，床帐、护膝皆饰金龙，又铸金爵为饮器，家奴至于数百，马坊、廊房皆用九五间数。"⑤

蓝玉僭用皇帝专用的金龙纹饰、九五间数，显然是一种包藏着政治野心、图谋不轨的行为。联想到过去胡惟庸案发时，曾发现蓝玉"尝与其谋"，当时"以开平之功及亲亲之故"，对他"宥而不问"⑥，朱元璋对蓝玉不能不高度警惕。洪武二十一年北征归来，朱元璋原拟封之为梁国公，"以过改为凉，仍镌其过于券"⑦。但是，蓝玉仍然我行我素，不仅没有悔过，反而变本加厉，竟然擅自升降将校，黥刺军士，甚至"违诏出师"，未经朝廷的批准，擅自率兵攻打罕东的藏族聚居地。

---

① 《明太祖实录》卷一九三，洪武二十一年八月丁卯。
② 《明太祖实录》卷二二五，洪武二十六年二月乙酉。
③ 《国初事迹》。
④ ［明］朱元璋：《稽古定制》序，《皇明制书》第二册，第737页。
⑤ 《明太祖实录》卷二四三，洪武二十八年十一月乙亥。
⑥ 《明太祖实录》卷二二五，洪武二十六年二月乙酉。
⑦ 《明史》卷一三二，《蓝玉传》，第3866页。

　　洪武二十五年九月，因皇太子朱标在四月间去世，朱元璋立朱标次子朱允炆为皇太孙。十一月，蓝玉由建昌进至柏兴州，最后平定月鲁帖木儿之叛，奏请朝廷允其率兵往征长河西朵甘百夷，想以更多的战功谋取太子太师职衔。但朱元璋未批准，令其班师，蓝玉闷闷不乐地率部回到成都，想起其亲家靖宁侯叶昇于八月间坐前交通胡惟庸被杀，怀疑是叶昇的口供指认他为胡党，故而引起朱元璋的猜忌，他奏办的几件事皇上都不从，下定了谋反的决心。十一月底，中军金都督谢熊奉命前往四川都司接蓝玉回京。十二月二十八日，朱元璋下诏以宋国公冯胜、颍国公傅友德兼太子太师，曹国公李景隆（李文忠之子）、凉国公蓝玉兼太子太傅，开国公常昇（常遇春之子）、全宁侯孙恪（孙兴祖之子）兼太子少保，詹徽（詹同之子）为太子少保兼吏部尚书，茹瑺为太子少保兼兵部尚书。消息传来，蓝玉的太子太师梦破灭，随即加紧了谋反的策划。闰十二月初一日，他备酒席宴请谢熊和随同征讨月鲁帖木儿的副手徐司马和聂纬以及四川徐都督、周指挥，陕西王都指挥，随征西安右卫、西安左卫、西安前卫、西安后卫、华山卫、秦山卫的将领，进一步商议谋反之事。同时，派部将联络陕西卫所的将领，让他们搜集人马，准备接应他的谋反举动。闰十二月底，蓝玉与谢熊离开成都，顺长江东下，沿途在武昌、九江、安庆又联络当地的一些卫所将领，布置接应其谋反之事。

　　洪武二十六年正月初十日前后，蓝玉抵达南京。此时朱元璋因受不住皇太子病死的打击，身患"热症"，"几将去世"[1]，经过太医的精心治疗，虽被从死神手里夺回了性命，但身体仍很虚弱。蓝玉认为"如今上位病症缠身，殿下（指皇太孙朱允炆）年纪幼小，天下军马都是我掌"[2]，正是谋反的好机会，于是密遣亲信，暗中联络景川侯曹震、鹤庆侯张翼、舳舻侯朱寿、东莞伯何荣（何真之子）、左军都督府同知黄辂、后军都督府同知祝哲、中军都督府同知汪信、吏部尚书詹微、户部侍郎傅友文等和自己的老部下，把他们分别召至自己的私宅密谋策划。在夜阑酒酣之际，蓝玉煽

----

① ［明］朱元璋：《周颠仙人传》，钱伯城、魏同贤、马樟根主编：《全明文》，第一册，上海古籍出版社1992年版，第813页。

② ［明］明太祖敕录，王天有、张何清点校：《逆臣录》卷一，北京大学出版社1991年版，第38页。

动说："如今天下太平，不用老功臣似以前，我每一般老公、侯都做了反的，也都无了，只剩得我每几个没由来，只管做甚的，几时是了？"①诸将于是分头搜罗士卒和马匹武器，最后定在当年二月十五日朱元璋外出耕籍田时起事。正月二十八日，蓝玉派人去找准备担任谋反主力的府军前卫步军百户李成。二月初一日，李成匆匆赶到蓝玉私宅，蓝玉对他下达了在二月十五日皇上出正阳门往先农坛耕籍田之日起事的命令。

　　蓝玉的密谋，早被锦衣卫的特务察觉。就在二月初一日李成赶到蓝玉私邸听取蓝玉下达起事命令之前，锦衣卫指挥蒋瓛已向朱元璋告发了。此时，朱元璋已届65岁的高龄，而皇太孙朱允炆只有16虚岁，朱元璋担心自己百年之后，这个年轻的接班人控制不住局面。鉴于明朝的劲敌北元经过明军的多次打击，已被击溃，陷于分裂的状态，北部边防比较巩固，朱元璋决定再次大开杀戒，彻底铲除那些有可能对朱家天下构成严重威胁的开国老将，为皇太孙留下一个稳固的宝座。二月初二日，他命晋王总宋国公冯胜等所统河南、山西马步军士出塞，以防北元残余势力的骚扰，而令冯胜及颍国公傅友德、开国公常昇、定远侯王弼、全宁侯孙恪等驰驿还京，其余将校悉听晋王节制，并诏长兴侯耿炳文还京。二月初八日，蓝玉入朝，即下令将其拘押，次日投入锦衣卫的诏狱，"玉不肯伏"。第三天未经廷鞫即将其"磔于市，夷三族"②。朱元璋随即乘机搞扩大化，以"蓝党"的罪名，将大批功臣及其子弟加以诛杀。三月，令翰林院官员将刑讯逼供得出的口供辑为《逆臣录》一书，公布于众。五月初一日，朱元璋亲为《逆臣录》撰写御制序，宣布蓝玉党的罪名是"谋为不轨""谋危社稷"③，刊布中外。到九月，发布《赦蓝党胡党诏》，宣布：赦免胡、蓝余党。事实上，赦免令颁布后，诛杀仍在进行。整个蓝玉党案，"族诛已万五千人矣"④，其中包括一公三侯二伯。"及洪武末年，诸公、侯且尽，存者惟(耿)炳文及武

---

① 《逆臣录》卷一，第11页。
② 《罪惟录》列传卷八下，《蓝玉》，第1440页。
③ 《逆臣录》御制序，第2页。
④ [明]朱元璋：《赦蓝党胡党诏》，《全明文》第一册，第750页。

定侯郭英二人"①。

经过胡、蓝两案的大规模诛杀，明朝的开国功臣已被基本铲除，只有少数善于揣摩朱元璋心理的功臣宿将，主动交出军权和多占的庄田及佃户，侥幸地逃脱了被杀的厄运。信国公汤和洪武二十一年六月在福建完成筑城御倭的任务后致仕回乡养老，晚年又中风，不能说话，也不能行走，不再对朱元璋构成威胁，故得以善终。崇山侯李新，看到许多功臣宿将被牵连党案而遭诛杀，向朝廷建议："公侯家人及仪从户各有常数，余者宜归有司。"朱元璋非常高兴，下令叫公侯之家将超过规定的人户"悉发凤阳隶籍为民"②。并令礼部编纂《稽制录》，于洪武二十六年三月颁赐功臣，防其奢侈逾制。武定侯郭英赶紧归还佃户，依法纳税，汤和急忙归还仪从户，曹国公李景隆也交出庄田六所。郭英、李景隆也和汤和一样，在洪武朝都没有出事。

同胡案一样，蓝案发生后，时人也大多未敢加以记载，即使有个别著作涉及此案，记述也极为简略。记载稍为详细的是官修的《明太祖实录》。建文朝修纂、永乐朝两次重修的《明太祖实录》是将《逆臣录》隐括为文来记述蓝玉党案的发生过程和处理结果的，但却只字没有提到《逆臣录》，并存在两个明显的缺陷，一是史事记述存在错讹，二是略去"蓝玉逆节之最著者"即蓝玉及其骨干谋反的具体情节。因此《逆臣录》就不仅是研究蓝玉党案的第一手原始资料，而且是探明蓝玉及其同党谋反具体情节的唯一资料。明末清初的史学家钱谦益曾征引《逆臣录》所载吏部尚书詹徽、浙江余姚县民史敬德的供状驳斥郑晓《异姓诸侯传》所记之妄，表明他认为詹、史之招是真实可信，蓝玉及其骨干的谋反罪行是确实存在的。潘柽章则肯定蓝玉谋反的事实。他在《国史考异》卷三以《逆臣录》所载的案犯供状，补《明太祖实录》所载之疏略，并不否定蓝玉谋反的事实，但他认为《逆臣录》中所载"番僧、内竖、豪民、贱隶累累至数千人，其间岂无讹误、罗织不能自解者？翰林所载，要亦未足尽信也。"③这就是说，他认为《逆臣录》辑录的供状有真有假，蓝玉党案也是真假混淆

① 《明史》卷一三〇，《耿炳文传》，第3819页。

② 《明史》卷一三二，《李新传》，第3871页。

③ 《国史考异》卷三之八，《〈明史〉订补文献汇编》，第526页。

的。

当然，明清时期也有个别史学家对蓝玉及其骨干谋反持怀疑甚至否定态度。晚明的何乔远在《名山藏》之《臣林记二·蓝玉》传中记述蓝案之后，加了一个按语，称："凉国公之亡也，岂不有狗烹弓藏之悲？"①弦外之音是，蓝玉并无谋反的实际策划与行动，他的被杀系朱元璋的狗烹弓藏之举。明末清初的谈迁，在《国榷》中简单记述蓝案之后，附录何乔远的按语，再加上自己的按语，称："蓝凉公非反也。虎将粗暴，不善为容，彼犹沾沾一太师，何有他望！"②不过，何乔远、谈迁二书都未提到《逆臣录》，估计他们都未见到该书，所以都未曾针对该书辑录的案犯供状来评说蓝案的真假。首次援引《逆臣录》的供状来评说蓝案，进而认定该案为冤假错案的是吕景琳。20世纪90年代，吕景琳发表《蓝玉党案考》一文③，认为蓝玉党案是"完完全全的一个假案，不但牵连而死的一二万人是无辜的，就是蓝玉本人也没有谋反的行动与策划"。他的理由主要有以下五条：一、《逆臣录》没有本案首魁蓝玉和二号人物的口供，表明两名主犯根本没有招供；二、谋反的时间众说纷纭，口径不一；三、说蓝玉曾经与胡惟庸、李善长谋反，纯属胡乱编造，为了将蓝党与胡党挂起钩来，有些供状更将蓝玉的谋反时间推至洪武八年、十一年、十二年，荒唐可笑；四、蓝玉被捕前28天，先后接待千余人，门庭若市，不可思议；五、说蓝玉选择在皇帝耕籍田之日动手谋反，是根本不可能的。但是，他的这些理由，都经不起仔细推敲，因而也难以服人。

吕景琳所说的前四条，确实存在。第一条所说的《逆臣录》没有本案两名主犯的供状，确是它的一个重大缺陷。但案件的判决，取决于证据而不是口供，所以此条尚不足构成推翻本案的充足理由。至于第二、三、四条所说问题的出现，则是由《逆臣录》的性质所决定的。朱元璋的《御制〈逆臣录〉序》即已明确指出，这部《逆

① ［明］何乔远撰，张德信、商传、王熹点校：《名山藏》臣林记二，《蓝玉》，福建人民出版社2010年版，第1534页。

② 《国榷》卷一〇，洪武二十六年二月乙酉，第739页。

③ 《东岳论丛》1994年第5期。

臣录》是"特敕翰林,将逆党情词辑录成书"的,它既然是案犯口供的汇编,供词中出现的口径不一、互相矛盾乃至荒唐怪诞的现象,也就不足为奇了。何况,这些口供又是在刑讯逼供的情况下取得的,并且经过翰林院官员的加工整理,表述的自然不全是客观的真实情况。也就因此,书中的供词既有歧疑迭出、互相矛盾的一面,又有大同小异、千篇一律的另一面。所以,根据这几条,可以断定受到牵连而被杀的一二万人是无辜的,却不足以否定蓝玉本人及其几个核心骨干的谋反罪行。

吕景琳所说的第五条,被认为是否定蓝玉谋反的最有力的证据。吕景琳认为,按明代的礼制,皇帝耕籍田的日子虽定在仲春二月,至于二月的哪一天,要由钦天监临时"择日",选择晴好的日子进行。即使择定了日期,朱元璋也未必亲自前往,他可以派官员代行,"去不去的随意性很强"。即使决定前往南郊祭祀或躬耕,也不可能提前广为宣泄,一般人绝无可能较早知道祀先农耕籍田的日期,更不可能预测朱元璋今年去不去躬耕籍田。因此,"具体谋反日期露出了马脚","成为蓝玉案中的最大漏洞和最有力的反证"。

然而这条理由也是似是而非、站不住脚的。明代耕籍田的具体日期虽由钦天监择定,但绝非临时择定,而是提前一段时间择定,因为耕籍田并非皇帝本人或委派代行官员的个人行动,而是牵涉一大批公、侯、伯、百官、耆宿的集体行动。"其耕籍仪:祀先农毕,太常卿奏请诣耕籍位,皇帝至位,南向立,公、侯以下及应从耕者各就耕位。户部尚书北向进耒,太常卿导引皇帝秉耒三推,户部尚书跪受耒。太常卿奏请复位,南面坐,三公五推,尚书、九卿九推,各退就位。太常卿奏礼毕。太常卿导引皇帝还大次,应天府尹及上元、江宁两县令率庶人终亩。是日宴劳百官耆宿于坛所。"[1]参加耕籍田的,不仅有皇帝(或皇帝委派的代行官员),还有三公九卿、太常卿、应天府尹、上元及江宁县令,此外还有耆宿庶民等。这样一个大规模的祀礼,显然需要提前进行认真细致的筹备。所以耕籍田的日期需提前择定,并事先通知参加耕籍田的各位官员耆宿。而提前预测短期的天气变化,就当时的科技水平来

---

① 《明太祖实录》卷三九,洪武二年二月壬午。

说,是可以办到的。耕籍田在以农立国的中国古代社会,是国家的重大典礼之一。耕籍田的日期确定之后,朱元璋是亲自前往还是遣官代行,这要看皇帝政务是否繁忙、身体健康状况如何而定,而不是随心所欲,想去就去,不想去就临时遣官代行,而且在皇帝亲往躬耕抑或遣官代行之事决定之后,还要及时通知掌管操办耕籍田祀典的太常卿,以便就相关礼仪是否变动(如遣官代行,"太常卿奏请诣耕籍位,皇帝至位,南向立""户部尚书北向进耒,太常卿导引皇帝秉耒三推,户部尚书跪受耒。太常卿奏请复位,南面坐""太常卿奏礼毕,太常卿导引皇帝还大次"这一系列礼仪就必须做相应的改动,因为代行礼仪的官员是不能"南向立""南面坐""还大次"的,户部尚书也不必"跪受耒"),安全保卫是否应该加强(如皇帝亲往,不仅必须提前清道,而且要加强沿途及先农坛周边的警卫和保卫力量)做出决定和安排。耕籍田的具体日期以及是皇帝亲往还是遣官代行之事,当然是"不可能提前广为宣泄"的,一般人确是无法预先得知的。但蓝党的骨干詹徽是吏部尚书,作为必须参与耕籍田祀礼的九卿之一,他当然会事先知道耕籍田的具体日期并得知朱元璋亲往躬耕,会将消息告知蓝玉,所以蓝玉选择在皇帝耕籍田之日动手,并不是什么奇怪的事。因此,许多案犯所交代的"具体谋反日期",不是蓝玉党案的"最有力的反证",相反,恰恰是它的最有力的铁证!

蓝玉党案是明初皇权与军权矛盾冲突的产物。朱元璋为了使自己及其子孙能"躬览庶政",拼命扩张皇权,不仅把军权集中到君主手里,而且要求所有武臣都"事君以忠",绝对服从君主的调遣与指挥。但是,一批开国功臣特别是淮西勋臣"身处富贵,志满气溢,近之则以骄恣启危机,远之则以怨望扦文网"[1],最后竟图谋造反,导致蓝玉党案的爆发。同胡惟庸党案一样,蓝玉党案也是有真有假,真假混淆的,我们同样必须进行认真细致的辨析。就蓝玉串通几个武将,策划在朱元璋耕籍田之日谋反之事来说,迄今为止,尚无人能够拿出有力的证据来加以否定,表明这是个真案。但整个案件杀了15000人,这些人则大多是冤死鬼,这又是冤假错案。朱

---

① 《明史》卷一三二,《蓝玉传》赞,第3871页。

元璋通过此案,打击了一部分骄横跋扈的勋臣,自然有其积极的意义,但大规模的诛杀,又必然造成大量冤狱,以致"勇力武健之士芟夷略尽,罕有存者"①,其消极影响也不容忽视。朱元璋死后,燕王朱棣起兵"靖难",建文帝朱允炆无将可用,先后起用年迈的老将耿炳文和没有作战经验的膏粱子弟李景隆为大将军,率师北上讨伐,结果均遭败绩,就是一个突出的例证②。

---

① 《明史》卷一三二,《蓝玉传》,第3870页。
② 参看拙作《蓝玉党案再考》,《明清论丛》第15辑。

第八讲　休养生息,发展社会经济

一、休养生息,振兴农业

　　明朝建立之后,到处是战争的废墟,呈现一派人口锐减、田畴荒芜的残破景象。人民力竭财尽,百姓生活极端困苦,不仅地主贵族难以榨取到地租,就连国家的税源也几近枯竭,各地的官府和卫所不断向朝廷奏报,"累年租税不入","租税无所从出","积年逋赋"①。农民战争结束之后,民心思治。朱元璋清醒地认识到,"民富则亲,民贫则离,国家休戚系焉",并提出"藏富于民"的主张,说,"保国之道,藏富于民"②。他指出,"大抵百姓足而后国富,百姓逸而后国安,未有民困穷而国独富安者"③。他决定顺应民心思治的时代潮流,实行休养生息的政策,恢复与发展生产。

---

①　《明太祖实录》卷六一,洪武四年二月丙辰;卷一九七,洪武二十二年八月丙申;卷二五五,洪武三十年九月壬午。
②　《明太祖实录》卷一七六,洪武十八年十一月甲子。
③　《明太祖实录》卷二五〇,洪武三十年二月壬辰。

登基即位后,他又郑重告谕入京朝觐的各府州县官员:"天下初定,百姓财力俱困,譬犹初飞之鸟不可拔其羽,新植之木不可摇其根,要在安养生息之!"①

朱元璋的休养生息政策,重点就放在农业上面。他反复告谕群臣"农为国本,百需皆其所出","农桑衣食之本","足衣食者在于劝农桑"②,要求各级官员把"田野辟,户口增"作为治国之急务,并采取一系列措施,来落实休养生息政策,促进农业生产的恢复和发展。除第六讲提到的调整土地配置、提高劳动者地位、减轻赋役征派、慎重使用民力、注意恤贫赈灾的举措之外,还施行限制僧道数量、招抚流民、移民屯垦、军队屯田、奖励农桑、兴修水利等重大措施。

元朝的残暴统治,元末的天灾与战乱的破坏,使全国人口大量减少,造成农村劳动力的严重匮乏。为了解决农村劳动力的严重不足,朱元璋在倡导佛、道的同时,严格限制僧、道的数量,使不事生产的僧、道人数较元代大为减少,相应地增加了农业生产的劳动力。

元末农民战争的风暴止息以后,仍有一些起义农民继续屯聚深山老林,不登户籍,打家劫舍。洪武元年十月,朱元璋颁布《克复北平诏》,规定:"避兵人民,团结山寨,诏旨到日,并听各还本业。若有负固执迷者,罪在不原。"③这实际上是一次大赦,使许多逃户回村投入了生产。不过,直到洪武后期,仍有一些流民逃户固守山寨,不愿回到出生的故乡耕作。洪武二十四年三月,朱元璋便改变原先令流民逃户回到原籍的做法,允许不愿回乡者就地落籍从事耕垦,谕户部臣曰:"今逃移之民,不出吾疆域之外,但使有田可耕,足以自赡,是亦国家之民也。即听其随地占籍,令有司善抚之。若有不务耕种,专事末作者,是为游民,则逮捕之。"④

在中国封建社会,人口和土地是农业生产发展的两个最主要的因素。要发展

---

① 《明太祖实录》卷二九,洪武元年正月庚子。

② 《明太祖实录》卷四二,洪武元年五月乙巳;卷七七,洪武五年十二月甲戌;卷二六,吴元年十月癸丑。

③ 《皇明诏令》卷一。

④ 《明太祖实录》卷二〇八,洪武二十四年三月癸亥。

农业生产，光增加劳动力还不行，还得让耕者有其田。为此，朱元璋登基后，就实行计民授田，并鼓励有余力者尽力耕垦。但是，由于荒地太多，仍有许多土地闲置荒废。于是，他又借鉴历代王朝一些成功的经验，在全国范围内开展大规模的移民屯垦和军队屯田。

移民屯垦即民屯，在明朝建立前即已开始实行。明朝建立后，更在全国展开大规模的移民屯垦。这种移民屯垦，按移民的不同来源，大抵可分为三种形式，即"移民就宽乡，或召募，或罪徙者"[1]。其中最主要的也是效果最显著的一种形式是"移民就宽乡"，即把无田或田少的农民从狭乡移至宽乡屯种。移民的对象有两类。一类是丁多田少的农户，按一定的比例分丁迁徙。如洪武二十八年二月，山东布政司奏请将青、兖、登、莱、济南五府民"五丁田不及一顷、十丁以上田不及二顷、十五丁以上田不及三顷并小民无田可耕者，皆令分丁往东昌开垦闲田"，至七月共起赴东昌编籍屯种者"凡一千五十一户、四千六百六十六口"[2]。另一类是"无田者""无恒产者"，不论多少人丁，全家迁徙。如洪武三年六月，迁苏州、松江、嘉兴、湖州、杭州五郡无田产者至临濠屯种，"徙者凡四千余户"[3]。九年十一月，徙山西及真定民无产业者于凤阳屯田[4]。

民屯的另一种形式是召募民人屯田，召募的对象主要是"流移未入籍之民"，即流民。洪武二十二年九月，山西沁州民张从整等 116 户，自愿应募到北平、山东等地屯种，命赏钞锭，分田给之[5]。三十年五月，户部尚书郁新的奏书又提到"山西狭乡无田之民募至山东高塘境内屯种给食，已及三年"[6]。这就是召募民人屯田的两个实例。不过，洪武年间召募民人屯田的次数不多，一般规模也不大。

民屯的又一种形式是所谓"罪徙"，就是迁徙战败的敌对势力屯田。迁徙的对

①《明史》卷七七，《食货志》一，第 1884 页。

②《明太祖实录》卷二三六，洪武二十八年二月戊辰；卷二三九，洪武二十八年七月乙未。

③《明太祖实录》卷五三，洪武三年六月辛巳。

④《明太祖实录》卷一一〇，洪武九年十一月戊子。

⑤《明太祖实录》卷一九七，洪武二十二年九月甲戌。

⑥《明太祖实录》卷二五三，洪武三十年五月丙寅。

象，包括故元官吏和将士、塞外边民、周边少数民族的降民降卒、江南豪强巨族、群雄残余势力，还有罪犯。这种民屯，带有明显的政治意图，但拓垦荒地仍是重要的目的。故元官吏和将士、塞外边民以及周边少数民族的降民降卒，迁入内地屯田，其中有一部分迁至凤阳屯种。如徐达奏报，仅在洪武四年，就徙山后顺宁、宜兴州沿边之民 9 万余人至北平州县屯戍，另有北平山后之民 19 万余口散处卫府屯种，又以沙漠遗民 32860 户屯田北平府管内之地，三次移民总计 45 万人左右①。对罪犯，洪武四年之前，多谪往两广充军，五年正月"诏今后犯罪当谪往两广充军者，俱发临濠屯田"②。二十年三月，又采取四川汉州德阳知县郭叔文的建议，以谪迁之人开耕荒芜不治的数万亩成都故田，"以供边食"③。

　　民屯的移民，除了召募的那一小部分是出于自愿的以外，大部分是由官府强制迁徙的。即使是家无恒产的农民，他们安土重迁的观念极为浓厚，也不怎么情愿远离家园到僻远的荒地去屯种。因此，官府往往采用法律或军事手段强迫他们迁徙。如洪武八年春，"有旨遣（江南）贫民无田者至中都凤阳养之，遣之者不以道，械系相疾视，皆有难色"④。移民到达屯垦地区后，都编成里甲，即所谓"迁民分屯之地，以屯分里甲"⑤。一屯就是一里，下分 10 甲，共 110 户，由主管屯田的官员监督进行耕作。

　　屯田的移民，由官府拨给土地垦种，"永为己业"⑥。这种屯地属于官田性质。具体的授田数额史无明载，大抵是"验其丁力，计亩给之"⑦。同一般民户的计丁授田数额差不多，北方地区一般是"户率十五亩，又给地二亩，与之种蔬"，江南地区一般是"见丁授田一十六亩"，荒地多的，则听任开垦，不限顷亩。除了在迁徙时发给

　　① 《明太祖实录》卷六二，洪武四年三月乙巳；卷六六，洪武四年六月戊申。
　　② 《明太祖实录》卷七一，洪武五年正月壬子。
　　③ 《明太祖实录》卷一八一，洪武二十年三月丙子。
　　④ ［明］胡翰：《胡仲子集》卷九，《吴季可墓志铭》，《金华丛书》本。
　　⑤ 《明史》卷七七，《食货志》一，第 1882 页。
　　⑥ ［明］徐学聚：《国朝典汇》卷九八，《户部》，书目文献出版社 1996 年影印本。
　　⑦ 《明史》卷七七，《食货志》一，第 1882 页。

移民一些路费、衣粮,官府还在屯区发给他们耕牛、农具和种子。移民屯种之后,"三年不征其税"①。满三年之后,须向国家交纳赋税,各地税率参差不齐,有的是"中分收"②,有的则是"什一取税"③,至洪武二十六年始改为"俱照民田起科"④,即按亩税三升三合五勺的则例征收。

　　洪武年间的移民,除了政治性的移民之外,主要来自人口比较稠密的山西和江西,其次是江南的苏松诸府和徽州、北平的真定、湖广的黄州府以及山东东部。他们往往是集中到附近的某个地点,然后再在官差的监视下成群结队往外迁徙,从而形成若干个较大的移民集散点。其中,尤以山西平阳府洪洞县大槐树(今山西洪洞县旧城北一公里贾村西侧)、江西饶州府鄱阳县瓦屑坝(今江西鄱阳瓦燮岭村)、直隶苏州府城的西门阊门、湖广黄州府麻城县孝感乡、山东兖州府滋阳县枣林庄(今山东兖州安邱府村)最为有名。移民的流向非常广泛,其中尤以迁至山东西部、河南及北平的移民数量最多,其次为南京、凤阳和泗州等地。移民的数量相当庞大。据统计,洪武一朝有数字可考的移民数量为 160 余万人⑤,实际数量可能是这个数字的两倍甚至还多。这些移民,后来都变成了自耕农。明初自耕农的数量大增,这也是原因之一。如此大规模的移民屯垦,在一定程度上调整了全国不同地区劳动力和土地的结合,使之更趋合理与均衡,从而使许多荒芜的闲置土地得到了开发。长江流域的相当一部分地区和华北平原的大部分地区,就是在明初洪武年间由迁入的移民开发出来的。这两个地区,在明代便构成中国最基本的经济区域。

　　军队的屯田,早在明朝建立之前,就已在江南的某些地区实行。不过,那是为了解决军粮的供应而采取的一种临时措施,屯田的将士"且耕且战",这是营田,还不是严格意义上的屯田。明朝建立之后,继续推行军屯,但改变了以前那种"且耕

---

　　①　《明太祖实录》卷五三,洪武三年六月庚辰。

　　②　《明太祖实录》卷五〇,洪武三年三月丁酉。

　　③　《明太祖实录》卷八一,洪武六年四月壬申。

　　④　万历《明会典》卷一七,《户部·田土》。

　　⑤　徐泓:《明洪武年间的人口迁徙》,《第一届历史与中国社会变迁研讨会论文集》,台北:"中央研究院"1962 年版。

且战"的做法,令一部分将士专事守御,另一部分将士专事屯垦,实行名副其实的屯田。洪武元年(1368),朱元璋即令诸将分军屯种于滁州、和州、庐州、凤阳诸地,开立屯所。又置北平都司于北平府,领燕山等卫,复设大宁都司于兀良哈地,各置屯田。三年三月,郑州知州苏琦上书,建议在与蒙古接壤的关辅、平凉、北平、辽右等地"屯田积粟,以示长久之规"。朱元璋命中书省臣参酌行之。于是,"诸将在边屯田募伍,岁有常课"①。到次年十一月,河南、山东、北平、陕西、山西及直隶淮安等府,均已推行屯田。二十一年九月,因为有些卫所尚未实行屯田,有的虽已实行屯田,但垦种不力,朱元璋又"令天下卫所督兵屯种"②。二十六年,又下达一道圣旨:"那北边卫分都一般叫他屯种,守城军的月粮,就屯种子粒内支。"③要求北边卫所完全实现屯田自给。此后,全国各地特别是边疆的卫所都普遍实行大规模的屯田。

当时的军屯,以"屯"为单位。洪武二十八年二月规定"一百户为一屯"④,设立"屯田百户所"即"屯所"。军士屯田的比例,开始没有统一的规定。至二十五年二月,"命天下卫所军卒,自今以十之七屯种,十之三城守"⑤。不过,各地卫所的执行情况也千差万别,万历《明会典》概括洪武年间卫所军士的屯田情况说:"军士三分守城,七分屯种,又有二八、四六、一九、中半等例,皆以田土肥瘠、地方冲缓为差(主要指边地与腹里的差别)。"⑥

屯田的军士,由官府拨给一定数量的屯地,并在军籍黄册之外,另行编造"屯田黄册",对屯田进行详细的登记。军士分得的屯种土地,一般称为"分"。由于各地人口疏密有别、荒地数量不等以及土地肥瘠和耕种条件的不同,一分的亩数也不相等。一般说来,江南较少,江北较多,大体上是"每军种田五十亩为一分,又或百亩,

---

① 《明太祖实录》卷五〇,洪武三年三月丁酉。
② 《明太祖实录》卷一九三,洪武二十一年九月丁丑。
③ 《明经世文编》卷一九八,《潘简肃公文集·请复军屯疏》引明太祖圣旨。
④ 《明太祖实录》卷二三六,洪武二十八年二月戊辰。
⑤ 《明太祖实录》卷二一六,洪武二十五年二月己卯。
⑥ 万历《明会典》卷一八,《户部·屯田》。

或七十亩,或三十亩、二十亩不等"①,因为战争之后荒地较多,朝廷鼓励屯卒多开多种,个别地方也有种至500亩者。除了正军,余丁也有屯种的。按照明朝的军政制度,每个军户出正军一名,每一正军则携带户下余丁一名,随营生产,以佐正军,供给正军资费。正军与余丁均携带家口。正军下屯,余丁和家属一般就协助他进行屯种。有些地区,余丁多者亦许屯田,但余丁授田的数额视各地荒田的多少而定,如无余田,就不分给余丁屯种的田地了。但余丁只要分到田地屯种,所交之屯田子粒即租税,与正军相同。除了拨给屯地,官府还发给农具、耕畜和种子。官府拨给的屯地属于官田,发给的农具、耕畜等属于国家财产,军士只有使用权,没有所有权,不能转移、买卖。拨屯之初,为了鼓励军士屯种,免征屯粮,但又适当减少军饷即月粮的供应,"其城守兵月给米一石,屯田者减半,在边地者月减三斗"②。洪武四年十一月,中书省奏请征收屯粮,朱元璋"诏勿征。三年后亩收一斗"③。根据这个指示,从洪武七年开始征收屯粮。具体的征收数额因地而宜,没有统一规定,一般比民田的赋额要重,但因为屯田士卒已承担军役,就不再承担徭役。后来,到建文四年(1402)才定出统一的科则,规定每个军士屯田1分,交纳"正粮"12石,收贮屯所仓库,听本军支用,"余粮"12石,供作本卫官军的俸粮④。

军屯制度是一种残暴的农奴制度,屯军是强制佥配的,必须世代应役,没有人身自由。宣德以后,它便逐步遭到破坏,不能长久维持。但在明初经济残破、人民流徙的状况下,军屯的开展,对经济的恢复、土地的垦殖,特别是边疆土地的开发、军粮的供应,还是起到一定的积极作用的。洪武末年全国有120余万军队,屯垦的土地数量史无明载,有的学者估计达到70万顷,有学者认为不超过50万顷甚至还要少些,但数额很大是没有疑问的。所以,朱元璋曾夸口说:"吾京师养兵百万,要

---

① 万历《明会典》卷一八,《户部·屯田》。
② 《明太祖实录》卷五六,洪武三年九月庚寅。
③ 《明太祖实录》卷六九,洪武四年十一月壬申。
④ 万历《明会典》卷一八,《户部·屯田》。

令不费百姓一粒米。"①

民屯与军屯之外,还有商屯,商屯其实是一种特殊的民屯。当时在边境驻有大量军队,他们的战守任务繁重,屯田产量又不高,粮饷难以完全自给,朝廷每年都要向他们供应大批粮食。这不仅加重国家的财政负担,而且由于路途遥远,交通不便,往往也容易违期误事。于是朝廷就利用手中掌握的食盐专卖权,规定商人把一定数量的粮食运到边境,交给官府仓库,可以换取盐引,然后到指定的盐场支取食盐,运到指定的地区去贩卖牟利,这就叫作"开中法"。贩卖食盐有利可图,有些商人为了多获利,干脆雇人在边地开荒屯种,把收获的粮食就地纳仓换取盐引,这就出现了商屯。商屯的兴起,对供应边境驻军的粮饷和开发边疆的土地都起了积极的作用。可惜由于史料的匮乏,各地商屯开展的情况,现今已无从知晓,有的学者甚至否定明代商屯的存在。

在开展屯田的同时,朱元璋还大力奖励农桑。为了促使全国上下都重视农业生产,洪武五年十二月,朱元璋敕谕中书省,今后有司考课官吏,必书农桑学校治绩,否则"论拟违制,杖降罚,历三年后注以吏事出身"②。地方官吏对当地农业发展做出成绩的,就加以擢升。朱元璋还规定,"民有不奉天时而负地利者,如律究焉"③。并令所有村庄置大鼓一面,到耕种时节,清晨鸣鼓集众。鼓声一响,全村人丁都要会集田野,及时耕作。如有怠惰者,由里老督责;里老放纵不管、未加劝督者,则严加惩处。他还颁诏,规定田器等物不得征税。

朱元璋积极提倡桑麻、棉花等经济作物的种植。洪武元年(1368),他重申龙凤十一年(1365)的命令:"凡农民田五亩至十亩者,栽桑、麻、木绵(棉花)各半亩,十亩以上者倍之,其田多者率以是为差。有司亲临督劝,惰不如令者有罚,不种桑使出绢一匹,不种麻及木绵使出麻布、绵(棉)布各一匹。"要求全国农村都要认真执行,并规定桑、麻科征之额,麻每亩征收8两,棉花每亩征收4两,栽桑者四年以后有

① ［明］陆深:《俨山外集》卷三四,《同异录》,《四库全书》本。
② 《明太祖集》卷一,《农桑学校诏》,第2页;《明太祖实录》卷七六,洪武五年十二月甲戌。
③ 《明太祖集》卷一,《农桑学校诏》,第2页。

收成，才开始征税①。洪武十八年，因农桑课税太重，百姓交纳不起，又下令："今后以定数为额，听从种植，不必起科。"②二十四年二月，见京师朝阳门外空地很多，下令在钟山之麓栽种桐、棕、漆树各 50 余万株，岁收桐油、棕、漆，以备造船之用，并令江南旷土广种苜蓿③。二十五年正月，谕五军都督府臣："其令在屯军士，人树桑、枣百株，柿、栗、胡桃之类随地所宜植之，亦足以备岁歉之不给。尔五府其遍行程督之。"④十一月，诏凤阳、滁州、庐州、和州等处民每户种桑、枣、柿各 200 株⑤。二十七年三月，又指示工部臣，"尔工部其谕民间，但有隙地，皆令种植桑、枣"，并规定多种棉花的免税⑥。工部于是行文书叫全国百姓务要多栽桑、枣，每一户初年种 200 株，次年 400 株，三年共 600 株。"栽种过数目，造册回奏，违者全家发遣充军"。到第二年十二月，又规定山东、河南民人凡洪武二十六年以后栽种的桑、枣、果树，不论多少，全部免于起科，"若有司增科扰害者罪之"⑦。到这一年为止，湖广布政司报告所辖郡县栽种桑、枣、栗、胡桃等树凡 8439 万株，全国估计当达亿株以上。经济作物的大量种植，使荒田隙地得到充分利用，既增加农民的收入，也为手工业的发展提供了更多原料。尤其是棉花种植业成就更为突出，意义也更加重大。在宋、元时代，棉花的种植主要集中于南方的局部地区。经过朱元璋的推广，植棉从此成为全国性的产业，特别是北方，地广人稀，气候又适宜棉花的生长，河南、河北、山东、山西逐渐发展成棉花的主要产地，成为日后江南棉纺织业的原料供应基地。

　　水利是农业的命脉，朱元璋对此非常重视。明朝建立后，他即下令："所在有司，民以水利条上者，即陈奏。"后又谕工部："陂塘湖堰可蓄泄以备旱潦者，皆因其

---

　　① 万历《明会典》卷一七，《户部·农桑》；《明太祖实录》卷三一，洪武元年四月辛丑。

　　② 万历《明会典》卷一七，《户部·农桑》。

　　③ 《明太祖实录》卷二〇七，洪武二十四年二月癸酉；《国榷》卷九，洪武二十四年二月癸酉，第 318 页；《罪惟录》帝纪卷一，《太祖高皇帝》，第 46 页。

　　④ 《明太祖实录》卷二一五，洪武二十五年正月戊子。

　　⑤ 《明太祖实录》卷二二二，洪武二十五年十一月壬寅。

　　⑥ 《明太祖实录》卷二三二，洪武二十七年三月庚戌。

　　⑦ ［明］何孟春：《余冬序录内外篇》卷五，《丛书集成初编》本。

地势修治之。"①洪武年间,明朝各地官府曾组织大批人力物力,修建了许多大规模
的水利工程。如洪武三年,宁正(即韦正)授河州卫指挥使,兼领宁夏卫事,组织人
力"修筑汉、唐旧渠,引河水灌田,开屯数万顷,兵食饶足"②。八年,长兴侯耿炳文疏
浚陕西泾阳洪渠堰,"由是泾阳、高陵等五县之田大获其利",三十一年他再修洪渠
堰,又疏浚堰渠103668丈,"民皆利焉"③。二十九年,修治广西兴安灵渠36陡,"可
灌田万顷,亦可行小舟"④。除了这些大规模的水利设施,明廷还责令各地官吏组织
民力,利用农闲,修筑了许多中小型的灌溉工程。如二十七年八月,朱元璋命国子
监生分行各地,督民兴修水利,到第二年底全国共计修治塘堰40987处、河流4162
处、陂渠堤岸5048处⑤。另外,朱元璋还很注意水利设施的保护。《大明律》规定:
"凡盗决河防者,杖一百。盗决圩岸、陂塘者,杖八十";"如故决河防者,杖一百,徒
二年。故决圩岸、陂塘,减二等"⑥;提调官吏不修河防、圩岸或修而失时者,也要处
刑。

　　休养生息政策的施行,使凋敝残破的农业生产逐渐恢复和发展。全国的耕地
面积不断增加。成书于洪武二十六年(1393)三月的《诸司职掌》记载了全国12布
政司并直隶府州的田土面积"总计八百四十九万六千五百二十三顷零"。正德刊本
《明会典》转录了这个数字。万历重修《明会典》转录正德《明会典》的数字,按重修
凡例记为"洪武二十六年",并将数字稍作改动,记为"十二布政司并直隶府州田土,
总计八百五十万七千六百二十三顷六十八亩零"⑦,比《诸司职掌》多出11100顷68
亩。《后湖志》沿用这一记载,但具体数字记为"八百八十万四千六百二十三顷六十

---

① 《明史》卷八八,《河渠志》六,第2145页。

② 《明史》卷一三四,《宁正传》,第3905页。

③ 《明太祖实录》卷一〇一,洪武八年十月丙辰;卷二五六,洪武三十一年三月辛亥。

④ 《明太祖实录》卷二四七,洪武二十四年九月丙辰。

⑤ 《明太祖实录》卷二三四,洪武二十七年八月乙亥;《明史》卷八八,《河渠志》六,第2145页。

⑥ 《大明律》卷三〇,《工律·河防》,第225页。

⑦ 万历《明会典》卷一七,《户部·田土》。

八亩"①,比《诸司职掌》多出 308100 顷 68 亩。《明史》沿用万历《明会典》的记载,舍亩存顷,谓:"二十六年核天下土田,总八百五十万七千六百二十三顷,盖骎骎无弃土矣。"②拿这个数字与《明太祖实录》所载洪武二十四年的官民田 3874746 顷 73 亩③相比,全国的耕地面积又多了一倍有余。元代没有全国的耕地数字可作比较,但它与史籍所载的北宋耕地数字最高时宋真宗天禧五年(1021)的 5245584 顷④相比,也增加了 326 万余顷。中外学者对这个数字的看法存在分歧,有的认为可信,有的认为不可信,并进行多方考证,推算出各种不同的田土数字。有的学者指出,当时明朝的版图除了 12 布政司和直隶府州外,还有大片土地(包括耕地)属于云南、贵州、辽东、大宁等都司和山西、陕西、四川等行都司管辖,此外其他的都司卫所也各自管辖着不属于府、州、县管辖的土地(包括耕地),因此这个数字看来是五军都督府综合军事系统管辖耕地与户部综合行政系统管辖耕地的总和⑤。应该指出的是,《诸司职掌》成书的洪武二十六年并非大造黄册之年,所以这个数字并非当年实际丈量全国耕地所得出的数字,而应是大造黄册的洪武二十四年的数字,也就是说,它是《明太祖实录》所记载的户部综合各布政司并直隶府州的官民田数和五军都督府综合各都司卫所的屯田及其带管的民籍田土。

全国的户口也迅速增长。洪武二十六年的《诸司职掌》公布的数字为 10652870 户,60545821 口⑥。正德《明会典》转录了这项数字,万历《明会典》又加以转录,并标明为"洪武二十六年造册户口数目"。《后湖志》和《明史》皆沿用这项数字。有学者指出,《诸司职掌》的数字源出于洪武二十四年大造黄册的数字,但又与《明太祖实录》所载二十四年的户口数字有所不同。这可能是因为《明太祖实录》所载数字是当年呈报上来的各处黄册的汇总数字;但各处呈报上来的黄册由于文牍主义

① 《后湖志》卷二,《黄册事产》,江苏广陵古籍刻印社 1987 年影印本。
② 《明史》卷七七,《食货志》一,第 1882 页。
③ 《明太祖实录》卷二一四,洪武二十四年十二月。
④ [元]马端临:《文献通考》卷四,《田赋考》,《十通》本。
⑤ 顾诚:《明前期耕地数新探》,《中国社会科学》1986 年第 4 期。
⑥ 《诸司职掌·吏部职掌·户口》,《皇明制书》第二册,第 415 页。

的作风,甚至是为了降低赋役负担而弄虚作假,往往被驳查的官员驳回重造,《诸司职掌》所载可能便是驳查重造后的数字。这次驳查重造,往往只是依据驳查官员的驳语,对原报黄册数字作些修改,并不一定进行实地的核查,所以其数字反而不如原报的数字可靠①。必须指出,明代的军户虽然都与民户混同编入里甲,登入黄册,但是那些因犯罪而被阖家迁到边境地区的"全户充军者",在边境未设州县地区垛集为军的少数民族人民,在营滋生的军户后裔即所谓卫籍人口,以及卫所带管的民籍人口,是不编入里甲登入黄册的。此外,明朝疆域内的少数民族人口,也未统计在内。因此,《明太祖实录》所载数字,要低于实有的人口。中外学者为了弄清洪武年间的人口数字,作了大量研究,推算出各种数字,多者认为洪武高峰时期的人口当在 1 亿以上,少者也要超过 6500 万。但即以洪武二十六年《诸司职掌》所公布的数字,也比《元史》所载元代最高的人口数字即元世祖至元二十八年(1291)的 59848964 口(未包括 429118 口游食者)②,增加了 696857 口;而与北宋人口高峰期的宋徽宗大观四年(1110)的 46734784 口③相比,更是增加了 13811037 口。

农业生产发展的另一个突出表现,是粮食和棉花等经济作物产量的增加。洪武二十六年,全国岁征粮食 32789800 余石,布帛 512202 匹,丝绵、茶等物 3654000 余斤④。其中,仅税粮收入一项,与元朝岁入 12114708 石⑤相比,增加了近两倍。封建国家田赋收入的大量增加,自然是剥削农民的结果,但这是在轻徭薄赋而不是急征暴敛的政策下出现的,无疑是农业生产发展的一个明显反映。

随着农业生产的发展,"四民各有定业,百姓安于农亩,无有他志,官府亦驱之

---

① 参看葛剑雄:《中国人口史》,福建人民出版社 1991 年版,第 231—234 页;葛剑雄主编,曹树基著:《中国人口史》第四卷《明时期》,复旦大学出版社 2000 年版,第 46—54 页;高寿仙:《明代人口数额的再认识》,《明史研究》第七辑。

② 《元史》卷一六,《世祖纪》一三,第 354 页。

③ 《宋史》卷八五,《地理志》一,中华书局 1977 年版,第 2095 页。

④ 《明太祖实录》卷二三〇,洪武二十六年十二月。

⑤ 《元史》卷九三,《食货志》一,第 2360 页。

就农,不加烦扰,故家给人足,乐于为农"①。在洪武年间奠定的基础上,社会生产在此后的永乐、洪熙、宣德诸朝继续发展,"宇内富庶,赋入盈羡"②,形成明前期的盛世局面,从而为明中期商品货币经济的发展繁荣准备了物质条件③。

二、手工业的复苏

朱元璋对手工业十分重视。为了促进手工业的恢复和发展,他对匠户制度进行了某些改革。

洪武初年,明廷沿袭元朝的制度,将有技艺的工匠编为匠户,另立户籍,专为官府服工役。这种匠户人身依附关系很强,社会地位很低,而且世代不得脱籍,难有劳动积极性和技术创造性。为了调动他们的积极性,朱元璋逐步加以改革。当时的匠户大部分归工部管辖,他们分散在全国的各省府,根据官府工役的需要,随时应召入京服役。洪武十九年之前,工部曾建议对各地赴京服役的匠户实行轮班制,"籍诸工匠,验其丁力,定以三年为班,更番赴京输作三月,如期交代,名曰轮班匠",但议而未行。十九年四月,经过工部侍郎秦逵的再次建议,朱元璋便批准执行,命将各地匠户,"量地远近,以为班次,且置籍为勘合付之。至期赍至工部听拨,免其家他役","诸工匠便之"④。不过,这种办法硬性规定所有的工匠一律三年轮班赴役三个月,与京师工役的需要往往互相脱节,甚至有些工匠风尘仆仆地按期赶到南京之后,却无工可役,往返徒劳,造成很大的浪费。二十六年十月,工部建议,"令先

---

① 《古今图书集成·职方典》卷六九六,《松江府部》。

② 万历《明会典》卷一九,《户部·户口》。

③ 参看拙作《论朱元璋的"休养生息"政策》,《中州学刊》1984 年第 2 期;拙著《朱元璋研究》第 213—242 页。

④ 《明太祖实录》卷一七七,洪武十九年四月丙戌。

分各色匠所业,而验在京诸司役作之繁简,更定其班次,率三年或二年一轮"①,得到朱元璋的批准。工部于是根据各部门工役的实际需要和行业的不同,确定了五年一班、四年一班、三年一班、二年一班及一年一班等五种轮班制,给 62 种行业的232089 名工匠重新颁发了勘合,匠户由"免其家他役",改为"与免二丁,余丁一体当差"②。"赴工者各就其役而无费日,罢工者得安家居而无费赀业","人人咸便之"③。除了轮班匠,当时还有住坐匠。洪武十一年,"在京工匠凡五千余人"④,他们就是住坐匠,只是当时还没有住坐匠的称呼,住坐匠的名称是永乐年间才正式出现的。住坐匠在京师等地固定做工,主管机关是内府的内官监,但匠籍的管理和工匠的征调仍归工部。十一年五月,朱元璋"命工部凡在京工匠赴工者,日给薪米盐蔬,休工者停给,听其营生勿拘"⑤。二十四年,又实行计日给钞的办法,"令工匠役作内府者,量其劳力,日给钞贯"⑥。二十六年的规定,更进一步明确住坐匠的服役期限:"例应一月上工一十日,歇二十日,若工少人多,量加歇役。"⑦另外,洪武四年,朱元璋曾命以脚蹬弩给各边将士,令全国军卫如式制造⑧。二十年,又"令天下都司卫所各置局,军士不堪征差者,习弓箭、穿甲等匠,免致劳民"⑨。这样,又出现了大批军匠。军匠一部分隶属内府和工部,大部分隶属于各地的卫所。隶属卫所的军匠,和军士一样,都住在指定的卫所内,不得随意迁徙,也属于住坐性质。经过这番改革,匠户虽然还没有得到彻底解放,特别是军匠比农民还具有较强的人身依附性,不过同元代相比,所受的压迫剥削已经大大减轻,他们在服役时间之外,可以自由营业,尤其是占匠户绝大多数的轮班匠,自由劳动时间更多。

---

① 《明太祖实录》卷二三〇,洪武二十六年十月乙亥。
② 万历《明会典》卷一八九,《工部·工匠》。
③ 《明太祖实录》卷二三〇,洪武二十六年十月乙亥。
④ 《明太祖实录》卷一一八,洪武十一年五月壬午。
⑤ 《明太祖实录》卷一一八,洪武十一年五月壬午。
⑥ 万历《明会典》卷一八九,《工部·工匠》。
⑦ 万历《明会典》卷一九二,《工部·军器军装》。
⑧ 万历《明会典》卷一九二,《工部·军器军装》。
⑨ 万历《明会典》卷一九二,《工部·军器军装》。

匠户制度的改革调动了手工业者的积极性,加上人口的增长提供了更多的劳动力,桑、棉等经济作物的普遍种植提供了更多的原料,而整个社会经济的发展又提供了广阔的市场,明初的手工业如纺织、矿冶、火器、陶瓷、造船、制茶、制盐等,便逐步复苏并发展起来。

纺织业是明初手工业发展最为突出的部门。在江南某些地区兴起了丝绸织染业,明清两代蜚声中外的苏州丝织印染中心,就是在洪武年间开始创设起来的。文徵明就说:“苏郡织染之役,肇创于洪武,鼎新于洪熙。”[1]棉纺织业在元代的基础上又有显著的发展。江南地区如江苏、浙江、福建、广东、江西、安徽的农村妇女,都普遍参加纺织,就连一些地主家庭的妇女,也以纺纱织布为副业,“诸妇每岁公堂于九月俵散木棉,使成布匹,限以次年八月交收,通卖钱物,以给一岁衣资之用”[2]。崛起于元代的松江,仍是全国的棉纺织业中心,“其布之密丽,他方莫并”[3],产品畅销全国,有“衣被天下”之称。北方的河北、河南、山东、山西等地,由于棉花的普遍种植,棉纺织业也同江南一样,逐渐成为广大农村妇女的一种家庭副业。由于棉纺织业的迅速发展,以赋税的形式缴纳国库的棉布数量激增。明廷不仅将棉花大量供给各都司卫所军士,而且还以它顶替货币,用来交换其他急需的物资。如洪武五年七月,用白银10万两、棉布10万匹在北平易米供给北平军卫,发山东棉布1万匹易马供给辽东军士[4]。十七年七月,诏户部运棉布至贵州,命宣慰霭翠易马1300匹[5]。

随着棉纺织业的发展,明中期以后棉布遂成为人们衣着的普通原料,人不分贵贱,地无分南北,人们普遍使用棉花、棉布制作御寒的衣服。明朝以前,棉花的种植不是很普遍,棉布成为一种珍贵的物品,只有富贵人家才穿得起。到了明代,所谓布衣,才指的是用棉布缝制的衣服。

——————————

① 洪焕椿主编:《明清苏州工商业碑刻集》,江苏人民出版社1991年版,第1页。
② 〔元〕郑涛:《旌义篇》,《金华丛书》本。
③ 〔明〕王象晋:《群芳谱》,上海锦江图书局民国影印本。
④ 《明太祖实录》卷七五,洪武五年七月癸巳。
⑤ 《明太祖实录》卷一六三,洪武十七年七月丁巳。

矿冶业有官营与民营两种。官营的矿冶由朝廷派官直接进行管理，劳动力主要是由民间征调来的坑冶户，还有匠户、军户和犯罪判刑的囚犯。朱元璋对官营矿冶采取慎重的态度，注意不专擅利，不重劳民力，一般以足够供应进行营造和军需之用为限，不许多开多采。洪武十五年四月，廉州（治今广西合浦）巡检王德亨说其家乡阶州有水银坑冶及青绿紫泥，建议朝廷出兵攻取，朱元璋对户部臣说："恐此涂一开，小人规利，劳民伤财，为害甚大……此人但知趋利不知有害，岂可听也！"五月，广平府吏王允道说磁州临水镇产铁，元朝曾设置8冶，役使炉丁15000户，每年收铁百余万斤，建议重新开采。朱元璋说："朕闻治天下无遗贤，不闻天下无遗利。……今各冶铁数尚多，军需不乏，而民生业已定，若复设此，必重扰之，是又欲驱万五千家于铁冶之中也。"下令把王允道打了一顿，流放海外[①]。二十年正月，府军前卫老校丁成请开河南陕州银矿，朱元璋又说："凡言利之人，皆戕民之贼也。"[②]后来，临淄丞王其请求"发山海之藏以通宝路"，也遭贬黜[③]。整个洪武年间，官营的金银铜铅等矿产量不多。银矿以洪武十九年设置的福建尤溪县银屏山银场规模较大，"置炉冶四十有二座，置炉首二人，岁办银二千一百两。洪武二十年增其额，并闰月银一百八十五两，二十一年、二十二年又增额银一十两"，到二十三年所收银课凡2295两[④]。此外，在陕西商县有凤凰山银坑8所[⑤]，在浙江温州、处州、丽水、平阳等7县也设有场局，岁课皆2000余两[⑥]。全国的金银矿课，据洪武二十三年统计，有金200两，银29830余两[⑦]。铜矿有池州府的铜场，洪武五年收铜课18万斤[⑧]。铅矿有济南、青州、莱州三府的铅场，每年采铅323400余斤，洪武十五年十二月以后

① 《明太祖宝训》卷四，《仁政》。
② 《明太祖宝训》卷四，《仁政》。
③ 《明太祖实录》卷二〇六，洪武二十三年十二月。
④ 《明太祖实录》卷二〇六，洪武二十三年十二月。
⑤ ［清］梁章钜：《浪迹丛谈》，《梁氏笔记》本。
⑥ 《明史》卷八一，《食货志》五，第1970页。
⑦ 《明太祖实录》卷二〇六，洪武二十三年十二月。
⑧ 《明太祖实录》卷七七，洪武五年十二月庚子。

罢采①。

洪武年间的官营矿业，以铁矿的规模最大。洪武五年，已有湖广、广西、江西、山东、陕西、山西、河南七省的铁冶，当年收铁课 8056405 斤②。翌年九月，工部又奏，"今年各省铁冶之数凡八百五十万三千八百二十斤有奇"③。洪武七年四月，设立管理铁矿、铁场、铁厂及负责征收铁课的铁冶所，有江西南昌府的进贤冶、临江府的新喻（今江西新余）冶、袁州府的分宜冶、湖广的兴国冶、蕲州府的黄梅冶、山东济南府的莱芜冶、广东广州府的阳山冶、陕西的巩昌冶、山西平阳府的富国冶和丰国冶、太原府的大通冶（在今交城县）、潞州的润国冶、泽州的益国冶等 13 所，岁炼铁8052987 斤④。后来，河南、四川也设立铁冶。洪武十二年，又增置湖广茶陵铁冶所。十八年十二月，以采铁劳民，诏罢各布政司铁冶，听民自采。二十年三月，工部臣说："山西交城产云子铁，旧贡十万斤，缮冶兵器，他处无有。"乃复开大通铁冶。二十七年正月，因营造益广，用铁颇多，又陆续恢复其他地方的铁冶。到二十八年闰九月，内库贮铁 3743 万余斤，朱元璋认为已足供军需、营造之用，又命罢各处铁冶，令民自采炼而岁输铁课，"每三十分取其二"⑤。三十一年正月，工部大臣反映，"各处铁冶久已住罢，今内库所贮铁有限而营造所费甚多，恐岁用不敷"，这才又重开铁冶，但"令暂开铁冶一年，仍复住罢"⑥。据万历《明会典》载："国初定各处炉冶该铁一千八百四十七万五千二十六斤"⑦。从二十七年正月复开各处铁冶至次年闰九月内库存铁 3743 万斤的情况来看，这个数字当系洪武末年的铁课数字，它比洪武五年至七年每年输铁 800 多万斤的数字，翻了一番还多。从中可以看出，洪武末期的官营铁矿，产量比前期增长了一倍多。

① 《明太祖实录》卷一五〇，洪武十五年十二月辛丑。

② 《明太祖实录》卷七七，洪武五年十二月庚子。

③ 《明太祖实录》卷八五，洪武六年九月丙辰。

④ 《明太祖实录》卷八八，洪武七年四月癸卯。

⑤ 《明太祖实录》卷二四二，洪武二十八年闰九月庚寅。

⑥ 《明太祖实录》卷二五六，洪武三十一年正月丙子。

⑦ 万历《明会典》卷一九四，《工部·冶课》。

　　洪武年间的民营矿业，只限于开采金银贵金属以外的其他矿藏，而且必须取得官府的批准，交纳一定的矿税。与《大明律》并行的例规定："凡盗掘金、银、铜、锡、水银等项矿砂，每金砂一斤，折钞二十贯，银砂一斤，折钞四贯，铜、锡、水银等砂一斤，折钞一贯，俱比照盗无人看守物，准窃盗论。"①但朱元璋对民间的采矿采取积极鼓励的态度，对官矿适当加以限制，某些矿藏如铁矿允许"民得自采炼"，税率也定得比较低，为每三十分取其二，课税为产量的十五分之一，所以民矿也是呈现逐步发展的状态。不过，由于资料缺乏，洪武年间民矿的开采状况，目前尚不清楚。

　　传统的瓷器制造业，在元代的基础上又有新的发展。江西浮梁县景德镇是全国制瓷业的中心。那里既设官窑，也有民窑。官窑是洪武二年设于珠山之麓的御器厂，有大龙缸窑、青窑、色窑、风火窑、匣窑、烂熿窑等共20座②。这些官窑拥有最熟练的制瓷工匠，并独占景德镇的优质瓷土和制作青花瓷所必需的青料，产品也最为精美。所产瓷器胎土洁白细腻，釉质匀净，制作、造坯和装饰绘画都很考究，不比此后景德镇官窑的产品差。青花瓷器是当时官窑生产的主流。1964年在南京明故宫出土了一批洪武时期生产的瓷器，其中就有青花云龙纹盘和青花缠枝莲碗各一件。青花云龙纹盘的装饰纹样继承元代青花瓷器的装饰手段，外壁青花绘画，里壁阳模印花，两面同是云龙纹饰，但画法已有变化，云彩的云脚比元瓷画得短，龙的形象也不像元瓷画得那么凶猛。国内外传世的一批元末明初青花瓷器，据有关专家研究，认为有部分似应属于洪武时期的官窑产品，其共同特征是青花色泽一般偏于暗黑（可能是由于战争环境中断青料进口而改用国产青料的缘故），绘画装饰开始改变元瓷绘画层次多、花纹满的风格，趋向于多留空白地，因而有别于元末以及永乐以后的青花瓷器。除了青花瓷器，景德镇官窑还烧制釉里红、釉上彩、单色釉如酱色釉、蓝釉等多种瓷器。现存的一件洪武釉里红云龙环耳瓶，胎、釉洁白细腻，纹饰精致，造型优美，色彩绚丽，极为难得。1964年南京明故宫出土的一件洪武白釉

---

　　①　《问刑条例·刑律·贼盗》，《大明律》，第406页。
　　②　［清］蓝浦：《景德镇陶录》卷五，《景德镇历代窑考》，《美术丛书》二集第八辑。

红彩云龙纹盘,盘壁表里各绘有两条五爪红龙和两朵云彩,灯光透映,两面花纹叠合为一,反映了当时釉上彩制作的高超水平①。成书于洪武二十年的《格古要论》,提到洪武时的御器厂有"青花及五色花"瓷器②。这件白釉红彩云龙纹盘的发现,表明洪武时期景德镇官窑的釉上彩绘技术已经达到成熟阶段,《格古要论》的记载是可信的。洪武时期官窑的产品不仅质量高,而且产量大。这些瓷器,一部分供宫廷日常生活之用,一部分作为祭器用于祭祀,还有一部分用于朝廷的对外赏赐和交换。洪武七年十二月,朱元璋命刑部侍郎李浩、通事梁子名携带大量文绮、瓷器、铁器等物品出使琉球,赏赐给琉球中山王察度,并就其国市马。九年夏,李浩回国后,反映琉球"不贵纨绮,惟贵磁(瓷)器、铁釜",此后明廷对琉球的赏赐便多用瓷器和铁釜。十六年八月,朱元璋又遣使赐给占城、暹罗、真腊国王大量礼物,其中有瓷器各 19000 件③。

景德镇民窑,生产民间日常生活所用的器皿。洪武二十六年,明廷曾对日用器皿作出严格的规定,除了为数不多的公、侯和一、二品官员允许使用银器,三品以下官员及庶民之家,酒注及酒盏以外的所有器皿,一律只许使用瓷器和漆器④。因此,民用瓷器的需求量很大,拥有广阔的市场。景德镇民窑就是在这样的历史背景下迅速得到恢复和发展的。1964 年南京明故宫出土的洪武时期瓷器,即有大量景德镇民窑的产品,包括青花瓷、青白釉等品种,而以青花瓷的数量最多。这些青花瓷器的选料、制坯虽不及官窑产品细致,装饰艺术也不如窑官产品精美,但绘画技法独特新颖,用笔简练纯熟,表现力很强,首开明代早期青花瓷"一笔点画"的风气之先⑤。除了景德镇,民窑还广泛分布于山西、河南、江西、浙江、广东、广西、福建等地,其中浙江的龙泉、福建的德化都是当时著名的瓷器产地。

①　南京博物院:《南京明故宫出土洪武时期瓷器》,《文物》1976 年第 8 期。

②　[明]曹昭:《格古要论》卷下,《古窑器论》,《格致丛书》本。

③　《明史》卷三二三,《琉球传》,第 8363 页。

④　《明太祖实录》卷一五六,洪武十六年八月乙未。

⑤　南京博物院:《南京明故宫出土洪武时期瓷器》,《文物》1976 年第 8 期。

　　造船业也是明初最发达的官营手工业之一。洪武元年,明朝一建立即"命(汤)和造舟明州,运粮输直沽"①。此后,明廷出于漕运和防倭的需要,在江苏、浙江、福建、广东、山东等地设立船厂造船,官营造船业迅速发展起来。洪武初年设置的福州造船厂,主要生产防倭船只。洪武五年设于江苏太仓北门外的苏州府船厂,所造大船"可载重几万斛,载人上千"②。洪武年间设于南京城西北隅龙江关的龙江船厂,是当时规模最大、设备最齐全的造船厂。它上隶工部,洪武、永乐年间拥有从浙江、江西、湖广、福建、南直隶江海沿岸征调来的匠户 400 户,按专业编为四厢,"一厢出船木、梭橹、索匠;二厢出船木、铁、缆匠;三厢出舱匠(用麻筋与油灰等物黏合船缝);四厢出棕篷匠。厢分十甲,甲有长,择其丁力之优者充之。长统十户,每厢轮长一人,在厂给役,季一更之"③。厂里设有篷厂、细木作房、油漆作房、舱作房、铁作房、篷作房、索作房、缆作房等,不仅能制造或修理各种用途的船只,而且产量很大,当时从山东到辽东海上运粮的船只,即系南京龙江关承造。其间,从直隶太仓运粮至辽东牛家庄,使用的船只动计数千艘。后来,永乐年间郑和下西洋所用的大型宝船,有很大部分也是由这个船厂建造的。

　　明代的制盐业也同历代王朝一样,是由官府直接控制和垄断的。早在龙凤十二年(1366)二月,朱元璋就在两淮设置都转运盐使司,翌年二月在两浙也置都转运盐使司。明朝建立后,在全国各盐产地遍设都转运盐使司(简称转运司、运盐司或盐司)和盐课提举司,直隶于户部,负责管理各地的盐务。其中,两淮、两浙、长芦、山东、福建 5 个转运司和广东、海北 2 个盐课提举司,共管辖沿海 144 个盐场;河东转运司和四川云南黑盐井、安宁盐井、五井盐课提举司及陕西灵州盐课司则管辖内地的一大批盐井和盐池④。制盐的劳动力主要是灶户,还有罪犯。灶户有的地方亦称盐户,或沿袭宋元之旧,称为亭户。他们被登入灶籍,世代以煎盐为业,不得脱

---

①　乾隆敕撰:《续文献通考》卷三一,《国用考》二。

②　弘治《太仓州志》卷二,清宣统《汇刻太仓旧志五种》本。

③　[明]李昭祥:《龙江船厂志》卷三,《官司志·杂役》,江苏古籍出版社 1999 年版,第 92 页。

④　《明史》卷八〇,《食货志》四,第 1931—1934 页。

籍。灶户中成丁男子(从 16 岁到 60 岁)称为灶丁,都须承担定额的盐课。官府将岁办盐课的定额落实到每个盐灶,拨给灶丁一块草场,供其樵采,用作煎灶的燃料,并免其杂泛差役。灶丁每煎盐 1 大引(1 大引为 400 斤,1 小引为 200 斤),付给工本米 1 石,洪武十七年改发工本钞,规定两淮、两浙每引盐给钞 2 贯 500 文,其他各处一律每引盐给钞 2 贯[①]。灶丁交足规定的盐课之后,多余的盐不得自行售卖,全部由官府给价征购,"二百斤为一引,给米一石"[②]。如将余盐夹带出盐场,或者私自煎盐出卖,一律处以绞刑[③]。全国每年盐课共 1148718 大引,即 2297436 小引[④],成为明王朝的一项重要财政收入。

此外,洪武年间的火器制造业也获得很大发展,不仅使我国的火器生产保持世界领先地位,而且为此后永乐年间创建专门的火器部队神机营奠定了基础。

三、商业的逐步繁荣和大明宝钞的发行

朱元璋的休养生息政策,贯穿着"重本抑末"的总原则,以维护"农不废耕,女不废织"的自给自足的自然经济。在古代中国的传统观念里,"本"是指农业,"末"是指工商业。但农业、工业和商业并非绝对对立,自然经济也并不完全排斥商业经济,无论是地主、农民或其他的社会阶层,他们所必需的生产资料和生活资料,都不可能做到全部自给自足。朱元璋深明此理,认为商贾可以"通有无"[⑤],还说:"《中庸》曰:'来百工也。'又,古者日中而市,是皆不可无也。"[⑥]因此,朱元璋对商业也颇

---

① 《明史》卷八〇,《食货志》四,第 1937 页;万历《明会典》卷三四,《户部·盐法》。
② 乾隆敕撰:《续文献通考》卷二〇,《征榷考》三。
③ 万历《明会典》卷三四,《户部·盐法》。
④ 据万历《明会典》卷三二、三三《户部·盐法》所载数字统计。
⑤ 《典故纪闻》卷四,第 74 页。
⑥ 《明太祖实录》卷一四,甲辰年正月丁卯;《明史》卷八一,《食货志》五,第 1974—1975 页。

为重视。

为了推动商业的发展,朱元璋采取了一些重大措施。

首先,实行较低的商业税率,并将定额制改为实征制。明朝建立后,继续维持建国前"三十税一"的税率,"过者以违令论"。有些官吏对流通的货物超额征课,即遭到朱元璋的训斥与责罚。彰德税课司连蔬菜瓜果、饮料食品和牧畜等物都要征税,朱元璋"闻而黜之"①。广东南雄商人运货入京售卖,到长淮关,"关吏留而税之,既阅月而货不售",商人向官府告状,刑部议其吏罚当记过,朱元璋认为处罚过轻,命杖其吏,夺其俸禄赔偿商人②。

其次,裁减税课司局,减少征税品种。洪武初年,各地税课司局征税的数额,皆以司局设置第一年所征税额为准,固定不变,如不足额,就责令当地商民赔纳。后来,中书庶吉士解缙对这种硬性规定提出质疑:"今税有定额,民必受害。宜令各处税课随时多少,从实征收。"③洪武十三年,吏部建议撤销税收额米不足 300 石的税课司局,朱元璋于是下令裁撤 364 个税课司局④。同年,还谕户部臣曰:"曩者奸臣聚敛,深为民害,税及天下纤悉之物,朕甚耻焉。"除过去规定的书籍、农具免税之外,又规定:"自今如军民嫁娶丧祭之物,皆勿税。"⑤二十年九月,户部奏报全国税课司局税收比往年减少,请求以洪武十八年所收税额立为商税的定额,朱元璋批复说:"商税之征,岁有不同。若以往年概为定额,苟有不足,岂不病民? 宜随其多寡,从实征之。"⑥这次他终于接受解缙的建议,将商税的征收由定额制改为实征制。

最后,加强市场管理,净化交易环境。洪武元年,朱元璋诏中书省,命负责治安的京师五城兵马指挥使司和各府州县的兵马司兼管城镇的商业活动,包括校勘度

---

①　《明史》卷八一,《食货志》五,第 1925 页。

②　《明太祖实录》卷九八,洪武八年三月己巳。

③　《解文毅公集》卷一,《太平十策》。

④　乾隆敕撰:《续文献通考》一八,《征榷》一;《明史》卷八一,《食货志》五,第 1975 页。

⑤　《明太祖实录》卷一三二,洪武十三年六月戊寅。

⑥　《明太祖实录》卷一八五,洪武二十年九月壬辰。

量衡、稽考牙绘和平抑物价等①。商人外出经商,必须报请官府批准,领取"关券"即商引,又称路引,明载商人所携带的金钱、货物及其"所趋远迩水陆"②。如无商引,坊厢村社必须把商人拿赴官府,治以"游食"之罪,轻则黥窜化外,重则杀身。商人住店,必须在店簿上登记姓名、人数、起程月日,以便官府检查。商人必须按照规定的税率纳税,"凡客商匿税及卖酒醋之家不纳课程者,笞五十,物货、酒醋一半入官"③。市场使用的度量衡,由工部"谨其校勘而颁之,悬式于市,而罪其不中度者"④。凡是私造斛、斗、秤、尺,把持行市、哄抬物价的,都要受到惩罚。有些市侩操纵市场,盘剥商贾,洪武十九年曾下令取缔官牙、私牙⑤。不过,到洪武末年又恢复官牙的设置,但仍禁私牙。洪武三十年颁布的《大明律》规定:"凡城市乡村诸色牙行及船埠头,并选有抵业人户充应。官给印信文簿,附写客商客户籍贯、姓名、路引字号、物货数目,每月赴官查照。私充者,杖六十,所得牙钱入官。官牙埠头容隐者,笞五十,革去。"⑥

在农业和手工业发展的基础上,农产品和手工业产品越来越多地投向市场,因元末战乱而陷于停滞的商品货币关系又开始缓慢地复苏。加上朱元璋采取轻税、保护的政策,商业也逐步繁荣起来。

城市成为商品的生产和销售中心,设有许多手工业作坊和批发商号,集中着大量手工业工人和小商贩,人口急剧增长,呈现一派欣欣向荣的景象。首都南京,洪武十一年改称京师,辖有上元、江宁二县。手工业非常发达,丝棉纺织业、造船业、印刷业尤为有名,金银首饰、铜铁器、乐器、弓箭、鞍辔等的制作也有较高的水平。官营手工业作坊的规模很大,除有大批终身服工役的住坐匠之外,还有大量从各地轮流赴京服工役的轮班匠。除了官营手工业作坊,还有许多民营的手工业作坊和

---

① 《明太祖实录》卷三七,洪武元年十二月壬午。
② 《御制大诰续编·互知丁业第三》,《皇明制书》第一册,第100页。
③ 《大明律》卷八,《户律·课程》,第78页。
④ 《明史》卷七二,《职官志》二,第1761页。
⑤ 《御制大诰续编·牙行第八十二》,《皇明制书》第一册,第161—162页。
⑥ 《大明律》卷一〇,《户律·市廛》,第83页。

店铺。"百工货物买卖,各有区肆",这些手工业作坊和店铺,大体上是按照行业分别聚集在不同的街区。除了固定的店铺,京城还有许多小商小贩,在闹市的路边搭棚披厦,从事各种贸易活动。此外,在人烟稠密的闹市区和各地商人经常出没的各座城门外,还建有十几个市集。为了便于各种客商的往来,官府还在京师的长安街口、竹桥北、通济桥西和江东门内南北街各开设一处客店,并在通政司、鼓楼、应天府、安德门外和太平门外各设一处邮铺。同时,还建造 16 座酒楼,以接待四方工商士大夫,用官妓无禁。此外,还建有一座供商贾娱乐、禁止文武官员及舍人进入的富乐院。所有这一切,使京师显得异常繁荣。

除了京师,北平、苏州、松江、镇江、淮安、常州、扬州、仪真、杭州、嘉兴、湖州、福州、建宁、武昌、荆州、南昌、吉安、临江、清江、广州、开封、济南、济宁、德州、临清、桂林、太原、平阳、蒲州、成都、重庆、泸州等地也是明初著名的工商业城市。此外,各地还兴起一批小市镇,如吴江县的平望镇,明初已有"居民千百家,百货贸易如小邑",严墓市"明初以村名,时已有邸肆"①,它们到明中后期都发展成为商业繁盛的市镇。

朱元璋在恢复和发展生产、整顿工商业的同时,还进行货币的改革。从龙凤七年(1361)起,朱元璋下令在应天设置宝源局,铸造"大中通宝"钱代替不断贬值的元朝纸币,与历代铜钱并用。削平陈友谅后,又命江西行省设置泉货局,颁给大中通宝钱大小五等钱式,令铸造之。即帝位后,又铸造"洪武通宝"钱,"其制凡五等,曰'当十''当五''当三''当二''当一'。'当十'钱重一两,余递降至重一钱止"。各行省皆设宝泉局,与京师的宝源局共同负责铸钱。洪武四年(1371),又下令改铸大中、洪武通宝大钱为小钱②。六年禁止民间私铸钱,"凡私铸者,许作废铜送官,每斤给官钱一百九十文。诸税课内如有私钱,亦为更铸"③。

铸钱需要用铜。洪武年间,铜矿开采不多,铜较缺乏。尽管官府时常责令百姓

---

① 乾隆《震泽县志》卷四,《镇市村》,清乾隆十一年刻本。
② 《明史》卷八一,《食货志》五,第 1961—1962 页。
③ 万历《明会典》卷三一,《户部·钱法》。

交铜,迫使他们砸毁铜器交给官府铸造铜钱,但数额毕竟有限,因此铜钱数量不多,无法满足市场流通的需要。一些不法奸民私自铸钱,扰乱市场。而且铜钱分量重,价值低,不便携带,特别不便于商人从事长途的大宗交易,商人因而多"沿元之旧习用钞"①,不愿使用新铸的铜钱。这迫使朱元璋加紧谋划纸钞的发行。

纸钞的印造成本较低,不过宋元发行纸钞需要预先筹集一笔不菲的储备金。明朝刚刚建立之时,国库空虚,而又百废待兴,根本无法筹集到巨额的储备金。朱元璋于是考虑依据政权的力量和信用,发行不需要金银做抵押,不需要铜钱做保证,也不依赖于任何实物的纯信用钞币,这样既不需要国库筹措储备金,而且反过来可以借助发行钞币让国库迅速充裕起来。信用是货币流通的基础,朱元璋对自己的大明政权是充满自信的。因此,尽管此前没有人这样做过,朱元璋还是决心尝试一下。洪武七年(1374)九月,他下令设立宝钞提举司,稽考宋元发行纸钞的办法,进行印造钞币的准备。翌年三月,下诏命中书省印造"大明通行宝钞"。大明宝钞以桑穰为纸料,分1贯、500文、400文、300文、200文、100文6种。1贯准铜钱1000文或白银1两,4贯准黄金1两②。大明宝钞,无论是大钞还是小钞,钞币的面积都比前朝的纸钞大,成为我国历史上最大张的钞票。洪武十三年,朱元璋下令废除中书省,铸钱归工部,造钞归户部,新发行的宝钞与旧钞一并流通。洪武十六年,设立户部宝钞广源库、广惠库掌管宝钞的回收与发行,"入则广源掌之,出则广惠掌之"。二十二年,复造小钞,自10文至50文,以便民用③。

宝钞印行后,朱元璋曾于洪武八年下令罢除宝源局铸钱,翌年又罢各布政司宝泉局。十年(1377)复令各布政司设宝泉局,铸造小钱与钞币兼行,百文以下只使用铜钱④。二十年,令各布政司停止铸钱⑤。二十二年六月,工部尚书秦逵奏言:"鼓

① 《明太祖实录》卷九三,洪武七年九月辛未。

② 万历《明会典》卷三一,《户部·钞法》;《明太祖实录》卷九八,洪武八年三月辛酉。

③ 《明史》卷八一,《食货志》五,第1962—1963页。

④ 万历《明会典》卷三一,《户部·钱法》。

⑤ [明]王圻:《续文献通考》卷一八,《钱币考·皇明》。

铸铜钱本与宝钞相参行使,不宜停罢,请仍收废铜铸造,以便民用。"朱元璋从之,并采纳工部主事徐观的建议,更定钱制,规定每生铜1斤,铸造小钱160枚,或者铸"当二"钱80枚、铸"当三"钱54枚、铸"当五"钱32枚、铸"当十"钱16枚,并恢复江西、河南、广西、陕西、山西、山东、北平、四川等8个布政司所辖的宝泉局①。后来,由于钞币贬值,二十三年十月又谕户部尚书赵勉:"近闻两浙市民有以钞一贯折钱二百五十文者,此甚非便。尔等与工部议,凡两浙市肆之民,令其纳铜送京师铸钱,相兼行使。"于是再次更定钱制,规定每小钱1文,用铜2分,其余四等钱依小钱之制递增。凡钞1贯,准钱1000文②。到二十六年,因铸钱扰民,诏罢各布政司宝泉局,只保留京师的宝源局一个机构继续铸钱③。

为了保证钞币的流通,朱元璋在命令印造大明宝钞的诏书里规定:"禁民间不得以金银物货相交易,违者治其罪,有告发者,就以其物给之。若有以金银易钞者,听。凡商税课程,钱钞兼收,钱什三,钞什七,一百以下则止用铜钱。"④后来,以钞用久昏烂,立"倒钞法",令各布政司设行用库,允许军民商贾用昏烂旧钞到行用库换取新钞,量收工墨费。在外卫所军士,每月食盐皆给钞购买,各盐场的工本米,也改给工本钞。洪武十八年,全国有司的官禄米也全部改发钞币,每米1石给钞2贯500文⑤。

大明宝钞不是根据国家的财力而是根据国家财政开支的需要来印造的。从洪武八年开始印造,除个别年份因国家财政需要已经满足,如洪武十七年因"国用既充,欲轻匠力"而下令停造⑥之外,几乎年复一年地进行。印造的数额史无明载,不过御制《大诰续编·钞库作弊第十二》载明洪武十八年造钞6946599锭的数字,明制以钞5贯为1锭,这笔钞款为3400多万贯。从洪武八年到三十一年朱元璋去世

① 《明太祖实录》卷一九六,洪武二十二年六月癸丑、甲子。

② 《明太祖实录》卷二〇五,洪武二十三年十月戊辰。

③ 《明太祖实录》卷二二九,洪武二十六年七月丙午。

④ 《明太祖实录》卷九八,洪武八年三月辛酉;万历《明会典》卷三一,《户部·钞法》。

⑤ 《明史》卷八一,《食货志》五,第1962页。

⑥ 《明太祖实录》卷一六〇,洪武十七年三月壬子。

共 23 年,假设其间有 3 年停造,则印钞的时间长达 20 年,总计大约印造 68000 万
贯。开头几年,由于印钞的数量有限,尚能和物价保持一定的比例,受到人们的欢
迎。但后来,钞币逐年印造,数量越来越多,而且钞币基本上又是只放不收。洪武
九年七月立"倒钞法",设立宝钞行用库,允许百姓以昏烂旧钞换取新钞,但到洪武
十三年五月,户部报告"在外行用库裁革已久,今宜复置"①,说明在外行用库存在不
到四年就废除,收换旧钞的工作已告停止。十三年五月复置行用库,只过了半年,
又"罢在京行用库"②,按照明代的惯例推测,京城之外的行用库当在此前已罢撤不
存。二十五年二月,复开行用库于京师东市,但"行之逾年而复罢"③。此后,便不再
见有收换旧钞的记载。因此,当时人实际上难有以昏烂旧钞换新钞的机会,钞币基
本上处于只放不收的状态。加以当时钞币的印造很不精致,缺乏防伪措施,容易仿
制,伪钞屡屡出现。如在浙江和江东西,官府就曾破获一起伪造宝钞的大案,处决
了句容县杨馒头为首的一大批案犯④。由于宝钞的印造没有限额,加上伪钞大量流
入市场,导致钞币不断贬值。二十三年两浙一带,钞 1 贯只折钱 250 文,币值下降了
四分之三,二十七年又降到折钱 160 文,竟跌了五分之四还多。在正常的状态下,
随着经济的发展,人们的消费量会有所提高,货币会出现小幅度的贬值,但大明宝
钞如此大幅度的贬值就不是一种正常的现象。因此,一些地方便出现钞币阻滞不
行的问题。二十七年八月,朱元璋便下令,限军民商贾在半个月内将所有铜钱都送
到官府更换钞币,以后只许流通钞币,禁用铜钱,"敢有私自行使及埋藏弃毁者罪
之"⑤。尽管如此,钞币还是继续贬值。到三十年,杭州诸郡商贾,不论货物贵贱,一
概以金银定价,不用钞币。当年三月,朱元璋再次下令:"禁民间无以金银交易。"⑥

　　由于朱元璋强化君主专制中央集权制度,整肃贪污腐败,打击不法豪强,社会

①　《明太祖实录》卷一三一,洪武十三年五月己亥。
②　《明太祖实录》卷一三四,洪武十三年十一月丁亥。
③　《明太祖实录》卷二一六,洪武二十五年二月庚辰。
④　《御制大诰·伪钞第四十八》,《皇明制书》第一册,第 71—72 页。
⑤　《明太祖实录》卷二三四,洪武二十七年八月丙戌。
⑥　《明太祖实录》卷二五一,洪武三十年三月甲子。

秩序日趋安定，"下逮仁、宣，民人安乐，吏治澄清者百余年"，社会经济向前发展，国库充盈，在洪武、建文、永乐、洪熙、宣德的整个明前期，呈现"百姓充实，府藏衍溢"的景象。大明宝钞的印造和流通尽管存在诸多问题，但依靠明王朝的信誉和专制权力，不仅在洪武朝，而且下逮建文、永乐、洪熙、宣德都在流通使用。宣德三年（1428）六月，明宣宗下令停造宝钞①。此后明廷不再印造宝钞，但此前印造的宝钞仍在继续使用。直到明中期，大明宝钞才退出商品流通领域，只使用于与国家财政有关的某些方面，如皇帝用钞币赏赐臣下或外国宾客，民间交易则使用白银和铜钱。到隆庆元年（1567），明穆宗正式下诏，"令买卖货物，值银一钱以上者，银钱兼使；一钱以下者，止许用钱"②，正式以法权形式承认白银货币的合法地位。

朱元璋是世界历史上发行纯信用纸币的第一人。由于没有现成的经验可供借鉴，大明宝钞的印造和发行不可避免地存在诸多弊病。但无可否认，钞币的发行，对明初的商业和整个社会经济的发展，还是发挥了一定的作用。

总而言之，朱元璋在位 31 年，采取一系列的有力措施，促使满目疮痍的社会经济较快地得到恢复和发展，生产力的水平超越了宋元时代。在我国封建社会的历史上，大规模农民战争的废墟之上建立的新王朝，不论是此前的西汉、东汉与唐朝，还是此后的清朝，没有一位开国君主在位期间能够使百孔千疮的经济恢复甚至超越前代的水平，只有朱元璋作为明朝的开国君主做到了，这不能不说是"洪武之治"最为耀眼的闪光点。

---

①　《明宣宗实录》卷四四，宣德三年六月己酉，台北："中央研究院历史语言研究所" 1962 年影印校勘本。

②　万历《明会典》卷三一，《户部·钱法》。

第九讲　复兴以华夏文化为主干的传统文化

一、尊孔崇儒，制礼作乐

　　明朝建立之时，面对的是元朝统治者实行蒙古文化本位的基本国策，导致以儒学为主干的传统文化阻滞不前的局面。为了振兴传统文化，朱元璋采取了一系列措施，其重中之重便是尊孔崇儒，制礼作乐，重新确立儒家的独尊地位。

　　自汉武帝"罢黜百家，独尊儒术"之后，儒学取得独尊地位，成为主流的意识形态。经过魏晋南北朝，道、释兴起，儒学受到严重挑战，但在唐宋又复巩固其独尊地位。到了元代，忽必烈虽附会汉法，但仍坚持蒙古本位的国策，从而构建起独特的内蒙外汉的政治文化二元复合体制。在这种体制之下，作为传统文化核心主干的儒学被边缘化，丧失了独尊的地位，儒士也被边缘化了。元仁宗延祐年间复开科举，明令"明经内《四书》《五经》，以程子（程颢、程颐兄弟）、朱晦庵（朱熹字元晦，一字仲晦,号晦庵)注释为主"①,朱熹的《四书章句集注》被定为官本,使理学完成官学化的过程。但蒙古本位的基本国策未变,理学并未变成官方治国的指导思想与理论基础,儒学与儒士边缘化的境况没有改变。

明朝刚建立,朱元璋即于洪武元年(1368)二月下诏以太牢(牛、羊、豕三牲齐备)祀孔子于国子学,遣使诣曲阜祭孔,并郑重诫谕使臣曰:"仲尼之道,广大悠久,与天地并,故后世有天下者,莫不致敬尽礼,修其祀事。朕今为天下主,期在明教化以行先圣之道。"②儒学重新恢复了其独尊的地位。

为了树立儒学的崇高地位,朱元璋大力提倡尊孔崇儒。他在登基的次日,即下诏召元代最后一位衍圣公、国子祭酒、孔子的第55世孙孔克坚入京朝见。四月,孔克坚入京朝觐,朱元璋说:"尔祖明先王之道,立教经世。万世之下,君君、臣臣、父父、子子,实有赖焉。"③并赐田2000大顷(折合民间官田6000顷),赐宅1区、马1匹,月给米20石。十一月,诏以孔克坚之子孔希学为衍圣公,品秩由元代的三品升为二品,赐铁印,置衍圣公衙署,以其族人孔希大为曲阜世袭知县,立孔、颜、孟三氏教授司,立尼山、洙泗二院,并免除孔氏子孙及颜、孟大宗子孙的徭役。孔希学每年入京朝觐,都受到特殊的礼遇,"会班亚丞相"。孔希学死后,其子孔纳袭封衍圣公,当时丞相已废,他每年入京朝觐,都可乘坐驿站的车船,召见时位列文臣之首。十五年四月,诏令全国通祀孔子。五月,京师国子监落成,又释奠于先师孔子。到第二年二月,据谏官关贤的报告:"国朝崇尚儒术,春秋祭享先师,内外费至巨万。"④尊儒之风,盛极一时。

儒家的学说之中,宋代的程朱理学在先秦儒学的外王之外,着力解决内圣问题,使内圣与外王有机地贯通起来,形成一个完整而精致的理论体系,因而也更加适应在战乱的废墟上重建封建统治秩序的需要。因此,朱元璋对程朱理学的提倡

---

① 方龄贵校注:《通制条格校注》卷五,《学令·科举》,中华书局2001年版,第220页。

② 《明太祖实录》卷三〇,洪武元年二月丁未。

③ 《明太祖实录》卷三一,洪武元年四月戊申。

④ 《明太祖实录》卷一五二,洪武十六年二月丙申。

更是不遗余力。登基之后，朱元璋继续任用元末朱学在浙东金华（婺州）的传承人物，让他们参与国家大政的决策，或礼乐制度、文化教育事业的建设，进一步确立程朱理学在思想界的统治地位。如金华朱学的正宗传人柳贯、黄溍的弟子宋濂，自召至应天，即除江南儒学提举，受命教太子读经，寻改起居注，恒侍朱元璋左右，备顾问；明朝建立后，历任翰林院学士、赞善大夫、知制诰、《元史》修撰总裁等官，除为朱元璋谋划建国方略外，还参与礼乐制度的制定，"一代礼乐制度，濂所裁定者居多"①。师从郑复初受濂洛之学、继承"儒先理学之统"的刘基，奉召至应天后，除不时"敷陈王道"之外，还为朱元璋削平群雄、平定天下献计献策；明朝建立后，历任御史中丞、赞善大夫、弘文馆学士，封诚意伯，参与制定律令、完善科举制度，编定"戊申大统历"和《大明集礼》。柳贯、黄溍的另一个弟子王祎，洪武初年受命参与礼制的制定，并与宋濂共同出任《元史》总裁官，与之一起将金华朱学"文道合一"主张写进《元史》的《儒学传》；《元史》修成后，擢为翰林待制，同知制诰兼国史院编修官，又奉诏预教大本堂，教太子和诸王读经。元代金华著名理学家许谦之子许存仁，受命出任国子学第一任祭酒长达10年之久（包括吴元年），对树立程朱理学在教育部门的主导地位发挥了重要的作用。

朱元璋还通过各种途径，大力提倡读经。他反复告谕群臣："道之不明，由教之不行也。夫《五经》载圣人之道也，譬之菽粟布帛，家不可无。人非菽粟布帛，则无以为衣食，非《五经》《四书》，则无由知道理。"②他除经常命儒士为皇太子、诸王和文臣武将讲授儒家经书外，还规定学校生员必修《四书》《五经》。北方经过长期战乱，经籍残缺，洪武十四年四月朱元璋特地颁赐《四书》《五经》于北方学校，"使其讲习"③，还特命国子学祭酒许存仁教授生徒应"一宗朱子之学"，"令学者非《五经》、孔孟之书不读，非濂洛关闽之学不讲"④。在国子监与各府州县郡学均立有一

---

① 《明史》卷一二八，《宋濂传》，第3784—3788页。
② 《明太祖宝训》卷二，《尊儒术》。
③ ［明］黄佐：《南雍志》卷一，《事纪》，《续修四库全书》本。
④ ［清］陈鼎：《东林列传》卷二，《高攀龙传》，《四库全书》本。

块卧碑,上刻几行大字:"国家明经取士,说经者以宋儒传注为宗,行文者以典实纯正为主","不遵者以违制论"①。全国的科举考试,一概从《四书》《五经》中出题,以程朱注疏为准。举国上下所有思想言论,都被纳入程朱理学的轨道。

儒家思想、程朱理学的内容非常庞杂。朱元璋对它的利用是从维护、巩固君主专制的需要出发的,凡是符合这个要求的便积极加以提倡,不符合这个要求的就加以抛弃。孟子是儒学的"亚圣",他的著作历来被当作儒家的经典著作之一。朱元璋读《孟子》,见《离娄》篇有"君之视臣如土芥,则臣视君如寇雠"等几句话,"怪其对君不逊",大怒道:"使此老在今日,宁得免乎?"②下令撤去孟子在国子学孔庙中的牌位,规定"有谏者以大不敬论"。刑部尚书钱唐抗疏入谏,说:"臣为孟轲死,死有余荣。"③后来才又恢复孟子的牌位。但是,朱元璋对《孟子》中那些有悖君权神圣的语句,还是极为不满。洪武二十七年(1394),特命老儒刘三吾编辑《孟子节文》。刘三吾按照他的旨意,将《尽心》篇的"民为贵,社稷次之,君为轻"、《梁惠王》篇的"国人皆曰贤,国人皆曰可杀"一章、《离娄》篇的"桀纣之失天下也,失其民也。失其民者,失其心也"一章、《万章》篇的"天与贤则与贤"一章,以及"君有大过则谏,反复之而不听,则易位""闻诛一夫纣矣,未闻弑君也""君之视臣如土芥,则臣视君如寇雠"等,甚至连引自《尚书·汤誓》的"时日曷丧,予与汝皆亡",都统统删去。全书总共删去85条,只留下170多条,然后刻版颁行全国学校,规定删除部分"课士不以命题,科举不以取士"④。

正是从维护与巩固君主专制的需要出发,朱元璋对儒家思想、程朱理学的宣传、提倡,侧重于其"敬天""忠君"与"孝亲"三个方面的内容。他特指派东阁大学士吴沉等人从儒家典籍中辑录有关内容,编成专书,以便观览、传播。他交代吴沉等人说:"朕阅古圣贤书,其垂训立教,大要有三:曰敬天,曰忠君,曰孝亲。尔等其

①　《松下杂抄》卷下,《涵芬楼秘笈》第三集本。

②　[清]全祖望:《鲒埼亭集》卷五,《辨钱尚书争孟子事》,《四部丛刊》本。

③　《明史》卷一三九,《钱唐传》,第3982页。

④　[明]刘三吾:《孟子节文》《题辞》,《北京图书馆古籍珍本丛刊》本。

以圣贤所言,以类编辑,庶便观览。"①书编成后,赐名为《精诚录》,命吴沉撰写序言。朱元璋对儒家思想、程朱理学的宣传提倡,主要也侧重于这三个方面的内容。

"敬天"思想是维护君主权力和明正统地位的重要工具,朱元璋不遗余力地加以提倡。他经常举行各种祭祀天地的仪式,并反复告诫臣僚,敬天不仅要严而有礼,而且要有"诚敬之心"②。儒家借"天"来抬高君主的地位,论证君权的神圣性,宣扬君主受命于天,维护封建统治秩序的三纲五常是上天有意安排的,是天理的具体体现,"天性自然而常者,三纲五常也"③。按照这个理论,敬天,就必须服从君主的意志,维护大明王朝的统治。敬天,实是为了敬君。朱元璋宣扬敬天思想,目的即在于此。

"忠君"思想,是保障封建统治的最重要的思想武器。在家国同构的古代封建社会,君主是全国的最高统治者,同时也是国家社稷的最高代表。所谓忠君,不仅要忠于最高君主,同时也要忠于他所代表的国家社稷。因此,它受到历代封建统治者的高度重视,"君为臣纲"被列为三纲之首。朱元璋也把它奉为至宝,着力加以鼓吹。他不仅经常向臣僚灌输"事君之道惟尽忠不欺"④,而且积极推行古代的乡饮酒礼,规定全国所有的儒学每年正月十五日、十月初一日,都必须举行这种仪式,由司正作"为臣尽忠,为子尽孝,长幼有序,兄友弟恭"⑤之类的宣传,就连民间的里社也须仿照施行。朱元璋把忠君作为最高的道德标准来衡量臣民的一切行动。故元将帅为元朝"尽忠",与明军对抗,他仍加以表彰。元朝的降官降将,尽管归附后为朱元璋夺取天下出过很大力量,朱元璋仍把他们视作有悖于忠君死义精神的叛逆之臣,"始虽荣遇,终必摒辱"⑥。危素曾做过元朝的参知政事、礼部尚书、岭北行省左丞,主持过宋、辽、金史的编修。明军攻占大都,他跳井以殉元朝,被僧人救起。后

---

① 《明太祖实录》卷一五二,洪武十六年二月戊子;《明史》卷一三七,《吴沉传》,第3948页。
② 《明太祖宝训》卷一,《敬天》。
③ 《明太祖集》卷一二,《大祀文并歌九章》,第244页。
④ 《明太祖实录》卷一七七,洪武十九年四月。
⑤ 《明史》卷五六,《礼志》十,第1420页。
⑥ [明]燕佐:《广州人物传》卷一一,《简祖英传》,《丛书集成初编》本。

来，朱元璋见他有文才，让他做翰林侍讲学士，后兼弘文馆学士，颇见信任。但因他是个降臣，便逐渐疏远，并常加侮辱。后来，御史王著等人上书，弹劾危素是亡国之臣，"不宜列侍从"，朱元璋便下令把他贬到和州，去看守在安庆为元朝殉国的余阙的祠庙。不到一年，危素便郁闷而死①。对其他势力的降臣降将，朱元璋同样认为他们不忠于原主，也是始用而终弃。张士诚的司徒李伯昇降后虽得进用，后来还是坐胡党被杀。

　　"孝亲"思想植根于我国古代农耕文明的土壤之中，是中华民族的传统美德。儒家学派创立之后，把它纳入儒学的范畴，视为仁的具体表现，是一切伦理道德的本源。我国古代的政治制度，与奠立于血缘关系的宗法制度相结合，家庭是社会的组织细胞，国家是家庭的扩大。儒家于是又将孝亲与忠君联为一体，说"君子之事亲孝，故忠可移于君"②，"其为人也孝弟，而好犯上者，鲜矣；不好犯上，而好作乱者，未之有也"③，一再强调"家齐而后国治"。朱元璋深明此理，说："一人孝而众人趋于孝，此风化之本也。"④"使一家之间，长幼内外各尽其分，事事循理，则一家治矣。一家既治，达之一国以至天下，亦举而措之耳。"⑤因此，他积极向臣民灌输孝亲思想，实行"以孝治天下"之策。他在《御制大诰续编》中特地专辟《明孝》一节，列举孝亲的主要内容，并逐一详加解释，要求臣民遵照施行⑥，并规定："倘有不如朕言者"，"乡里高年并壮豪杰者，会议而戒训之，凡此三而至五，加至七次。不循教者，高年英豪壮者拿赴有司，如律治之。"⑦他还命绘古孝图以示子孙，并命户部下令，全国各地每个里社都要置办一个木铎，派一名老人或盲人，每月六次，沿途敲喊："孝

---

①　《明史》卷二八五，《危素传》，第 7315 页。

②　《孝经·广扬名章第十四》，《十三经注疏》本。

③　《论语·学而第一》，《十三经注疏》本。

④　《明太祖实录》卷四九，洪武三年二月壬戌。

⑤　《明太祖实录》卷一七五，洪武十八年九月庚午。

⑥　《御制大诰续编·明孝第七》，《皇明制书》第一册，第 102—104 页。

⑦　《御制大诰续编·申明五常第一》，《皇明制书》第一册，第 93 页。

顺父母,尊敬长上,和睦乡里,教训子孙,各安生理,毋作非为!"①凡是有突出孝义行为的,都大加表彰,甚至提拔做官。易州涞水县民李得成"卧冰求母尸",被举为孝廉,擢为光禄寺丞,后升至布政使②。浙江浦江郑氏家族,自宋以来,"代以一人主家政",累世聚族同居,凡300年。龙凤四年(1358),李文忠特旌之为"义门",禁军士侵犯。明初,郑家族长郑濂担任粮长,入京受到朱元璋的接见,问以治家长久之道,答曰:"谨守祖训,不听妇言。"朱元璋连连点头称善,曾想给他官做,他以老辞。后来,胡惟庸案发,有人告发郑家"交通"胡惟庸,官吏到郑家捉人,郑氏兄弟六人争着前往抵罪。朱元璋闻讯,曰:"有人如此,肯从人为逆耶?"下令召见,不仅免于问罪,还提拔郑濂弟郑湜为左参议。洪武二十六年,又擢郑濂弟郑济为左春坊左庶子。后又征召郑濂弟郑沂为礼部尚书③。

除了大力倡导儒学,朱元璋还积极扶植佛、道和伊斯兰教,发挥其淑世劝导、化恶为善的教化功能,起到"暗助王纲"的作用。

在尊孔崇儒的同时,朱元璋还着手进行制礼作乐的工作。在元代,儒学被边缘化,儒家的礼乐制度自然也被摒弃不用。元朝建立后,就依据内蒙外汉的基本国策,另行构建蒙汉杂糅、大量保留蒙古旧俗的礼乐制度。史载,"元之有国,肇兴朔漠,朝会燕飨之礼,多从本俗"④。"元之五礼,皆以国俗(指蒙古的风俗习惯)行之,惟祭祀稍稍稽古(指华夏传统的礼制)"⑤,然也大量保留蒙古旧俗,如"其祖宗祭享之礼,割牲、奠马潼,以蒙古巫祝致辞,盖国俗也"⑥。至于乐制,更是"将古乐尽废,惟淫词艳曲更唱迭和,又使胡虏之声与正音相杂,甚者以古先帝王祀典神祇饰为舞队,谐戏殿廷,殊非所以道中和、崇治体也"⑦。朱元璋对这套蒙汉杂糅的礼乐制度

---

① [明]朱元璋钦定:《教民榜文》,《皇明制书》第二册,第728页。

② [明]黄瑜撰,魏连科点校:《双槐岁钞》卷四,《孝子擢大学士》,中华书局1999年版,第67页。

③ 《明史》卷二九六,《郑濂传》,第2584—2586页。

④ 《元史》卷六七,《礼乐志》一,第1664页。

⑤ 《元史》卷七二,《祭祀志》一,第1779页。

⑥ 《元史》卷七四,《祭祀志》三,第1831页。

⑦ 《明太祖实录》卷六六,洪武四年六月戊申。

深恶痛绝,说:"元氏废弃礼教,因循百年,而中国之礼变易几尽。朕即位以来,夙夜不忘,思有以振举之,以洗污染之俗。"①明朝一建立,他就以儒家思想为指导,致力于礼乐制度的建设。

礼是儒家文化的一个核心内容,被视为"国之斡""国之柄"。儒家所说的礼,一般包括乐在内。礼的含义非常宽泛,它既是国家典制、仁义道德的规范,也是人际行为的准则,具有别尊卑、辨贵贱、明等威、叙长幼、睦亲族、和乡里、协调各种社会关系的作用。朱元璋认为:"朕观刑政二者,不过辅礼乐为治耳。……大抵礼乐者,治平之膏粱;刑政者,救弊之药石。"②"治天下之道,礼乐二者而已"③。因此,继承华夏传统,并切合明初的社会现实,制定一套去蒙古化的礼乐制度,就成为他的治国之先务。建国前夕,他务未遑,即于吴元年(1367)六月,"首开礼乐二局,广征耆儒,分曹究讨"④,着手修纂礼书。明朝刚建立,又从各地陆续征调一批老儒,参与礼书的修纂。洪武元年(1368),中书省会同礼官拟定新的祀典及官民丧服之制,官民房舍及服饰制度,等等。三年九月,《大明集礼》编成,计50卷。此外,朱元璋还屡敕李善长及诸儒臣,陆续编撰《孝慈录》《洪武礼制》《诸司职掌》《稽古定制》《国朝制作》《大礼要议》《皇朝礼制》《大明礼制》《洪武礼制》《礼制集要》《礼制节文》《太常集礼》《礼书》等,厘定包括吉礼、嘉礼、宾礼、军礼、凶礼在内的各种礼制。这些礼制,均"斟酌古今"而定,"其度越汉、唐远矣"⑤。

洪武年间厘定的各种礼制,都参照古代礼经并针对明初的社会现实,对各种社会行为的法则、规范、仪式作出严格的规定。这些礼制,都贯穿着"辨贵贱、明等威"的原则,以体现官员内部的上下等级和官民之间的尊卑贵贱。比如衣冠服饰,上自天子、诸王、文武百官,下至庶民,对他们所用冠服的衣饰、材料、式样,都有极为烦

---

① 《明太祖宝训》卷二,《议礼》。

② 《明太祖实录》卷一六二,洪武十七年六月庚午。

③ 《明太祖宝训》卷二,《议礼》。

④ 《明史》卷四七,《礼志》一,第1223—1224页;黄云眉:《明史考证》第二册,中华书局1980年版,第382—383页。

⑤ 《明史》卷四七,《礼志》一,第1223页。

琐的规定。文武官员的冠服,分为朝服、公服、常服三种,各按官品的不同使用不同的服饰。庶人的冠服,洪武三年规定用四方平定巾,杂色盘领衣,不许使用黄色。又规定庶人男女衣裳不得使用金绣、锦绣、纻丝、绫罗,只许用绸、绢、素纱,靴不得裁制花样,不得用金线装饰;首饰、钗、镯不许使用金玉、珠翠,只许用银。洪武六年又规定,庶人巾环不得用金玉、玛瑙、珊瑚、琥珀。庶人的帽子,不得用顶,帽珠只许使用水晶、香木。十四年又规定,农民只能穿绸、纱、绢、布,而商贾则只能穿绢、布,农民家里有一人做生意的,也不能穿绸穿纱。二十二年还规定,农民可以戴斗笠、蒲笠出入市井,不务农者则不许可。二十五年,因民间违禁现象屡有发生,又诏令礼部禁止庶人穿靴,"惟北地苦寒,许用牛皮直缝靴"①。官民的房舍也贵贱分等,上下有别。洪武二十六年定制:公侯为前厅 7 间、2 厦、9 架,中堂 7 间、9 架,后堂 7间、7 架,门屋 3 间、5 架,家庙 3 间、5 架,廊、庑、庖、库从屋,不得超过 5 间、7 架;一品、二品官员为厅堂 5 间、9 架,门屋 3 间、5 架;三品至五品官员为厅堂 5 间、7 架,门屋 3 间、3 架;六品至九品官员为厅堂 3 间、7 架,门屋 1 间、3 架。庶民庐舍,不得超过 3 间、5 架。就连器物的使用,比如一个小小的饮酒器具,也有严格的等级限制。洪武二十六年规定,公侯及一、二品官员,酒注及酒盏用金器,其余用银器;三品至五品官员,酒注用银器,酒盏用金器;六品至九品官员,酒注及酒盏用银器,其余皆用瓷器、漆器;至于庶民,酒盏用银器,酒注只能用漆器,其余都只能用瓷器、漆器②。

儒家认为,"礼言是其行也,乐言是其和也"③。乐主要指音乐。乐具有和谐性,并被赋予某种道德属性,可以培养人们的内心感情,起到协调人群、团结社会的作用。礼用以辨异,分别贵贱的等级;乐用以求同,缓和上下的矛盾。所以儒家历来都强调礼乐并用,相辅相成。朱元璋也将乐与礼摆在同等重要的地位,认为二者同为"治天下之道",告谕群臣曰:"治天下之道,礼乐二者而已。若通于礼而不通于

---

① 《明史》卷六七,《舆服志》三,第 1649—1650 页。
② 《明史》卷六八,《舆服志》四,第 1671—1672 页。
③ [战国]荀况:《荀子·儒效》,《四部丛刊》本。

乐,非所以淑人心而出治道;达于乐而不达于礼,非所以振纪纲而立大中。必礼、乐并行,然后治化醇一。"①他认为元朝之所以覆亡,原因之一就是废弃华夏古乐,说:"礼以道敬,乐以宣和,不敬不和,何以为治?"因此,他决定废弃元朝的乐制,而"锐意雅乐"②,创建新的乐制。龙凤二年(1356)攻占应天后,即设典乐官,翌年又置雅乐,以供郊社之祭。吴元年(1367)六月,在设置礼局的同时,正式设立乐局,征调懂音律的儒臣,研究乐制的制定问题。他特地指示作乐的儒臣,要恢复华夏古代雅乐的传统,所撰辞章要"和而正"③,弃绝谀辞;所作乐曲要和谐自然,"协天地自然之气"④,弃绝艳曲。根据朱元璋的旨意,洪武年间相继制成一批朝贺、祭祀、宴飨的乐歌,其中有些辞章还是朱元璋亲自撰写的,如《圜丘乐章》《方丘乐章》《合祀天地乐章》《先圣三皇历代帝王乐章》等。经冷彝、陶凯、詹同、宋濂、乐韶凤等熟知音律的一批儒臣的反复究讨,终于制定了祭祀之乐歌节奏、朝贺宴飨之乐歌节奏及祭祀朝贺之乐舞器服制度。

二、兴办教育,推行科举

忽必烈建立元朝后,曾着手兴办儒学和书院,将书院逐渐纳入地方儒学教育体系,并在中央设立国子学,改变了以往蒙古国不重视儒学文治的偏向。但是,元代的学校教育,充满民族歧视的色彩,如国子学,规定生员之数200人,"其百人之内,蒙古半之,色目、汉人半之"。元武宗至大四年(1311)立"国子学试贡之法",规定"蒙古授官六品,色目正七品,汉人从七品。试蒙古生之法宜从宽,色目生宜稍加

① 《明太祖实录》卷一六二,洪武十五年六月庚午。
② 《明史》卷六一,《乐志》一,第1499页。
③ 《明史》卷六一,《乐志》一,第1500页。
④ 《明太祖宝训》卷二,《兴礼乐》。

密,汉人生则全科场之制"①。在当时的官场上,七品不过是个"芝麻官",从七品就更卑下了。不仅如此,忽必烈还迟迟不开科举,儒士也就无法通过科举踏入仕途,被边缘化。在元朝,入仕的主要途径是充当怯薛(宫廷卫队),但只有蒙古人、色目人才有充当怯薛的资格,汉人、南人没有这种资格。汉族儒士大多数只能充任吏员或教官等卑微的官职,儒士入学读书的热情也就因此大大降低。元朝又实行独特的儒户制,将祖先父辈中有名儒身份或是从事儒业者编为儒户,世代相袭,不许改变,可免除徭役、差役,但须照纳赋税。儒户的身份是世袭的,非儒户子弟也就难以学儒,元代教育的发展因此受到很大的限制。元仁宗虽然复开科举,但仍坚持民族歧视政策,规定蒙古人、色目人与汉人、南人分卷考试。乡试、会试,蒙古人、色目人试经问五条,试策一道;汉人、南人试明经经疑二条,试经义一道,古赋诏诰章表内科一道,试策一道。殿试,蒙古人、色目人试时务策一道,限 500 字以上成;汉人、南人试策一道,限 1000 字以上成。汉人、南人不仅试题比蒙古人、色目人难,而且按人口比例的取士名额也比蒙古人、色目人少得多,规定会试蒙古人、色目人、汉人、南人四个等级各取 75 名。殿试不再淘汰,只排名次。元代尚右,以"国人暨诸部(指蒙古人、色目人)为右榜,以汉人、南人为左榜"。两榜各分三甲,第一甲各一人,赐进士及第;第二甲赐进士出身;第三甲赐同进士出身②。两榜的第一名都算状元,实际上只有右榜的状元才算真资格,左榜的状元并不被朝廷重视。就是二、三甲的进士,右榜授的官职也都高于左榜。从延祐年间到元亡的 54 年间,元朝共举行 9 次科举(其间曾停科 2 次),取士 1200 余人,只相当于唐代和北宋的十分之一强。其中参相者仅 9 人,官至省、部宰臣(包括侍郎)、行省宰相及路总管者亦不出六七十人。时人因而感慨道:"元朝之法,取士用人,惟论根脚,其余(与)图大政为相者,皆根脚人也;居纠弹之首者,又根脚人也;莅百司之长者,亦根脚人也。而凡负大器、抱大才、蕴道气者,俱不得与其政事。"③儒士边缘化的处境仍无大的改变。学校是

① 《元史》卷八一,《选举志》一,第 2018—2030 页。
② 《元史》卷八一,《选举志》一,第 2020—2021 页。
③ 《庚申外史笺证》卷下,第 154 页。

培育和传播传统文化的重要阵地，而儒士则是传统文化的重要载体和传承者。元代学校教育的发展受到限制，儒士被边缘化，传统文化的发展也就受到严重的阻滞。

朱元璋为了培育人才，推行教化，复兴传统文化，极其重视学校教育的发展，说："古昔帝王育人材，正风俗，莫先于学校。自故元入主中国，夷狄腥膻，污染华夏，学校废弛，人纪荡然，加以兵乱以来，人习斗争，鲜知礼义。朕今一统天下，复我中国先王之治，宜大振华风，以兴治教。"①因此，他把学校之设视为"国之首务"②。早在龙凤五年（1359）正月，即在婺州开设郡学，十一年九月又在应天设国子学。登基称帝后，更是大力发展教育，形成了国学、郡学和社学三类学校。

国学是中央的国子学，为国家设立的高等学府。其前身是龙凤十一年（1365）设于应天的国子学。它沿用元朝集庆路儒学的校址，"规模结构仅足以容一郡俊髦"。随着入学生员的不断增加，朱元璋曾三次下令增筑斋舍、学舍，但仍不敷使用。十四年四月，朱元璋决定迁址重建国子学。他亲自相基选址，将新学舍定在距京城7里的鸡鸣山之阳，那里环境幽静，是个适宜士子攻读的地方。朱元璋命工部尚书陈恭负责主持选材鸠工，金吾前卫亲军指挥谭格督工兴建。十五年三月，下诏改国子学为国子监③。五月，新修的国子监竣工。整个校舍，按照中国传统的"左学右庙"格局而建，"凡为楹八百一十有奇，壮丽咸称"④。五月十七日，新校舍正式启用。另外，洪武八年三月还在中都凤阳建立一所国子学，到二十六年十月停办，并入京师的国子监。

国子监设有祭酒、司业、监丞、博士、助教、学正、学录等学官。祭酒、司业"掌国学诸生训导之政令"，相当于现今的校长、副校长。监丞"掌绳愆厅（负责监督师生纪律的机构）之事，以参领监务，坚明其约束，诸师生有过及廪膳不洁，并纠惩之，而

---

① 《明太祖实录》卷四六，洪武二年十月辛巳。
② ［明］黄佐：《南雍志》卷七，《规制考》，《续修四库全书》本。
③ 《明太祖实录》卷一四三，洪武十五年三月丙辰。
④ 《明经世文编》卷五，《朱文恪集·大明敕建太学碑》。

书之于《集愆册》",相当于现今的教导主任。博士"掌分经讲授,而时其考课",是主讲教师。助教、掌正、学录"尊六堂之训诲",是辅佐教师和管理人员。吴元年(1367)定国子学祭酒秩正四品,洪武十五年改为从四品,二十四年更定国子监的品秩、员数,定祭酒为从四品,司业正六品,监丞正八品,博士从八品①。

国子监的生员通称监生,分为官生和民生两大类。官生,是由皇帝指派分拨的,包括品官子弟、土司子弟及海外留学生三大类。民生则由科贡,是由地方官员(洪武十六年改由地方学校教官)依据历史上地方官向朝廷"贡士"的成规,向朝廷保送的民间俊秀。民生又有贡监和举监之分,贡监指从府、州、县儒学生中选派的岁贡生员,举监指保送入国子监补习的会试下第的举人。官民生的比例,洪武初年是以官生为主,民生的数量不多。后来,由于公侯子弟成年后可以直接袭爵做官,高官子弟也可由荫官的门径踏入仕途,不必入学,而明廷对官僚子弟入学又控制很严,非奉特旨,不能入学,再加上洪武十三年胡惟庸案发后,功臣宿将及其子弟接连被杀,未被杀的子弟也因此不能入学,官生的数量逐年减少,民生的数量迅速上升。这样,国子监就逐渐从教育贵族子弟的场所变成培养民间子弟做官的教育机构了。

国子监的规模非常宏大,洪武二十六年的生员总数达到 8124 名,是当时世界上最大的高等学府之一。国子监的功课,有《四书》《五经》、御制《大诰》《大明律令》和汉代刘向的《说苑》等。此外,生员还须学习数(数学)和书(书法)。生员每月试经、书义各 1 道,诏、诰、表、策、论、判(公家文书)中选 2 道,每天练习书法 200余字。在读书之余,朱元璋还要求国子监生学习武艺,洪武三年下诏令国子监及郡学生员"皆令习射",二十三年还下令在国子监内"开辟射圃"②,为生员提供练习骑射的场所。

郡学又称儒学,是由各府、州、县官府设立的中等学校。洪武二年(1369)十月,朱元璋下诏:"其令天下郡县并建学校,以作养士类。"③各地自此始设郡学。八年,

① 《明史》卷七三,《职官志》二,第 1789—1790 页。

② 《南雍志》卷一,《事纪》。

③ 《明太祖实录》卷四六,洪武二年十月辛巳。

朱元璋命丞相到国子监考校老成端正、博学通经者分教全国,令郡县"广其生徒而立学焉"。接着,又命御史台再加精选,以分教北方儒学。御史台选派国子生林伯云等366人担任北方各地儒学的教官,"给廪食、赐衣服而遣之"①。后来,朱元璋又令择国子监生之壮年能文者为教谕等官,分教其他省份的儒学,使各地的儒学得到进一步的发展。生员的人数,开始规定府学40名、州学30名、县学20名,随着儒学的发展,不久又令扩增生员,不限数额。儒学的教官,府设教授(秩从九品),州设学正,县设教谕,各1名,"掌教诲所属生员"②。另外,府、州、县儒学还设有数额不等的训导,辅助教授、学正、教谕,教导生员。生员"专治一经,以礼、乐、射、御、书、数设科分教"③,并学习御制《大诰》和《大明律令》。后来,由于朝廷规定科举考试专取《四书》《五经》命题,府、州、县儒学的生员为了博取功名,便逐渐产生非《四书》《五经》不学、忽视其他功课的倾向。

除了府、州、县设立的儒学,明代的都司卫所也设儒学。据《大明一统志》的记载,隶属于陕西都司的河州卫军民指挥使司于洪武十七年(1384)将元朝所建的州学改为卫学,这是洪武年间由都司、卫所主办的最早一所儒学。同年,岷州卫、辽东都司也都设立儒学。二十三年,北平行都司及大宁等卫也设儒学。此外,一些土司也都设立儒学,如贵州宣慰司即在洪武二十五年设立儒学④。根据《大明一统志》的记载,参以各省直方志及《明太祖实录》的记载统计,洪武年间全国各府、州、县共计设立1311所儒学,另有都司、卫所儒学26所⑤,这是中国历史上前所未有的数量。

社学是设在基层的初级学校,始创于洪武初年,遍布于各府、州、县。最初属于官办,后来由于地方官常借此扰民,曾一度下令停办。洪武十六年十月,才又下诏,令"民间自立社学,延师儒以教子弟,有司不得干预"⑥。这样,在官办社学之外,又

① 《南雍志》卷一,《事纪》。
② 《明史》卷七五,《职官志》四,第1851页。
③ 《明太祖实录》卷四六,洪武二年十月辛卯。
④ 《明太祖实录》卷二〇三,洪武二十三年八月己丑。
⑤ 郭培贵:《明史选举志考论》,中华书局2006年版,第102—104页、110—114页。
⑥ 《明太祖实录》卷一五七,洪武十六年十月癸巳。

出现了民办社学。社学也以御制《大诰》和《大明律令》作为主要的必修课程。据统计,洪武年间各府、州、县平均设有社学将近 61 所①,数量相当可观。

除了上述几类学校,还有专为宗室子弟开设的宗学、为武官子弟开设的武学、民间私人创办的私学(私塾)等。

学校的生员是封建官僚的后备队伍。为了调动生员的学习积极性,并保证他们能安心学习,明朝官府为他们提供了相当优厚的待遇。国子监生的服装,由朝廷按季节颁赐,伙食也由朝廷免费供应。有家眷的,还允许带家眷入学,由马皇后提供粮食,专供他们食用。临时被派去办理公务的历事生,未婚的赐钱婚娶,并赐给女方衣裳 2 套、月米 2 石。监生在京师读书期间,还发给衣裳 1 套、钞 5 锭作为道里费,让他们回家探望双亲;父母已亡故的,可探望祖父母或伯叔父母。元旦、元宵等节日,朝廷另给监生赏赐节庆钱②。此外,朱元璋还常有特赐,不仅赐给监生本人,有时还赐及监生的家眷。府、州、县儒学的生员也享有优厚的待遇,师生月廪给米,每人 6 斗,并供给鱼肉,还规定在学的儒学生员和国子监生,除本人外,可免除家里 2 丁的差役,享受“廪食居黉舍,差徭不到门”③的特殊待遇。十三年八月,又将月廪增至 1 升。十五年四月,再增至 1 石。为了保证师生俸廪的供给,明廷继承和发展宋元的学田制度,由朝廷拨出一定数量的官田,充作学田,田租收入全部用于办学。十五年四月正式诏定全国学田之制,规定府学 1000 石,州学 800 石,县学 600 石,应天府学 1600 石,各设吏 1 名,以司出纳④。

生员如果努力学习,成绩优异者,“岁贡易得美官”。国子监生廷试得第一名,朱元璋还特命在国子监门口竖立进士题名碑,加以褒奖。但如果入学 10 年,仍学

---

① 王兰荫:《明代之社学》,《师大月刊》第 21 期。其统计数字,府限于府城,州限于州城,所属州、县不计在内。

② 《明史》卷六九,《选举志》一,第 1676 页。

③ [明]钱谷辑:《吴郡文萃续集》卷七,《学校·社学·义塾》,[明]林钟:《题西斋壁勉诸生一绝句》,《四库全书》本。

④ 《明太祖实录》卷一四四,洪武十五年四月丙戌。

无所成和犯有大过,则通通"送部充吏,追夺廪粮"①。府、州、县儒学的生员,学业优异者,每年选出一名作为贡士,保送朝廷,经翰林院考试,及格者一等送入京师国子学,二等送到中都国子学,继续进行深造,不及格者罚为吏,其所在教官罚停廪禄。洪武初年、十五年、十六年、二十年先后颁行了四批国子监的学规,共56条,要求监生"遵行师训,循规蹈矩",埋头攻读经书,不得与别的班级往来,不得议论他人长短,不得议论国家大事。监生对教学和生活发表意见,都以"干犯名义,有伤风化"的罪名严加惩处。有的监生,因为触犯学规,被囚禁饿死,甚至自缢身亡。洪武二十七年,监生赵麟因"贴没头帖子(匿名大字报)",被加上"诽谤师长"的罪名,按学规应杖100后充军,朱元璋为杀一儆百,竟下令在国子监前立一长竿,将他枭首示众。三十年七月十三日,又召集国子监祭酒、司业、教官及监生1836人在奉天门前训话,恶狠狠地说:"今后学规严紧,若无籍之徒,敢有似前贴没头帖子、诽谤师长的,许诸人出首(告发),或绑缚将来,赏大银两个。若先前贴了票子,有知道的,或出首,或绑缚将来呵,也一般赏他大银两个,将那犯人凌迟了,枭令在监前,全家抄没,人口迁发烟瘴地面。"②对府、州、县的儒学,也订有禁例12条,于洪武十五年八月颁行,镌立卧碑,立于明伦堂之左。禁例严禁儒学生员妄言军国重事:"军民一切利病,并不许生员建言。"③生员违犯学规,甚至牵连教官,将他们加以诛杀。洪武三十一年颁行的《教民榜文》就明确规定:"今后天下教官人等,蛊惑后生,乖其良心者,诛其本身,全家迁发化外。"

为了加速教育事业的发展,朱元璋采取了许多重要的措施。

第一,考核官吏的办学成绩,提高其办学的积极性。洪武五年(1372)十二月,朱元璋敕谕中书省,令有司今后考课,"必书农桑、学校之绩",所在地方的学校,"师不教导,生徒惰学者,皆论如律"④。九年六月,莒州日照马亮考满入京朝觐,州衙门

① 《明史》卷六九,《选举志》一,第1688页。

② [明]朱元璋钦定:《学校格式》,《皇明制书》第二册,第767页。

③ 《学校格式》,《皇明制书》第二册,第779页。

④ 《明太祖集》卷一,《农桑学校诏》,第2页;《明太祖实录》卷七七,洪武五年十二月甲戌。

呈报考课情况，说他"无兴农课学之绩，而长于督运"，朱元璋很生气，说："农桑，衣食之本，学校，风化之原，此守令先务。不知务此，而曰长于督运，是弃本而务末，岂其职哉?"①下令黜降之。

第二，狠抓教官选拔，稳定师资队伍。朱元璋非常重视教官的质量，洪武十五年十月特命礼部令各按察司严格考核儒学教官，不通经术的送吏部调任他职，有通经术、能文章而受到压制、任用不当的，一概列出名单上报，由朝廷另作安排。二十六年五月，又定教官考课法，规定教官在九年任职期间，所教生员，府学有9人、州学6人、县学3人中举，本人经考试又精通《四书》《五经》者，就提升官职；所教生员中举人数较少，本人即使考通经典，也不提升；所教生员中举人数太少或全无，本人又考不通经典者，则黜降之，调任教官以外的职务②。

为了稳定师资队伍，朱元璋严禁随意抽调教官出任他职。洪武十四年九月，礼部尚书李淑正反映，许多州县的儒学训导被以贤良等名目荐举到京师做官，致使教官缺额，生徒废业，朱元璋即明示："朕方以未得明师为忧，而有司又拔而举之，甚失教育人材之意。其即禁之，著为令。"③翌年五月，令全国郡县访求经明行修之士时，又明确规定现任教授、学正、教谕、训导，不在荐举之列④。

第三，优礼师儒，解除其后顾之忧。对教官，朱元璋也是优礼有加。洪武十四年，松江府华亭县儒学教谕曹宗儒上书，反映自己累被府县衙门派差去干杂活，影响教学。朱元璋即告谕礼部大臣："教官训导，所以作养生徒，为国储材。迩者有司往往委以公务，使不得尽心教训，甚非崇儒重学之意。"⑤下令严禁有司差遣教官。教官教学成绩突出的，可以升任中央或地方官职。如洪武十五年，上海儒学训导顾或因教学成绩优异被擢为户部左侍郎，从一个未入流的教官跃升为正三品的部级

① 《明太祖实录》卷一○六，洪武九年六月乙未。

② 《明太祖实录》卷二二七，洪武二十六年五月丙寅；《明史》卷六九，《选举志》一，第1688页。

③ 《明太祖实录》卷一三九，洪武十四年九月丙午。

④ 《明太祖实录》卷一四五，洪武十五年五月丁丑。

⑤ 《明太祖实录》卷一四○，洪武十四年十一月己酉。

大员。二十六年五月,定教官考课法后,也有许多教官被擢升为给事、御史。

第四,书籍笔墨免税。为了鼓励书本文具的生产流通,洪武元年(1368)的《大赦天下诏》规定,书籍笔墨等物,均不得征收商税。

朱元璋的这些措施,有力地推动了教育的发展。全国"无地无不设之学,无人无不纳之教。庠声序音,重规叠矩,无间于下邑荒徼,山陬海涯"①。明代教育的发达,超过了以往的唐宋时代。

由于朱元璋的重视和扶植,明代的各类学校培养了大批人才。特别是国子监,成绩更为突出,"历科进士多出太学",为朝廷输送了大批官员。当时的国子监生,不仅可以通过科举做官,而且可以不由科举,直接出任官职,有的出任朝廷的部院官、监察官,有的出任地方的财政官、司法官以及府、州、县官和学校的教官,最高的做到从二品的布政使。其中,以洪武十九年任用的人数最多,共选拔国子监生千余人,由吏部除授知州、知县等职,而以二年和二十六年任职的职位最高,二年有许多监生被擢为行省左、右参政及各道按察司佥事、知府等官,二十六年除了选拔 30 岁以上能文章的监生 341 人,由吏部除授教谕等官,还擢升监生刘敏、龙镡等 64 人担任行省布、按两使及参政、参议、副使、佥事等官。正如《明史》所说:"太祖虽间行科举,而监生与荐举人才参用者居多,故其时布列中外者,太学生最盛。"②

明代的科举制度,正式建立于洪武三年(1370)。在这之前,朱元璋在吴元年(1367)三月曾下令设文武二科取士,命"有司预为劝谕民间秀士及智勇之人,以时勉学,俟开举之岁,充贡京师"③。明朝建立后,洪武三年五月下诏正式建立科举制度,诏书说:"自今年八月为始,特设科举,以起怀才抱道之士,务在经明行修,博通古今,文质得中,名实相称。其中选者,朕将亲策于庭,观其学识,第其高下,而任之以官。果有才学出众者,待以显擢。使中外文臣,皆由科举而选;非科举者毋得与

---

① 《明史》卷六九,《选举志》一,第 1686 页。
② 《明史》卷六九,《选举志》一,第 1679 页。
③ 《明太祖实录》卷二二,吴元年三月丁酉。

官。"①四年正月，又令各行省连试三年，以后则三年一举，著为定例。当年，京师和各行省分别举行乡试；第二年举行会试，朱元璋亲制策问，试于奉天殿，录取了吴伯宗等120人。从洪武四年起，连续举行乡试三年，因为官员缺额很多，考取的举人都免于会试，赴京听候选官。但连试三年后，朱元璋发现录取的大多是"后生少年"，文词虽然写得头头是道，试用后却缺少实际工作能力。六年二月，又下诏停止科举，别令察举贤才。从此，科举停止了10年。但荐举上来的人，滥竽充数的也不少，为了补救这个缺陷，朱元璋又决定对被荐者实行考试，同时恢复科举，于十七年三月命礼部制定科举之式，颁行各行省，遂为永制。

明制规定，参加科举考试的，必须是学校的生员。考试时专取生员所学的《四书》及《易》《书》《诗》《春秋》《礼记》五经命题，"其文略仿宋经义，然代古人语气为之，体用排偶，谓之八股，通谓之制义"②，《四书》《五经》只能以指定的程朱一派注疏为依据。生员应试，要写八股文③，就题命意，依法作解，并代圣人立意，用古人语气行文。据说，这种制度是朱元璋和刘基制定的。八股文的写作，要求考生具有相当的写作能力，诸如遣词排句、段落呼应、音和韵谐、首尾一贯，并要求主题表达得精练、详明。因此，采用八股文考试，既可考查考生对儒家经典的领会程度，又可考查考生的文字写作水平。这样可使科举考试与学校教育衔接起来，并使科举考试更趋于标准化、规范化，更便于人才的培养与选拔。不足之处，是容易束缚士人的思想和创造活力。

科举考试，分乡试、会试和殿试三级进行。乡试是省级的考试，又称乡闱，每三

---

① 《明太祖实录》卷五二，洪武三年五月己亥。

② 《明史》卷七〇，《选举志》二，第1693页。

③ 八股文的产生经过漫长的历史过程。历代学者多数认为，它滥觞于北宋的经义。经义是北宋科举考试的一种文体，以经书中的文句命题，应试者作文阐明其中义理。宋代的经义虽无固定的格式，不求对仗排偶，但在代圣人立意这点上，已奠定了八股文的雏形。经义后来吸收南宋以来的散文和元曲的一些成分，到明初被确定为一种独立的文体，成化(1465—1487)以后逐渐形成比较严格的程式，逐渐变成一种僵死的官僚式的文体。此后一直沿用，直到近代戊戌变法，才随着科举制度的停止而废弃。因为它要求文章中必须有四段对偶排比的文字，一共八个部分，所以叫作八股文。

年一次,于子、午、卯、酉年在直隶和各布政司治所在地的省城举行。应试者必须在其籍贯所在地的省城参加考试,"其直隶府、州、县赴京乡试"。"凡试官不得将弟男子侄亲属徇私取中,违者赴省、台指实陈告"[①]。考试的时间为八月,分为三场。洪武三年定初场试本经一道,四书义一道;二场试礼、乐论一道,诏、诰、表、笺内选一道;三场试经、史、时务策一道;第三场考完后 10 天,再面试骑、射、书、算、律[②]。十七年三月颁布科举定式,规定初场试四书义三道,经义四道;二场试论一道,判五道,诏、诰、章、表内选一道;三场试经、史、策五道;取消了骑、射、书、算、律的面试。考官出题,"或经或史,所问须要含蓄不显,使答者自详问意,以观才识"。考生答卷,要求"惟务直述,不尚文藻";二十四年更规定:"凡对策,须参详题意,明白对答","务在典实,不许敷衍繁文"[③]。考生交卷后,经过弥封、誊录、对读等程序,然后送交考官评阅,中式者称为"举人"。录取名额开始定为 500 名,除直隶 100 名,广西、广东各 25 名外,其他布政司各 40 名,"才多或不及者,不拘额数",洪武十七年诏"不拘额数,从实充贡"[④]。

会试是中央一级的考试,又称礼闱,由礼部主持,在乡试的第二年即辰、戌、丑、未年于京师举行。参加会试者必须是乡试中式的举人。考试的时间是八月,也分为三场,考试的内容和乡试相同。录取名额没有固定,皆临时奏请皇帝定夺。举人经过会试中式后称为"贡士",可参加殿试。

殿试又称廷试,考场设在皇帝的殿廷,是以皇帝名义主持的复试。考试时间在三月,仅试时务策一道,分三甲录取。一甲只取三名,称状元、榜眼、探花,赐进士及第出身;二甲若干名,赐进士出身;三甲若干名,赐同进士出身。当时的士大夫又称乡试第一名为解元,会试第一名为会元,二、三甲第一名为传胪。解元、会元和状元合称三元。连中三元者,被传为科场佳话。明初的科举,"乡试难而会试易",乡试

---

①　《明史纪事本末》补编卷二,《科举开设》,第 1525 页。

②　《皇明诏令》卷一,《设科诏》。

③　《明太祖实录》卷一六〇,洪武十七年三月戊戌。

④　万历《明会典》卷七七,《礼部·科举》。

的竞争比会试更为激烈,"故有'金举人,银进士'之称"①。

经过科举考试,中进士者或授翰林院修撰、检讨,或至翰林院、承敕监等近侍衙门观政,称庶吉士,待谙练政体,再擢任官职,其他或授给事、御史、主事、中书、行人、评事、太常、国子博士,或授府推官、知州、知县等官职。举人、贡士每次参加科考落榜的,可以改入国子监,卒业后也可担任小京官,或做府佐和州县正官,或做郡学的教官。元代儒士被边缘化的局面,也就因此得到根本的改变。明代官员的任用,"国初之制,谓之三途并用,荐举一途也,监生一途也,吏员一途也"②。由于朱元璋的诏书说过,应"使中外文臣皆由科举而选,非科举者毋得与官",科举日益受到朝廷的重视,"内外重要之司,皆归进士"③,后来就逐渐形成所谓进士、科贡、吏员三途并用的格局。据万历、崇祯两朝的缙绅录所记,出身于学校、科举两途的士子,已构成明代官员的主体,都察院等监察系统的官员以及六部的尚书、侍郎,则全部出身于进士④。儒士的境遇与元代相比,简直是一个天上,一个地下!

三、普施教化,移风易俗

在元代,由于蒙古贵族高居统治阶级的最高层,掌握着国家大权,蒙古族的风俗习惯自然也处于强势地位,对中原地区产生了深刻的影响。不少汉人在语言、姓名、婚姻、服饰、丧葬等方面仿效蒙古人,受其熏染而使自身的文化发生某些变异。如"士庶咸辫发椎髻,深襜胡俗,衣服则为绔褶宽袖及辫线腰褶,妇女衣窄袖短衣,

　　① 《明史》卷三,《太祖纪》三,第 48 页。

　　② [清]顾炎武著,黄汝成集释:《日知录集释》卷一七,《通经办事》,上海古籍出版社 1985 年影印本。

　　③ [明]王圻:《续文献通考》卷五五,《学校考·太学》。

　　④ 赵子富:《明代学校与科举制度研究》,北京燕山出版社 1995 年版,第 280—294 页。

下服裙裳，无复中国衣冠之旧，甚者易其姓氏为胡名，习胡语，俗化既久，恬不知怪"①。又如"同姓、两姨姑舅为婚"，"兄收弟妇，弟收兄妻，子承父妾。有一妇事于父生子一，父亡之后，其妾事于正妻之子，亦生子一。所以夫妇无别，纲常大坏"②。即使是与蒙古人接触较少的江南地区，受蒙古风俗习惯影响的现象也不少见。"元既有江南，以蒙豪侈粗戾，变礼文之俗，未数十年，熏渍狃狎，骨化成风，而宋之遗习消灭尽矣。为士者辫发短衣，效其语言服饰，以附于上，冀速获仕进，否则讪笑以为鄙怯。非确然自信者，鲜不为之变。"③直至明初，南京居民"犹习元氏旧俗，凡有丧葬，设宴会亲友，作乐娱尸，惟较酒肴厚薄，无哀戚之情"④。

　　朱元璋对这种现象极为不满，决心普施教化，移风易俗，恢复华夏的传统习俗。明朝建立后，他反复强调："今天下初定，所急者衣食，所重者教化。衣食给而民生遂，教化行而习俗美。"⑤"治道必先于教化，民俗之善恶，即教化之得失也。"⑥强调推行教化同发展经济一样重要，是关系国家治乱兴衰的重大问题。

　　朱元璋认为，普施教化，首先要向人们灌输儒家学说、程朱理学的仁义道德、修身齐家的"圣学之道"。他说："为仁者，耻于为不义。如此，则风俗岂有不美，国家岂有不兴？"⑦为此，就必须大办学校，"礼延师儒教授生徒，以讲论圣道，使人日渐月化，以复先王之旧，以革污染之习"⑧。同时，还要建立一套礼法制度，"剽悍骄暴非人之性也，习也。苟有礼法以一之，则剽悍可使善柔，骄暴者可使循帖"⑨。因此，立国之初，朱元璋便致力于尊孔崇儒，倡导理学，制礼作乐，立法定律，兴办学校，推行科举。除此之外，他还采取一系列措施，移风易俗，淳厚人情。

---

① 《明太祖实录》卷三〇，洪武元年二月壬子。
② 《御制大诰·婚姻第二十二》，《皇明制书》第一册，第 56 页。
③ ［明］方孝孺：《逊志斋集》卷二二，《俞先生墓表》，《四部丛刊》本。
④ 《明太祖实录》卷三七，洪武元年十二月辛未。
⑤ 《明太祖宝训》卷一，《论治道》。
⑥ 《明太祖宝训》卷一，《论治道》。
⑦ 《明太祖宝训》卷一，《论治道》。
⑧ 《明太祖实录》卷四六，洪武二年一月辛巳。
⑨ 《明太祖实录》卷一四，甲辰年三月丁卯。

第一,重新恢复传统的乡饮酒礼。乡饮酒礼始行于周代,原是乡人的一种聚会形式,儒家为之注入尊贤敬老的思想,成为当时一种达于庶民的礼制,旨在使一乡之人在欢聚宴饮之时受到教化。后来时兴时废,至元代在现实中已基本消失。朱元璋认为:"乡饮之礼,所以序尊卑,别贵贱。先王举以教民,使之隆敬爱,识廉耻,知礼让也。"①明代的乡饮酒礼,在继承别贵贱与叙长幼的传统惯例之外,为强化其教化功能,又有两个突出的创新之点。一是将饮酒与读律相结合,既习礼又普法。洪武二年八月,监察御史睢稼在奏书中建议:"宜仿古人月吉读法之典,命府州县长吏,凡月朔会乡之老少,令儒士读律,解析其义,使之通晓,则人知畏法而犯者寡矣。"②朱元璋采纳这个建议,即诏中书省详定乡饮酒礼条式,"使民岁时燕会,习礼读律,期于申明朝廷之法,敦叙长幼之节"③。五年四月,礼部奏请全国推行乡饮酒礼,规定在学校举行的乡饮酒礼,由读书人担任的"读律者"诵读《大明律令》,里社的乡饮酒礼还兼读刑部所编的《申明戒谕书》,武职衙门的乡饮酒礼兼读大都督府所编的《戒谕书》④。二是分别善恶,以收奖善惩恶之功效。洪武十四年二月,朱元璋谕示礼部大臣,举行乡饮酒礼,"年高有德者居上,高年淳笃者次之,以齿为序。其有违条犯法之人,列于外坐。同类者成席,不许杂于良善之中。如此,则家识廉耻,人知礼让,而父慈子孝、兄友弟恭、夫和妇顺之道不待教而兴。"⑤据此,洪武十六年颁行的《乡饮酒礼图式》,规定有过犯之人坐于众宾席末,听讲律受戒谕。二十二年重定的《乡饮酒礼图式》,又将过犯之人分为两类,罪行较轻的序坐于中门之外,罪行较重的序坐于东门之外,执壶供事⑥。

第二,强化里甲的教化职能。朱元璋认为:"自古风俗淳厚,民相亲睦,贫穷患

① 《明太祖宝训》卷二,《兴礼乐》。

② 《明太祖实录》卷四四,洪武二年八月戊子。

③ 万历《明会典》卷七九,《礼部·乡饮酒礼》。

④ 《明太祖实录》卷七三,洪武五年四月戊戌。

⑤ 《明太祖实录》卷一三五,洪武十四年二月丁丑。

⑥ 万历《明会典》卷七九,《礼部·乡饮酒礼》。参看拙作《朱元璋推行乡饮酒礼述论》,《北京联合大学学报》2013年第二期。

难,亲戚相救;婚姻、死丧、疾病,邻保相助。近世教化不明,风俗颓败,乡邻亲戚不相周恤,甚者强凌弱,众吞寡,富吞贫,大失忠厚之道。"①他钦定的《教民榜文》规定,每里除里长、甲长之外,"须令本里众人推举平日公直,人所敬服者,或三名、五名、十名",称为老人,与里长、甲长共同负责以下工作:(一)理断本里的民间户婚、田土、斗殴等一切纠纷。(二)将本里强劫、盗贼、逃军、逃囚及生事恶人擒拿赴官。(三)向朝廷奏报本里孝子顺孙、义夫节妇及有一善可陈者的事迹,以供朝廷表彰。(四)督促有丁子弟入读社学。(五)督促本里七八岁或十二三岁的民间子弟讲读御制三编《大诰》。(六)教育本里乡民,为子孙者,奉养祖父母、父母;为父母者,教诫子孙;为子弟者,孝敬伯叔;为妻者,劝夫为善。(七)遇到里中人户婚姻、死丧、吉凶等事,组织协调邻里互相赒给。(八)每乡每里各置一个木铎,每月六次,令年老或残疾或瞽目者,由小儿牵引,巡行本里,持铎高喊:"孝顺父母,尊敬长上,和睦乡里,教训子孙,各安生理,毋作非为。"每村置大鼓一面,凡遇农种时节,于五更擂鼓,众人闻鼓下田,该管老人点闸。有懒惰不下田者,许老人责决②。

第三,在各地遍设申明亭、旌善亭,以旌善惩恶。洪武五年二月,朱元璋"命有司于内外府州县及其乡之里社皆立申明亭,凡境内人民有犯,书其过名榜于亭上,使人有所惩戒"③。后来,觉得将犯人所犯过失不分大小,全都在申明亭上张榜公布,会"使良善一时过误为终身之累",十五年八月又改为"自今犯十恶、奸盗、诈伪、干犯名义、有伤风化及犯赃至徒者,书于亭,以示警戒。其余杂犯、公私过误、非干风化者,一切除之"④。旌善亭建于何时,史无明载,但一些地方在洪武十六年已有旌善亭出现⑤。旌善亭张榜公布官民的善政善行,既书"民之孝子顺孙、义夫节妇及善行之人",也录"有司官署善政著闻者"⑥,以示旌表。

---

① 《明太祖实录》卷二三六,洪武二十八年二月乙丑。

② 《教民榜文》,《皇明制书》第二册,第725—733页。

③ 《明太祖实录》卷七二,洪武五年二月。

④ 《明太祖实录》卷一四七,洪武十五年八月乙酉。

⑤ 正德《瑞州志》卷四,《官室志·公署》,明正德七年刻本。

⑥ 嘉靖《象山县志》卷一,《建置志·诸署》,明嘉靖三十五年刻、隆庆五年增刻本。

第四，革除蒙古人传入中原的"胡风""胡俗"，"悉复中国之旧"。登基伊始，朱元璋即于洪武元年二月"诏复衣冠如唐制"，规定"士民皆束发于顶，官则乌纱帽、圆领袍、束带、黑靴，士庶则服四带巾、杂色盘领衣，不得用玄黄"，庶民妻"不得服两截胡衣，其辫发椎髻"，"胡服、胡语、胡姓一切禁止"①。当年十二月，又下令禁止丧葬时宴会亲友、作乐娱尸的陋俗②。洪武三年下令禁止火葬，并规定："若贫无地者，所在官司择近城宽闲地为义冢，俾之葬埋。或有宦游远方，不能归葬者，官给力费以归之。"③对于同姓、两姨姑舅为婚及收继婚，朱元璋认为有违人伦之大防，更是深恶痛绝。不仅在《大明律》中立有专款严加制止④，而且在《御制大诰》里严厉警告："今后若有犯先王之条，罪不容诛！"⑤后来，他发现虽然"禁令屡颁，民间仍有犯者"，又在二十七年再次重申："朕膺天命，君主华夷，复先王之教以叙彝伦，务使各得其序。既定于律，又著之《大诰》，以明示天下。比闻民间犹有顽不率教者，仍蹈袭胡俗，甚乖治体。宜申禁之，违者论如律。"⑥至于官员之间、官民之间、庶民之间相见的礼仪，朱元璋也令议礼之臣重加厘定，去蒙古化，而复归华夏之传统。此外，还严禁官员嫖娼，并严禁不事生产、四处闲逛之游民。

第五，严格规范民间的祭祀及文艺演出。我国自古就将祭祀视为国之大事，国家的祀典对各种祭礼活动规定了严格的等级和礼仪。但民间往往无视祀典的规定，不仅祭祀众多原始宗教信仰和秘密宗教的神灵，而且混杂了许多带有巫术色彩的仪式。朱元璋登基之后，将这种民间祭祀通通斥为"淫祠"，洪武三年命礼部议定民间所祭之神。中书省臣等商议后，奏曰："凡民庶祭先祖，岁除祀灶，乡村春秋祈土谷之神。凡有灾患，祷于祖先。若乡厉、邑厉、郡厉之祭，则里社郡县自举之。其僧道建斋设醮，不许奏章上表，投拜青祠，亦不许塑画天地神祇，及白莲社、明尊教、

① 《明太祖实录》卷二二，洪武元年二月壬子。
② 《明太祖实录》卷三七，洪武元年十二月辛未。
③ 《明太祖实录》卷五三，洪武三年六月辛巳。
④ 《大明律》卷六，《户律·婚姻》，第59—60页。
⑤ 《御制大诰·婚姻第二十二》，《皇明制书》第一册，第56页。
⑥ 《明太祖实录》卷二三二，洪武二十七年三月癸卯。

白云宗,巫觋、扶鸾、祷圣、书符、咒水诸术,并加禁止,庶几左道不兴,民无惑患。"朱元璋"诏从之"①。流行于民间的通俗文艺如戏曲等,深受平民百姓的喜爱,对民风民俗有着潜移默化的影响。朱元璋则以儒家思想、程朱理学加以规范,要求民间文艺为宣传儒家的礼法制度和伦理道德服务。元末高明主张戏曲创作要有关风化,为宣扬儒家的伦理道德服务。他创作的《琵琶记》极力宣扬三从四德、忠孝两全的伦理道德,朱元璋大加赞赏,说:"《四书》《五经》在民间,譬诸五谷,不可无。此《记》乃珍馐之属,俎豆之间,亦不可少也。"②依据朱元璋旨意,《大明律》特立专条,规定:"凡乐人搬做杂剧戏文,不许妆扮历代帝王、后妃、忠臣、烈士、先圣、先贤、神像。违者,杖一百。官民之家容令妆扮者,与同罪。其神仙、道扮及义夫、节妇、孝子、顺孙,劝人为善者,不在禁限。"③

　　上述一系列教化举措的施行,使民风民俗逐渐发生变化,形成一种俭朴淳厚的风气。

　　总之,朱元璋为复兴传统文化,针对元朝将儒学边缘化的弊政,尊孔崇儒,倡导理学,重树儒学的独尊地位,以之作为治国的指导思想和理论基础。中国传统文化是以儒学为主导,融汇多种文化成分的多元复合体。朱元璋的这一举措,抓住了问题的关键。而后,他以儒学为指导,制礼作乐,以礼来制约、规范、引导社会生活和个人行为;兴办教育,推行科举,既推动《四书》《五经》的广泛传播,又培养与重用大批儒士;普施教化,移风易俗,使民风民俗向俭朴淳厚转变。朱元璋采取的这一系列措施,目的自然是为了维护朱家王朝的统治,但其推行的结果,彻底改变了元代儒学和儒士边缘化的困境,使传统文化开始全面走向了复兴。

　　值得注意的是,朱元璋复兴传统文化的诸多政策措施,还被其后继者作为"祖制"加以继承。由于朱元璋及其后继者的大力提倡,加上学校教育的发展,儒家思想特别是程朱理学得到广泛而深入的传播,并且渗透到边疆的少数民族地区。因

───────────────

① 《明太祖实录》卷五三,洪武三年六月甲子。
② [明]田艺蘅:《留青日札》卷一九,《琵琶记》,汲古阁刻本。
③ 《大明律》卷二六,《刑律·杂犯》,第202页。

为受到儒学特别是程朱理学的浸染,加上与周边汉族军民接触交往的增多,许多边疆少数民族的风俗习惯也随之发生变化,如云南临安府"自明以降卫军实其地,衣冠文物风俗大类中州"①,贵州石阡府弘治年间"渐染中华之教,所变易多矣"②,普定卫"自立军卫控之,渐染中原之俗,亦尚礼义而重之,服食器用、婚丧之礼皆可观矣"③,各民族对以儒学为主干的中华文化的认同感进一步增强。正是由于儒家思想的深刻影响,当明朝的统治被大顺农民军推翻之后,入关的清朝统治者虽亦坚守满族文化,但实行的却是外满内汉的基本国策,儒学的独尊地位并未因统治民族的改变而改变,以儒学为主干的传统文化仍在缓慢而曲折地向前发展。因此可以说,如果没有朱元璋复兴传统文化的决策及其相应的措施,我们看到的传统文化未必是现在的面貌。

---

① 雍正《临安府志》卷七,清雍正九年刻本。
② 弘治《贵州图经新志》卷六,《石阡府·风俗》,明弘治年间刻本。
③ 嘉靖《贵州通志》卷三,《风俗志》,明嘉靖三十四年刻本。

第十讲　和平外交与御倭斗争

一、和平共处的外交政策

自秦汉实现大一统之后,我国历代王朝的封建君主就在"夷夏之辨"的理论基础上,同周边的国家建立外交关系。其核心思想是以中国为中心,由君主临御天下,居内以制夷狄。按照这种理论框架建立起来的外交关系,是一种名义上的"宗藩"关系。与中国建交的周边各国,仍然保留自己的君主和完整的国家机构,但作为藩属国,必须接受宗主国的册封,向宗主国"称臣""纳贡"。中国的君主不干预藩属国的内政,而是按照儒家的礼治思想来规范藩属国国君的行为,并以德柔远,对朝贡给予丰厚的回赐,以图建立一种和谐稳定的世界秩序。明朝建立后,朱元璋便按照这种传统的外交模式,着手恢复与邻近诸国的外交活动,并制定了用以指导这一活动的外交政策。

元朝初期,一度实行穷兵黩武的扩张政策,企图用武力征服邻近国家。成吉思汗曾经大举西征,并东征高丽。忽必烈建元朝后,也多次发兵攻打日本、安南(今越南北部）、缅甸、占城（今越南南部）、爪哇（今印度尼西亚爪哇岛）等国。元朝进行的这些战争，不仅遭到被侵略国家的顽强抵抗，以惨重失败告终，而且极大地消耗了国内的人力和物力，加重百姓的负担，激起广大人民的强烈不满，福建等地便因此爆发过起义。朱元璋总结并吸取这些教训，决定采取"与远迩相安于无事，以共享太平之福"①的和平共处的外交政策。洪武四年（1371）九月，他在奉天门召见省、府、台大臣，郑重告谕他们道："海外蛮夷之国，有为患于中国者，不可不讨；不为中国患者，不可辄自兴兵。古人有言：'地广非久安之计，民劳乃易乱之源。'……朕以诸蛮夷小国，阻山隔海，僻在一隅，彼不为中国患者，朕决不伐之；惟西北胡戎（指蒙古），世为中国患，不可不谨备之耳。卿等当记所言，知朕此意。"②他编纂的《皇明祖训》，特地将这一政策录载其中，并开列15个"不征之国"的名单，要求后代子孙不得无故侵犯。

根据这个和平共处的外交政策，朱元璋在洪武元年十二月，首先派遣使臣分别出使高丽、安南，颁赐玺书，通报他已即位改元，取代元朝的统治，希望与两国重新建立外交关系。玺书回顾中国与周围邻邦的传统友谊说："昔（中国）帝王之治天下，凡日月所照，无有远近，一视同仁。故中国奠安，四方得所，非有意于臣服之也。"并说明他的外交政策："朕……已承正统，方与远迩相安于无事，以共享太平之福。"③后来，又陆续遣使出访日本、占城、爪哇、琐里（在今印度科罗曼德尔海岸）、暹罗（今泰国）、真腊（今柬埔寨）、三佛齐（在今印度尼西亚苏门答腊岛巨港一带）、渤泥（在今北加里曼丹岛文莱）、琉球、缅国和西洋诸国，重申明朝的外交政策和建交愿望，并赐赠诸国王金绮缎纱罗。洪武三年，在给爪哇国王的诏书中，他进一步申明："朕仿前代帝王，治理天下，惟欲中外人民，各安其所。"④洪武五年，接见来访的高丽民部尚书张子温，他又再次表明决不无故兴兵侵犯他国，愿与各国和平共处

---

①　《明太祖实录》卷三七，洪武元年十二月壬辰。

②　《明太祖实录》卷六八，洪武四年九月辛未。

③　《明太祖实录》卷三七，洪武元年十二月壬辰。

④　《明史》卷三二四，《爪哇传》，第8402页。

的态度,说:"昔日好谎的君王如隋炀帝者,欲广土地,枉兴兵革,教后世笑坏他,我心里最嫌。"①朱元璋还设法同中亚地区的帖木儿汗国、远在地中海的拂菻(东罗马帝国)建立联系。洪武年间,明朝使节的足迹,遍及周边的邻国,洪武三十年八月,朱元璋在一道诏令中提到与明朝建交的国家有安南、占城、真腊、暹罗等"凡三十国"②。

朱元璋的外交活动,得到周围邻国的热烈响应。洪武二年六月,安南国王陈日煃首先遣使入明朝贡,因请封爵;八月,高丽国王王颛遣使入明,祝贺朱元璋即帝位,贡方物、请封爵;九月,占城国王阿答阿者派遣使节入贡。日本、暹罗、真腊、吕宋(在今菲律宾吕宋岛)、爪哇、琐里、渤泥、三佛齐、苏门答腊、览邦(在今印度尼西亚苏门答腊岛楠榜省一带)、淡巴(一说在今马来西亚丹帕湖一带,一说在印度尼西亚苏门答腊岛甘巴河流域)、百花(今地不详)、湓亨(在今马来西亚彭亨州一带)、缅国、柯枝(即今印度西南岸柯钦)、大葛兰(一说在今印度南部西岸的奎隆,一说为今奎隆南的阿廷加尔)纷纷遣使来访,同明朝建立外交关系。远在地中海东部的拂菻也遣使入明朝贡。帖木儿汗国当时正图谋攻灭西方的伊儿汗国与北边的钦察汗国,也对东方的明朝采取"称臣纳贡"的做法,在洪武二十年九月首次遣使入明朝贡,献马 15 匹、骆驼 2 只,"自是频岁贡马驼"③。

朱元璋的外交活动,延续着传统的宗藩模式。他仿照历代王朝封建君主的做法,以"天下共主"的姿态履行其职责。一是颁诏封王。先后于洪武二年颁诏册封安南、高丽、占城国王,十六年册封琉球中山王,十八年又册封琉球山南王和山北王。与册封相联系的,还于洪武三年遣使往安南、高丽、占城,祀其国之山川,六年祀琉球之山川。并于洪武三年遣使颁科举诏于高丽、安南、占城,让各国"经明行修之士"各就本国乡试后,赴明朝京师参加会试,可不拘数额选取。二是用儒家的礼治思想规范藩属国国王的行为。藩属国的内政完全自主,朱元璋一概不加干预,但

---

① 《高丽史》卷四三,《恭愍王世家》。
② 《明太祖实录》卷二五四,洪武三十年八月丙午。
③ 《明史》卷三三二,《西域传》四,第 8598 页。

要求其国王遵守儒家的德治思想,推行仁义礼乐,与民兴利除害,使民饱食暖衣,各得其所。洪武二年十月,朱元璋接见来访的高丽总部尚书成准得,询问其国内情况,成准得回答:"俗无城郭,虽有甲兵而侍卫不严,有居室而无听政之所,王专好释氏,去海滨五十里或三十里,民始有宁居者。"朱元璋即写了一道玺书,让他带给其国王王颛。玺书除劝告王颛筑城郭、建厅事、修武备之外,还特别强调:"历代之君,不问夷夏,惟备仁义礼乐以化民成俗。今王弃而不务,日以持斋守戒为事,欲以求福,失其要矣。……先王之道,与民兴利除害,使其生齿繁广,父母妻子饱食暖衣,各得其所,则国祚永长。修德求福,莫大于此,王何不为此而为彼哉?"①同样,基于儒家的礼治思想,朱元璋对藩属国的进贡,也要求按照古制三年或比年一贡,贡物不必过多,能够表达对宗主国的诚敬之心即可,以免劳民伤财。洪武初年高丽贡使频繁入明朝贡,朱元璋即于洪武五年令中书省告谕高丽,"令遵三年一聘之礼,或比年一来,所贡方物以所产之布十匹足矣",并以此意"谕占城、安南、西洋琐里、爪哇、浡尼、三佛齐、暹罗斛、真腊等国"②。此后,他又重申三年一贡之古礼。至洪武七年三月,更诏中书、礼部,"古者中国诸侯于天子,比年一小聘,三年一大聘。九州之外,番邦远国则每世一朝,其所贡方物不过表诚敬而已。……今遵古典而行,不必频繁。其移文使诸国知之。"③三是调解国际纠纷。朱元璋认为:"朕为天下主,治乱持危,理所当行。"④当周边的国家发生纠纷时,他便出面调停。如洪武初年,安南与占城发生战争,朱元璋即遣使谕令罢兵,两国皆奉诏,停止了攻伐。但未久,安南再次发兵攻打占城。洪武四年,占城国王入明朝贡,请求明朝给予武器援助,朱元璋命礼部谕之曰:"已咨安南国王,令即日罢兵。本国亦宜讲信修睦,各保疆土。所请兵器,于王何吝,但两国互构而赐占城,是助尔相攻,甚非抚安之意。"⑤洪武十年,安

---

① 《明太祖实录》卷四六,洪武二年十月壬戌;《高丽史》卷四一,《恭愍王世家》。

② 《明太祖实录》卷七六,洪武五年十月甲午。

③ 《明太祖实录》卷八八,洪武七年三月癸巳。

④ [明]王祎:《王忠文公集》卷一二,《谕安南占城二国诏》,《四库全书》本;《明太祖实录》卷四七,洪武二年十二月壬戌。

⑤ 《明史》卷三二四,《占城传》,第8384页。

南国王率兵进攻占城,遂致败没。朱元璋又致书安南国王陈炜伯、陈叔明,要他们吸取教训,罢兵养民,说:"若邦有道,固封疆勿外求,则世为永福;若越境而侵他民,则福命未可保也"①。洪武十六年,琉球中山王、山南王、山北王互争雄长,彼此攻伐,朱元璋也遣使前往,劝说琉球三王息兵养民。后来琉球三王停止了战争,山北王即遣使随其他二王的使臣一道入明朝贡,感谢明朝的调解。

　　但是,同周边邻国建立邦交不久,朱元璋就发现,他这个"天下共主"发布的诏敕并不能产生多大的作用,不论是经过明朝册封还是未曾册封的藩属国,对明朝这个宗主国并不那么诚敬。比如朱元璋曾反复下诏,让藩属国遵照古制三年一贡,有些国家为图丰厚的回赐,照样年年入贡,乃至一年数贡。更有甚者,有的已经册封过、同明朝关系最为密切的国家,还接连发生令朱元璋深感激愤的事件。这便使朱元璋不能不采取务实的态度,来处理国与国之间的关系。

　　最早臣附明朝的,是与中国接壤的安南。洪武二年(1369)二月,朱元璋即册封陈日煓为安南国王。翌年,陈日煓故去,其侄陈日熞嗣立,朱元璋又遣使诏封陈日熞为安南国王。仅过一年多的时间,陈叔明杀陈日熞自立。洪武五年二月,陈叔明遣使入明,请求明廷册封。礼部主事发现其表文的国王名称不对,"前王乃陈日熞,今表曰陈叔明",朱元璋大怒,"却其贡不受",随即依据"春秋大义",颁诏谴责陈叔明违背儒家"事君以忠"的"篡夺"行为,要求他"更弦改辙","择日熐(熞)亲贤命而立之","不然,十万大军水陆俱进,正名致讨以昭示四夷,尔其毋悔"②。翌年,陈叔明遣使入明谢罪,请封,并说明陈日熞是病故。朱元璋明知所谓病故之说有诈,但基于两年前自己宣布的"彼不为中国患者,朕决不伐之"即"不征"的外交政策,他还是采取务实的做法,表示了让陈叔明"且以前王印视事"的态度,册封之事则"俟能保安疆境,抚辑人民,然后定议"③。

　　洪武十二年九月,因占城国王遣使入贡而中书省未及时奏报,从而引发废除丞

①　《明太祖集》卷二,《谕安南国王陈炜伯陈叔明诏》,第 22 页。

②　《宋濂全集》卷二,《谕安南国诏》,第 39 页。

③　《明太祖实录》卷七八,洪武六年正月。

相、罢撤中书省的重大事件。十三年正月，朱元璋在《谕安南来使敕》中，首次明确表示要与安南划疆而治："且安南，中国虽称僻居遐荒，实是密迩；虽是密迩，地不足以广疆，人非我用。在昔中国之君虽统，朕思限山阻川，实为疆制，若我中国有道内安，四夷守分，何欲事大之来者？……尔等归告陈叔明，安分高枕，虽不来朝，亦也无虞。"①

洪武十四年六月，安南国王陈炜遣使入贡，分别给靖江王、广西布政司及中书省赠送礼物。明朝的中书省已于去年撤销，安南国王仍继续给中书省送礼，这显然是有意给朱元璋难堪，故令"上甚不然"，朱元璋自然很不高兴。恰在此时，"思明府来言，安南脱、峒二县攻其永平等寨"，而安南却反咬"思明府攻其脱、峒、陆、峙诸处"。朱元璋"以其诈，命还其贡，以书诘责（其国王）陈炜，言其作奸肆侮，生隙构患，欺诳中国之罪。复敕广西布政司，自今安南入贡并毋纳"②。明朝与安南几乎走到断交的地步。此后，安南仍然持续不断地入明朝贡。洪武二十二年安南国相黎一元窃夺国柄，废陈炜，寻杀之，另立陈叔明之子陈日焜主国事，假借陈炜之名入贡。明廷被蒙在鼓里，仍然接受其朝贡。直到洪武二十七年，明廷弄清了陈炜被弑的真相，才却其贡，以示对其弑君行为的惩戒。三十年二月，朱元璋又派使臣出使安南，谕其归还所占之地，黎一元坚执不从。朱元璋召集群臣集议对策，有大臣"以其抗逆朝命当讨"，朱元璋考虑再三，仍决定"姑待之"③，坚持了"不征"之国策。

与中国接壤的高丽，也是较早臣附明朝的国家。高丽在元代为蒙古的武力所征服，与蒙古王室实行联姻，元廷还一度在高丽设立征东行省加以控制，使之成为一个半独立的附属国。至正末年，高丽乘元朝势衰之机，曾停用至正年号，恢复旧有官制，并与张士诚、方国珍通使往来，力图摆脱元朝的控制。明朝建立后，高丽国王王颛于洪武二年八月遣使入明朝贡，并请册封。当月，朱元璋遣使册封高丽国王

① 《明太祖集》卷八，《谕安南来使敕》，第149页。

② 《赐诸番诏敕·敕礼部咨安南国》，《明朝开国文献》（三），台北：学生书局1966年影印本。

③ 《明太祖实录》卷二五〇，洪武三十年二月甲辰。

王颛,允其"仪制服用,许用本俗"①。翌年七月,高丽始行洪武年号,并遣使缴纳元廷所颁金印。尽管当时高丽还是脚踩两只船,继续与北元保持往来,如洪武二年遣使入明的同时,又遣使"如元贺圣节"②,引起朱元璋的猜忌和不满。但朱元璋还是采取比较宽容的态度,不仅遣返滞留明境的高丽流民,允许高丽士子参加明朝的科举考试,免征高丽贡使私带入境货物和高丽海舶的税金,而且对高丽内部事务不加干预,双方的关系也是比较融洽的。直到洪武五年七月,高丽国王遣使入明,表中言明"耽罗国(今济州岛)恃其险远,不奉朝贡"之事,朱元璋在致高丽国王的玺书中还明确表示,"耽罗已属高丽,其中生杀,王己专之"③,并对高丽使臣张子温明确表示:高丽是外国,有权处置其属国,明朝不行干预。

就在洪武五年,明与高丽的关系也急转直下。当年五月,由高丽贡入元朝的火者、后为朱元璋留用的孙内侍,随同前元院使延达麻失里出使高丽,不明不白地在高丽王京佛恩寺的树上吊死。加上当时高丽曾派人打探山东、北平的军事情报,自然引起朱元璋的极大不满。洪武七年九月,高丽国王王颛为其下所弑,左侍中李仁任(人)立王颛年仅10岁的私生子辛禑为王,执行依附北元的政策。洪武十年,高丽停用洪武年号,改行北元的宣光年号。但仅过一年,北元皇帝爱猷识里答腊死去,高丽又复改行洪武年号,并请求明朝允其继续入贡。朱元璋便索取高额岁贡,想迫使高丽绝交。辛禑于洪武十七年五、六、七、八月分四次贡马9000匹,朱元璋这才在翌年七月遣使册封辛禑为高丽国王,谥王颛为恭愍王,但双方的关系仍未得到彻底的改善。

洪武二十年,朱元璋出动大军,迫降盘踞辽东的北元将领纳哈出,北元统辖的辽东地区归入明朝版图。当年年底,朱元璋开始考虑与高丽划定边界,命户部咨高丽国王:"以铁岭以北、东、西之地旧属开元(治今辽宁开原市,上隶辽阳行省),其土著军民女直、鞑靼、高丽人等,辽东统之;铁铃之南旧属高丽,人民悉听本国统辖。

① 《明太祖实录》卷四四,洪武二年八月丙子。
② 《高丽史》卷四一,《恭愍王世家》。
③ 《明太祖实录》卷七五,洪武五年七月庚午。

疆境既定,各安其守,不得复有所侵越。"①翌年三月,明朝便在铁岭设置卫所。辛祸却硬说"文、高、和、定等州为高丽旧壤",要求将铁岭划归高丽。朱元璋断然拒绝,指出"高丽地壤旧以鸭绿江为界,从古自为声教","今复以铁岭为辞,是欲生衅矣。"②辛祸遂停用洪武年号,于当年发兵侵入辽东。

辛祸发兵侵犯辽东的举动,遭到高丽右军都统使李成桂等人的反对。李成桂发动兵变,废黜辛祸,复用洪武年号,后又废黜左军都统使所立的辛祸之子辛昌,另立王瑶,自拜左侍中,主持朝政。洪武二十五年,李成桂再废王瑶,自立为王,寻求与明朝改善关系。朱元璋对高丽这一系列事变不加干预,嘱咐礼部侍郎说:"高丽限山隔海,僻处东夷,非我中国所治,其间事有隐曲,岂可遽信? 尔礼部移文谕之,从其自为声教。果能顺天道,合人心,以安东夷之民,不启边衅,则使命往来,实彼国之福也。"③不过,朱元璋对李成桂仍心存疑虑。李成桂请求明廷给予册封,要求更改国号,并提出朝鲜与和宁两个名称,请朱元璋代为选择。朱元璋迟迟不予册封,只是用代择朝鲜的国号以表示对李成桂即位的承认。此后,由于朝鲜招诱辽东的一些女真部落和元代移居辽东的鲜鲜人,私交明朝藩王以及表笺文书用词不当等问题,双方仍不时发生摩擦和冲突。洪武三十一年四月,五军都督府与兵部上奏,由于朝鲜"叠生衅隙",请求出兵讨伐。朱元璋还是命礼部移文责之,"彼若不悔,讨之未晚"④。

隔海相望的日本,自元代以来不断有倭寇侵掠中国沿海地区,明廷多次遣使赴日,要求日本当局加以制止,均无果而终,导致两国断交的结局。但朱元璋仍然将日本列入"不征"之国,没有出兵讨伐。

洪武年间对外交往的历程显示,朱元璋在登基之初,锐意仿照传统的理念与制度,构建与周围诸国的朝贡关系。不久,他就发现,虚幻的理念与现实存在很大的

---

① 《明太祖实录》卷一八七,洪武二十年十二月壬申。
② 《明太祖实录》卷一九〇,洪武二十一年八月壬戌。
③ 《明太祖实录》卷二二一,洪武二十五年九月庚寅。
④ 《明太祖实录》卷二五七,洪武三十一年四月庚辰。

差距,随即根据国内与国际的现实制定了以"不征"为特征的和平外交政策。众所周知,古代国家的疆土是不确定的,这是古代国家与近代民族国家的最大区别。古代国家的疆土范围往往取决于军事实力和武力扩张,因而没有边界,只有边陲。实行"不征"之策,就意味着放弃天子的对外征伐之权,由无限王权变为有限王权,朱元璋的身份也就由"天下共主"回归到大国之君,朝贡之国随之也由"臣"提升为"宾",从而使双方由垂直的君臣关系变为横向的国君与国君的平行关系。所谓朝贡,就不再是宗主国控制藩属国的一种手段,而变成藩属国对宗主国表示诚敬的一种礼仪形式。事实也是如此,朱元璋在与周边各国的交往中,实际上已承认并接受各国独立的地位,"从其自为声教",内政完全自主,概不进行干预,即使出现违背儒家信条的弑君行为,他也不加过问。有的国家侵犯中国的利益,他也设法通过外交手段进行解决,从未出兵加以讨伐。他还致力于边界的划定,并要求其他国家"保封疆","固封疆勿外求",这更是与历代王朝不同的举措。国界的划定与确定化,是近代国家出现的重要标志。因此可以说,朱元璋的外交活动,是中国古代外交关系史上的重大转折,是中国外交从传统向近代转型的开端①。

二、御倭斗争

日本是我国一衣带水的近邻。中日两国的关系,原先一直非常友好,但在元代却出现了一段波折。蒙古统治者在 13 世纪 30 年代征服高丽后南下灭金图宋,即同时策划远征日本。至元十一年(1274)和十八年,曾先后两次出动大军,远征日本,结果均遭败北。从此与日本断绝往来,处于绝交的状态。

---

① 参看万明:《明初中外关系考论》《明代外交模式及其特征考论》,《明代中外关系史论稿》,中国社会科学出版社 2011 年版,第 69—213 页。

日本在宋代与中国的贸易非常发达。元灭南宋后,至元十四年(1277),在泉州、庆元、上海、澉浦(今浙江海盐县澉浦镇)分别设立四个市舶司,后来又在杭州、温州、广东等地开设市舶司。至元十五年,忽必烈特地"诏谕沿海有司,通日本人市舶"①,恢复同日本的贸易。日本的商船每年必至,殆成定例。日本的武士阶级,也积极参与贸易活动。元朝征日战争失败后,两国的关系紧张,一些日本的武士和商人来华贸易,往往暗藏兵器,顺利时同中国人做生息,不顺利时就从事海盗活动,动用武器,进行掳掠。中国古代称日本为倭奴国,这些日本海盗也就被称为倭寇。至元二十九年,日本商船到四明要求互市,船中藏有甲杖,元廷恐其另有异图,乃立都元帅府,"令哈剌带将之,以防海道"②。大德七年(1303),元廷下令禁商下海。次年四月,又设置千户所镇戍定海,"以防岁至倭船"③。大德十年至十一年,日本也禁止与元朝通商。尽管如此,日本武士和商人仍偷偷出海,前来中国从事走私和抢劫活动。至大四年(1311),元廷便罢革市舶司。延祐元年(1314)虽然重新恢复市舶司,但仍重申"禁人下蕃",只许由官府发船贸易。不过,从元世祖到元英宗统治时期,元朝的海防比较稳固,日本的武士、商人对中国沿海的骚扰尚未酿成巨患。因此,元英宗在至治三年(1323)又下令取消海禁,"听海商贸易,归征其税"④。

从14世纪初期起,日本进入南北朝分裂时期,内战频兴,天灾频发,人民流离失所,许多武士也在战争中丢掉军职而破产沦落,他们纷纷转化为"浪人",专靠抢劫为生。各地的封建主为了扩大势力和满足自己的奢欲,并解决战争中的财源问题,就组织境内的浪人、商人,到富庶的中国沿海,从事走私和抢劫活动。中国的一些流民无以为生,纷纷导倭入寇,分享赃利。日本的倭寇与中国的部分流民相结合,不仅明目张胆地侵扰中国沿海地区,甚至到高丽一带进行寇掠。至正十八年(1358)后,倭寇连寇中国濒海郡县,直到二十三年八月在入寇蓬州(今山东蓬莱)时

---

① 《元史》卷一〇,《世祖纪》七,第206页。
② 《元史》卷一七,《世祖纪》一四,第367页。
③ 《元史》卷二一,《成宗纪》四,第458页。
④ 《元史》卷九四,《食货志》二,第2403页。

被守将刘暹击败,其嚣张气焰才稍为收敛。

明代倭寇的侵扰,是元代倭患的继续和发展。明初,"乘中国未定,日本率以零服寇掠沿海"①。同时,被朱元璋击败的张士诚、方国珍,其余众及土豪地主,又多亡命海上,窃踞沿海岛屿,导倭出没海上,焚民居,掠财货。北至辽海、山东,南抵浙、闽、东粤,滨海之区,无岁不受其害,倭患又日益严重起来。

面对这一形势,朱元璋决定从军事与外交两个方面入手,来解决倭患问题。洪武元年(1368),他一面命令朱亮祖镇守广东,在沿海要害之地设置卫所,加强防守;一面颁诏于日本诸国,表示他"方与遐迩相安于无事,以共享太平之福"的愿望,希望能同日本建立睦邻友好的外交关系。日本当时的幕府将军足利义诠回答说,"九州海贼所为,日廷不与闻",不予理睬。翌年二月,朱元璋又派杨载等七人出使日本,给"日本国王"送去一封措辞极为严厉的诏书,说:"诏书到日,如臣,奉表来庭;不臣,则修兵自固,永安境土,以应天休。如必为寇贼,朕当命舟师扬帆诸岛,捕绝其徒,直至其国,缚其王"②。杨载等人到达日本九州的征西府,将诏书交给征西将军良怀亲王。良怀亲王是后醍醐天皇的皇子。后醍醐天皇企图推翻幕政,恢复王权时,曾派众皇子到各地去纠集势力。良怀亲王当时被他任命为征西大将军,派往九州,在那里建立了征西府。征西将军良怀亲王见到明朝的诏书,怒杀五名使者,并拘留杨载和吴文华,过了三个月才放他们回国。

第一次遣使交涉无果,倭寇的侵扰日益严重,沿海之地皆患之。不久,朱元璋从曾被掳去后获释归来的沿海居民口中,得知倭寇确非出自日本官府的派遣,又在洪武三年(1370)三月派遣莱州府同知赵秩出使日本,送还15名捕获的日本海盗和僧侣,并给"日本国王"送去一封诏书,希望日本能同明朝合作,制止倭寇对中国的侵扰。赵秩到达日本,受到守关者的阻挠。他给良怀亲王写信,良怀亲王怀疑他是元朝忽必烈派往日本的使者赵良弼的后裔,说:"吾国虽处扶桑东,未尝不慕中国。

①　[清]金安清:《东倭考》,《小方壶斋丛书》本。
②　《明太祖实录》卷三九,洪武二年二月辛未。

惟蒙古与我等夷,乃欲臣妾我。我先王不服,乃使其臣赵姓者讲我以好语,语未既,水军十万列海岸矣。以天之灵,雷霆波涛,一时军尽覆。今新天子帝中夏,天使亦赵姓,岂蒙古裔耶? 亦将讲我以好语而袭我也。"良怀亲王说毕,用眼光示意随侍左右的武将,让他们动手刺杀赵秩。但赵秩毫无畏惧,镇定自若地回答说:"我大明天子神圣文武,非蒙古比,我亦非蒙古使者后。能兵,兵我。"良怀亲王赶忙离座下堂,延请赵秩,设宴款待。接着,派遣僧人祖来,渡海来到应天,向大明天子"奉表称臣",进贡马匹和方物,并送还被倭寇掳掠去的 70 余口明、台二郡居民。洪武四年十月,祖来一行到达应天,朱元璋非常高兴,特设宴款待,并赐给礼物[①]。

　　为了解决倭患问题,朱元璋急于了解日本的情况。他此前曾在奉天殿召见南京天界寺的日本留学僧椿庭海寿,向他打听过日本的国情。现在,借宴请祖来之机,朱元璋又询问起日本的情况,终于得知日本存在两个政权,北朝的实力大于南朝;南朝的良怀亲王也不是日本的国王,除亲王之外,北朝的京都还有个天皇(南朝的后醍醐天皇此时已死)。南朝的良怀亲王既然不愿同明朝合作,朱元璋就想直接同北朝的天皇交涉。但中国的使者去北朝必须通过南朝的辖境,为了避免南朝的阻挠,他决定利用日本君臣奉佛敬僧的习俗,以护送祖来返日为名,派遣明州天宁寺祖阐法师、南京瓦官寺无逸法师等八人出使日本。洪武五年五月,祖阐、无逸等八人以日本僧人椿庭海寿、权中巽为通事,自明州乘船出发,五天后抵达日本肥前(在今日本佐贺和长崎县一带)之五岛,再前往博多(今日本福冈)。南朝见他们都是僧侣,连翻译也是日本的留学僧,放他们北上京都。他们在京都与室町幕府作了交涉,两个月后再到南朝,向良怀亲王赠送大统历及文绮、纱罗等礼品。良怀亲王对他们的北朝之行本就心怀不满,要求祖阐法师留下住持天龙寺,祖阐推说没有明朝皇帝的诏令,严词拒绝。他便下令拘留祖阐等人,直到两年后才放他们回国。

　　此后一段时间,良怀亲王未再与明朝发生交往。有些地方的封建主想得到明朝优厚的赐赉,曾遣使入明朝贡,但因没有表文或"无国王之命",都遭到明朝的拒

绝。后来,由于倭寇对中国沿海的掳掠更加频繁,朱元璋命中书省给日本征西府送去一份通牒,严加谴责。洪武九年(1376)良怀亲王派僧人廷用文珪入贡,表示"谢罪",但表文毫无诚意,朱元璋"降诏戒谕"。洪武十二年、十三年,他又两次遣使入贡,十三年的贡使未带表文,只带了一封征夷大将军足利义满给明朝丞相的信,且书辞倨傲。朱元璋复"却其责,遣使赍诏谯让"①。洪武十四年,良怀亲王再遣僧人如瑶入贡,朱元璋再次拒绝,并命礼部再次致书谴责。良怀亲王接到明朝礼部的书信,作表答复,表示要用武力同中国抗衡,态度极为骄横。朱元璋见到这个表文,极为生气,但鉴于元朝对日本用兵失败的教训和明朝内部的形势,没有对日动武。李文忠曾"谏帝征日本"②,被他严词拒绝。

后来,征西府还派廷用文珪、如瑶入明朝贡。朱元璋看到征西府既无同明朝交往的诚意,也不想制止倭寇的劫掠而自闭财路,屡却其贡,并决定同日本断交。当时,出于明朝统治阶层内部斗争的需要,朱元璋正借胡惟庸谋反案诛杀受其猜忌的一些开国功臣。为此,除原先的谋反罪,朱元璋又在洪武十九年十月给胡惟庸加上一条私通日本的罪名。在当年颁布的御制《大诰三编》中,他说胡惟庸曾与明州卫指挥林贤密谋,授意林贤犯罪,然后将其贬至日本,与征西府进行勾结。过了三年,又派人将林贤取回,乘机借日本兵假作进贡来朝,助胡惟庸作乱。如瑶果然以日本使者身份,以进贡为名,带领400名倭兵前来中国,但他们抵达中国时,胡惟庸早已案发被诛,此事便无果而终。有关林贤勾结日本、如瑶入贡事件,史书的记载歧异迭出,不甚可靠。朱元璋却借助这个事件,扩大对淮西勋臣的诛杀,并断绝与日本的往来,"专以海防为务"③。从此,中日双方的贡赐便告终止。

朱元璋历来十分重视海防。从洪武初年起,他就在漫长的海岸线上开始着手进行防御外敌侵扰的部署,并于洪武六年三月命指挥使于显为总兵官、朱寿为副总

---

① 《明史》卷三二二,《日本传》,第8342—8343页。
② 《明史》卷一二六,《李文忠传》,第745—746页。
③ 《明史》卷三二二,《日本传》,第8344页。

兵官,"出海巡倭"①。对日断交后,他更加重视海防的建设。

第一,在沿海地区建置卫所,广修城池。早在吴元年(1367)四月和十月,朱元璋即在应天以东长江岸边设立太仓卫和苏州卫。洪武元年(1368)在浙东、闽粤建立温州卫、明州卫、泉州卫、漳州卫、兴化(今福建莆田)卫、广东卫。翌年又在山东设莱州卫。后来,因遣使赴日交涉没有结果,倭患日见猖獗,洪武三年又采纳李文忠的建议,在浙江设钱塘、海宁、杭州、严州(后改为守御千户所)、崇德(后废)、德清(后废)、金华(后改为守御千户所)七卫及衢州守御千户所,驻军52513名戍守。此后,在浙江迭增新的卫所,并在辽东、山东、福建等滨海地区陆续设置卫所。据不完全统计,洪武年间在沿海地区设置的卫所大致有:辽东8个卫、1个守御千户所,北直隶1个卫,山东10个卫、5个守御千户所,南直隶(含沿江)9个卫、10个守御千户所,浙江11个卫、30个守御千户所,福建11个卫、13个守御千户所,广东8个卫、29个守御千户所,合共58个卫、88个守御千户所。此外,还有200个左右的巡检司和1000多个城池、寨堡、烽堠、墩台等②。它们星罗棋布地遍置于沿海前线,点面结合,彼此呼应,对防御和打击倭寇的侵扰起着重大的作用。

第二,籍方、张旧部及沿海之民为兵,增强沿海的防御兵力。当时,全国的统一战争还在进行,特别是北元的威胁还很严重,不可能从北方及其他地区抽调大量兵力来补充沿海的卫所。而且从外地调来的这些客兵,既不适应沿海潮湿的气候和生活环境,也不长于水战,难以胜任御倭防倭的任务。因此,朱元璋首先是收集、改编方国珍、张士诚的余众,利用这些熟悉海边地形、长于水战的士卒来充实沿海的卫所,将消极因素变为积极因素。如洪武四年十二月,诏靖海侯吴祯"籍方国珍所部温、台、庆元三府军士及兰秀山无田粮之民充船户者凡十一万一千七百三十人,

---

① 《明太祖实录》卷八〇,洪武六年三月甲子。

② 据《明太祖实录》《明史》《读史方舆纪要》及有关方志记载的资料统计。军事科学院主编《中国军事史》第十五卷《明代军事史》上册第260页记为"共58卫、89所"(军事科学出版社1998年版),89所当为88所之误。

隶各卫为军"①。一些方、张旧将也安排适当的职务,让他们担负起御倭的重任。如方国珍侄子方鸣谦被任命为太仓卫指挥金事,他贡献的"陆聚步卒,水具战舰"的陆上坚守与海上巡剿相结合的御倭之策,便成为明朝海防建设的基本指导思想。

　　除了利用方、张旧部,沿海卫所的兵力主要靠籍沿海居民为军的办法来解决。洪武十五年三月,命南雄侯赵庸"籍广州疍户万人为水军"②。十九年,汤和与方鸣谦在浙东,令"民四丁以上者,户取一丁戍之",翌年"凡得兵五万八千七百五十余人"③。二十年四月,命江夏侯周德兴往福建,"以福、兴、漳、泉四府民,户三丁取一,为缘海卫所戍兵",凡选丁壮 15000 余人。二十五年十二月,广东都指挥使花茂奏报,有"东莞、香山等县大溪山、横琴山逋逃疍户、蜑人凡一千余户,附居海岛,不习耕稼,止以操舟为业","请徙其人为兵",诏从之④。

　　第三,大造战船,加强水师建设。明朝建立前,朱元璋已拥有一支装配大量战船的舟师。明朝建立后,他又下令在应天南边的新江口"造船四百"⑤。洪武三年七月,又诏"置水军等二十四卫,每卫船五十艘,军士三百五十人缮理,遇征调则益兵操之"⑥。这是一支由朝廷直接控制的水军,担负着沿海地区机动作战的任务。五年八月,由于沿海州县屡遭寇掠,24 卫水军之外的卫所军队却常因缺乏船只,不能出海追击倭寇,诏命浙江、福建濒海 9 卫造船 660 艘,十一月又下诏改造多橹快船⑦。此后,明廷还不时下令造船。到洪武二十三年四月,又"诏滨海卫所每百户(所)置船二艘,巡逻海上盗贼,巡检司亦如之"⑧。按照每个百户所置海船 2 艘的规定计算,每卫当有海船 100 艘,沿海 58 个卫 88 个守御千户所,共拥有海船 7560

　　① 《明太祖实录》卷七〇,洪武四年十二月丙戌。
　　② 《明太祖实录》卷一四三,洪武十五年三月癸亥。
　　③ 《明史》卷一二六,《汤和传》,第 3755 页。
　　④ 《明太祖实录》卷二二三,洪武二十五年十二月甲子。
　　⑤ 乾隆敕撰:《续文献通考》卷一三二,《兵政考·舟师水战》;《明史》卷九二,《兵志》四,第 2268 页。
　　⑥ 《明太祖实录》卷五四,洪武三年七月壬辰。
　　⑦ 《明太祖实录》卷七五,洪武五年八月甲申;卷七六,洪武五年十一月癸亥。
　　⑧ 《明太祖实录》卷二〇一,洪武二十三年四月丁酉。

艘,加上200个左右的巡检司拥有400艘左右的海船,这样合共拥有近8000艘海船。有了大批海船的装备,卫所水师如虎添翼,战斗力大为加强,不仅可以随时追击入犯的倭寇,而且可以定期出海巡逻,严密监视海上的动静,直接拦截入犯大陆的倭船。一旦在海上发现倭船,立即跟踪追剿,把他们围歼于大海之中,从而大大减少了倭寇对陆地的骚扰。

第四,建立赏罚制度,鼓励将士奋勇杀敌,保家卫国。凡是在对倭寇作战中表现勇敢、歼敌立功的,朱元璋都给予重奖。管军百户王铭戍守太仓,捕斩倭寇千余人,赏赐金币。亲军指挥使、毛麒之子毛骧,在浙东剿捕倭寇,斩获甚多,被擢为都督佥事。福建卫都指挥副使张赫,"在海上久,所捕倭不可胜计。最后追寇至琉球大洋,与战,擒其魁十八人,斩首数十级,获倭船十余艘,收弓刀器械无算。帝伟赫功,命掌都指挥印。寻调兴化卫。召还,擢大都督府佥事"①。相反,凡是懦弱怯战、临阵脱逃者,则给予严厉的处罚。洪武二十年七月,倭寇侵入台州境内,杀掠居民,台州卫指挥同知陈亮没有察觉,倭寇饱掠而去后,又不追捕,朱元璋下令削其官职,谪戍金齿②。二十六年四月,福建镇海卫千户黎旻带领舟师400巡海,至潮州南澳突然与倭贼遭遇,未及交战,他同百户毛荣引兵逃遁,只有百户韩观率领40多名士卒同倭寇展开激战,寡不敌众,力竭而死。朱元璋下令"录观等功,旻等以军法伏诛"③。后来在洪武二十九年正月,明廷总结以往的经验,正式制定《擒获倭贼升赏格》,明确规定:"凡各卫指挥获倭船一艘及贼者,佥事升同知,同知升指挥使,乃赏白金五十两、钞五十锭;千户擒获者升指挥佥事,百户擒获者升千户,其赏俱与指挥同;在船军士能生擒及杀获倭贼一人者,赏白金五十两。将校军士与倭贼陆地交战,能生擒或杀获一人者,赏白金二十两、钞二十锭。"④

在加强海防的同时,朱元璋还施行海禁。与海禁政策相联系,朱元璋在浙江、

---

① 《明史》卷一三〇,《张赫传》,第3832页。
② 《明太祖实录》卷一八三,洪武二十年七月丙戌。
③ 《明太祖实录》卷二二七,洪武二十六年四月己卯。
④ 《明太祖实录》卷二二四,洪武二十九年正月丁丑。

福建、广东等地实行迁界,将沿海附近岛屿居民迁入大陆,以防内部奸民私通倭寇。如浙江的宁波、台州、温州滨海的岛屿,"其中都鄙或与城市半,或十之三,咸大姓聚居。国初汤信国(公和)奉敕行海,惧引倭,徙其民市居之,约午前迁者为民,午后迁者为军"[1]。福建、广东沿海和彭湖36个岛屿的居民也于洪武二十年悉数内迁,"以三日为期,限民徙内,后者死"[2]。如当年六月,即徙福建海洋孤山断屿之民居沿海新城。

洪武年间,朱元璋面对东南沿海的倭患,大力加强海防建设,这是完全必要的。由于措施得力,明王朝在万里海岸线上建立了一个有一定纵深和层次的防御系统。北起辽东,南到广东,卫所城寨遥相呼应,墩堡烽堠星罗棋布,陆上有重兵把守,海上有舟师巡哨,形成一道坚固的海边长城。在这堵铜墙铁壁之前,入犯的倭寇往往碰得头破血流,许多倭船未及靠岸,就遭到明朝舟师的追剿围击,而葬身于汪洋大海之中。洪武七年正月,朱元璋得到倭寇入海骚扰的情报,诏以靖海侯吴祯为总兵官,都督于显为副,率领江阴、广洋、横海、水军四卫的直辖水军出海巡捕,所统在京各卫及太仓、杭州及温、台、明、福、漳、泉、潮州沿海诸卫官军悉听节制。吴祯、于显率各卫舟师"出捕至琉球大洋,获倭寇人船若干"[3]。此后,倭寇便很少来犯,沿海的倭患渐趋平息。洪武二十五年,日本的北朝统一南朝,南朝的封建武士、政客、浪人又纷纷流落海上,勾结海盗商人,寇掠中国沿海,倭寇之祸于是复炽。朱元璋命将训练沿海诸军,加强防备。此时,沿海卫所已次第建立,沿海卫所的舟师便取代朝廷直辖水军承担起海上巡逻的任务。由于卫所舟师分辖五军都督府,兵力分散,无力追敌于琉球大洋,因而逐渐出现以陆地防御为主代替以海上防御为主的趋势。但是,由于明朝国力强盛,海防稳固,倭寇的侵扰始终没有酿成大患。这就保障了东南沿海人民生命财产的安全,保护全国经济的恢复和发展,从而促进明王朝的巩

---

① [明]王士性著,吕景琳点校:《广志绎》卷四,《江南诸省》,中华书局1981年版,第73页。

② 乾隆《福建通志》卷六六,《杂记》,《四库全书》本。

③ 《明太祖实录》卷八七,洪武七年正月甲戌;《献征录》卷八,[明]刘崧:《靖海侯谥襄毅吴祯神道碑》。

固。

朱元璋的海防措施产生了良好的积极作用,然而其海禁政策却产生了消极的效果。因为这种海禁政策,不分青红皂白,一概禁止私人的海外贸易,中外的经济交流只剩下官方的贡赐贸易一条狭小的渠道,而且对入贡的次数和路线都做出种种限制,这就严重影响了明朝的对外关系和中外经济、文化交流。许多外国商人既然无法通过正常渠道取得中国的各种物产,就采取非法的海盗手段,"多遁居海岛"①,勾结中国逃民,进行走私和寇掠活动,从而增加中国御倭斗争的复杂性和艰巨性,此其一。其二,海禁政策以中国臣民为主要对象,不仅禁止沿海居民从事海外贸易,有时甚至违背朝廷自己所规定的"其小民撑使单桅小船,给有执照,于海边近外捕鱼、打柴,巡捕官军不许扰害"②的法律条文,禁止下海捕鱼。东南的苏、浙、闽、粤地区,自宋元以来商品经济非常活跃,海外贸易繁荣发达。而滨海地区田尽斥卤,人口稠密,居民又多依赖海外贸易或下海捕鱼为生。海禁一施行,他们"不得下水,断其生活,若辈悉健有力,势不肯抟手困穷,于是所在连结为乱,溃裂以出。其久潜踪于外者,既触网不敢归,又连结远夷,乡导以入"③。迁界措施的推行,更给沿海岛屿的人民带来深重的灾难。沿海许多居民为生活所迫,往往亡命海上,举兵反抗;有些人则常从倭为盗,勾引倭贼入寇。因此,这种海禁政策虽然是与海防措施相表里,但并没有起到加强海防的作用,相反却激化了社会矛盾,不利于海防的巩固。其三,朱元璋的海禁政策,长期为他的后继者所承袭,使明朝的民间海外贸易受到严重的压制,在与受到优惠待遇的外国商人的竞争中处于不利的地位,结果不仅极大地限制本国商业资本的发展和向手工制造业资本的转化,而且影响到手工业的发展,使微弱的手工业资本难以较快地大量积累起来,从而束缚了资本主义

---

① 《明太宗实录》卷一二,洪武三十五年九月甲申,台北:"中央研究院历史语言研究所"1962 年影印校勘本。

② 万历《明会典》卷一六七,《刑部·律例》。

③ 《东西洋考》卷七,《饷税考》,第 131 页。

萌芽的发展。①

2016 年春开笔

2018 年冬杀青

2019 年夏改定

---

① 　参看拙作《明洪武年间的睦邻外交与海禁》《史学集利》1988 年第 2 期;《履痕集》第 171—196 页。